本书编委会

主　编： 刘炫麟

副主编： 杨淑娟　李星明　胡晓翔

撰稿人：（以姓氏笔画为序）

乐　虹（华中科技大学）

华伟玉（北京市海淀区疾病预防控制中心）

刘炫麟（中国政法大学）

张必科（中国疾病预防控制中心）

李星明（首都医科大学）

杨　健（北京大学医学部）

杨淑娟（吉林大学）

杨跃跃（吉林省卫生健康委员会）

胡晓翔（南京医院协会）

赵　敏（湖北中医药大学）

常昭瑞（中国疾病预防控制中心）

蒋荣猛（首都医科大学附属北京地坛医院）

樊　荣（清华大学附属北京清华长庚医院）

中华人民共和国
传染病防治法
新旧条文对照
与
适用精解

刘炫麟 主编

杨淑娟 李星明 胡晓翔 副主编

专家阐释 条文对照 逐条解读 关联指引

中国法治出版社
CHINA LEGAL PUBLISHING HOUSE

前　言

1989年2月21日，第七届全国人民代表大会常务委员会第六次会议通过了《中华人民共和国传染病防治法》（以下简称《传染病防治法》），该法于2004年、2013年、2025年经历了三次修改。其中，2004年、2025年属于修订，修改的幅度较大，这与我国经历的重要的传染病防控实践紧密相关，通过补短板、堵漏洞、强弱项不断完善我国公共卫生法律体系和法治保障，预防、控制和消除传染病的发生与流行，保障公众生命安全和身体健康，防范和化解公共卫生风险，维护国家安全和社会稳定；2013年属于修正，[①] 修改的幅度较小。《传染病防治法》既是2019年制定的处于卫生健康领域基础法、综合法地位的《中华人民共和国基本医疗卫生与健康促进法》的细化，也是公共卫生法律体系的支柱之一，具有十分重要的地位，对完善传染病防控法律体系具有重要意义。

2025年4月30日，《传染病防治法》由第十四届全国人民代表大会常务委员会第十五次会议修订通过，自2025年9月1日起施行。2025年修订的《传染病防治法》主要把握了五个原则：一是坚持以习近平新时代中国特色社会主义思想为指导，贯彻落实党的二十大和二十届二中、三中全会精神，坚持人民至上、生命至上，防范化解公共卫生领域重大风险。二是认真总结在党中央集中统一领导下防控疫情的成功经

[①] 修改主要体现在两个方面：一是将2004年《传染病防治法》的第三条第五款修改为："国务院卫生行政部门根据传染病暴发、流行情况和危害程度，可以决定增加、减少或者调整乙类、丙类传染病病种并予以公布。"二是将2004年《传染病防治法》的第四条增加一款，作为第二款："需要解除依照前款规定采取的甲类传染病预防、控制措施的，由国务院卫生行政部门报经国务院批准后予以公布。"

验，完善重大疫情防控体制机制。三是坚持科学精准防控，高效统筹疫情防控和经济社会发展。四是坚持问题导向，围绕疫情防控中暴露出的短板和社会各方关切的问题，有针对性地完善制度。五是注意与国境卫生检疫法等法律制修订工作的统筹衔接，形成制度合力。①

2025年修订后的《传染病防治法》共9章115条，内容变化主要体现在新增和修改两大部分。

一、新增的主要内容

（一）完善立法目的，提升理念站位。新增"保障公众生命安全和身体健康""防范和化解公共卫生风险""维护国家安全和社会稳定"三个立法目的，这既是坚持以人民为中心的理念的集中体现，也是全面推进"健康中国""法治中国"建设不可或缺的一环，发挥了精神引领和理念指导的重要作用。新增"根据宪法"的表述，进一步凸显了宪法的权威地位，明确了《传染病防治法》的立法依据。

（二）坚持党的领导，强调依法防控、科学防控。新增"传染病防治工作坚持中国共产党的领导"，彰显了党在传染病防控中的核心地位。历史实践已经证明，党的领导是各阶段传染病防控工作取得决定性胜利的根本保证。新增"依法防控、科学防控"的原则，既强调在法治轨道上统筹推进各项传染病防控工作，又强调通过采取科学有效的防控措施减少病原体传播，降低感染率和重症率，明确采取传染病预防、控制措施应当符合行政法上的比例原则，与传染病暴发、流行和可能造成危害的程度、范围等相适应。

（三）明确传染病的定义，完善传染病的分类及标准。新增甲类、乙类、丙类传染病的定义，然后通过种类列举进一步支撑和解释相关定义。在甲类、乙类和丙类传染病的基础上，新增"突发原因不明的传染病"。《传染病防治法》将传染病对人体健康和社会的危害程度以及采取

---

① 参见《传染病防治法问答材料》，载国家卫生健康委员会网站，https://www.nhc.gov.cn/fzs/c100047/202506/ed20057723114e1288561564fd2e9f34.shtml，2025年7月10日访问。

的预防控制措施作为分类标准,即对健康危害分别用"特别严重—严重—常见多发有危害"、经济损失分别用"重大—较大—一定程度"、管理方式分别用"特别严格—严格—关注"作为甲类、乙类、丙类传染病的具体认定标准。

(四)完善传染病目录调整机制,加强对突发原因不明的传染病的管理。国务院疾病预防控制部门根据传染病暴发、流行情况和危害程度,及时提出调整各类传染病目录的建议。调整甲类传染病目录,由国务院卫生健康主管部门报经国务院批准后予以公布。调整乙类、丙类传染病目录,由国务院卫生健康主管部门批准、公布。《传染病防治法》将突发原因不明的传染病纳入法定传染病范畴,同时规定其需要采取甲类传染病预防、控制措施的,国务院疾病预防控制部门及时提出建议,由国务院卫生健康主管部门报经国务院批准后予以公布。明确国务院疾病预防控制部门负有拟订突发原因不明的传染病预防控制应急预案的职责,地方人民政府负有制定突发原因不明的传染病预防控制应急预案的职责。明确规定有关机构发现突发原因不明的传染病应当在2小时内进行网络直报,地方人民政府经评估认为确有必要的,可以预先采取甲类传染病预防、控制措施,同时向上一级人民政府报告。①

(五)明确规定"属地、部门、单位、个人"四方责任,实行联防联控、群防群控。《传染病防治法》明确规定了"属地、部门、单位、个人"四方责任,这是将传染病防控的成功经验上升为法律规定的典型,旨在建立政府主导、部门协作、单位尽责、公民参与的传染病联防联控机制,形成从预防监测到应急处置再到长效管理的全链条防控体系,构建起权责明晰的立体化传染病防控网络。

(六)建立重大传染病疫情联防联控机制,设立应急指挥机构和启动应急响应。国务院和县级以上地方人民政府的重大传染病疫情联防联

---

① 《传染病防治法》第六十五条规定:"发生新发传染病、突发原因不明的传染病,县级以上地方人民政府经评估认为确有必要的,可以预先采取本法规定的甲类传染病预防、控制措施,同时向上一级人民政府报告。接到报告的上级人民政府认为预先采取的预防、控制措施不适当的,应当立即调整或者撤销。"

控机制开展疫情会商研判，组织协调、督促推进疫情防控工作。发生重大传染病疫情，构成突发公共卫生事件的，国务院和县级以上地方人民政府依照有关突发公共卫生事件应对的法律、行政法规规定设立应急指挥机构、启动应急响应。

（七）突出现代信息技术在传染病防治中的运用，强调个人信息权益保护。在传染病疫情防控中运用信息技术，是应对公共卫生挑战的重要战略举措，体现了科技赋能公共健康管理的趋势。疫情防控中的"健康码"系统就是信息技术运用的典型适例，实现传染病疫情精准管控。《传染病防治法》强调依法开展个人信息处理活动，保护个人隐私，不得过度收集个人信息，相关信息不得用于传染病防治以外的目的。这充分说明，在传染病疫情防控中，要兼顾公民个人权利与社会公共利益的平衡保护。[1]

（八）加强公共卫生建设，规范医疗废物处置。城市应当按照国家和地方有关标准修建公共厕所、垃圾和粪便无害化处置场以及排水和污水处理系统等公共卫生设施。农村应当逐步改造厕所，建立必要的卫生管理制度。县级以上地方人民政府应当加强医疗废物收集处置能力建设。设区的市级人民政府应当确定医疗废物协同应急处置设施，提高重大传染病疫情医疗废物应急处置能力。

（九）明确传染病预防控制应急预案的制定主体，切实保障公众健康与社会稳定。《传染病防治法》明确规定，医疗卫生机构和学校、托育机构、养老机构、康复机构、福利机构、未成年人救助保护机构、救助管理机构、体育场馆、监管场所、车站、港口、机场等重点场所，应当制定本单位传染病预防控制应急预案，承担主体责任。[2] 这以法律形

---

[1] 一方面要控制疫情扩散蔓延以维护社会公共利益，另一方面也要保障公民合法权益，与《中华人民共和国民法典》第一千零三十四条至第一千零三十九条，《中华人民共和国个人信息保护法》第四条、第六条以及《中华人民共和国基本医疗卫生与健康促进法》第九十二条进行有效衔接。

[2] 《传染病防治法》第四十条规定，学校、托育机构、养老机构、康复机构、福利机构、未成年人救助保护机构、救助管理机构、体育场馆、监管场所、车站、港口、机场等重点场所应当落实主体责任，加强传染病预防、控制能力建设，在疾病预防控制机构指导下开展传染病预防、控制工作。

式规定了各类重点场所是本单位传染病预防控制应急预案的制定主体，扩展了预案制定的主体范围，进一步完善了传染病预防控制应急预案体系。

（十）建立健全人畜共患传染病防治的协作机制，明确工作内容。《传染病防治法》规定，国家建立健全人畜共患传染病防治的协作机制，统筹规划、协同推进预防、控制工作，做好重点人群健康教育、传染病监测、疫情调查处置和信息通报等工作。明确要求强化鼠疫、狂犬病、人感染新亚型流感、布鲁氏菌病、炭疽、血吸虫病、包虫病等人畜共患传染病的防治，这些疾病危害大、疾病负担重。通过集中资源和力量应对高风险、高危害的人畜共患传染病，增强了防控的针对性，提高了防控的实效性。

（十一）加强传染病监测预警工作，不断健全传染病监测制度。国家加强传染病监测预警工作，建设多点触发、反应快速、权威高效的传染病监测预警体系，积极构建一个主动、灵敏、综合、可靠的早期风险识别和预警系统，为传染病防控赢得先机。国家加强传染病监测，依托传染病监测系统实行传染病疫情和突发公共卫生事件网络直报，建立重点传染病以及原因不明的传染病监测哨点，拓展传染病症状监测范围，收集传染病症候群、群体性不明原因疾病等信息，建立传染病病原学监测网络，多途径、多渠道开展多病原监测，建立智慧化多点触发机制，增强监测的敏感性和准确性，提高实时分析、集中研判能力，及时发现传染病疫情和突发公共卫生事件。县级以上人民政府依照有关突发公共卫生事件应对的法律、行政法规和国务院规定的权限和程序，决定向社会发布预警。

（十二）建立传染病疫情信息共享机制，打通信息孤岛、消除信息碎片化现象。县级以上人民政府疾病预防控制部门与同级人民政府教育、公安、民政、司法行政、生态环境、农业农村、市场监督管理、林业草原、中医药等部门建立传染病疫情通报机制，及时共享传染病疫情信息。传染病暴发、流行时，国务院卫生健康、疾病预防控制、外交、工业和信息化、公安、交通运输、铁路、民用航空、海关、移民管理等部门以及中国人民解放军、中国人民武装警察部队的有关单位和部门等建立工作机制，及时共享传染病疫情信息。

（十三）健全传染病疫情信息公布制度，确保信息披露及时、准确。国务院疾病预防控制部门定期向社会公布全国传染病疫情信息。县级以上地方人民政府疾病预防控制部门定期向社会公布本行政区域的传染病疫情信息。传染病暴发、流行时，县级以上地方人民政府疾病预防控制部门应当及时、准确地向社会公布本行政区域传染病名称、流行传播范围以及确诊病例、疑似病例、死亡病例数量等传染病疫情信息。传染病跨省级行政区域暴发、流行时，国务院疾病预防控制部门应当及时、准确地向社会公布上述信息。县级以上人民政府疾病预防控制部门发现虚假或者不完整传染病疫情信息的，应当及时发布准确的信息予以澄清。传染病疫情信息公布的具体办法由国务院疾病预防控制部门制定。

（十四）建立甲类传染病患者、疑似患者移交制度，加速具体程序要求的出台。《传染病防治法》规定，医疗机构、疾病预防控制机构之外的其他单位和个人发现传染病患者和疑似患者的，应当向疾病预防控制机构、医疗机构报告，此时就会涉及相关人员移交的具体程序问题，在现实操作中可能出现程序空白、权责不明等现象。为了解决这一难题，《传染病防治法》授权国务院疾病预防控制部门就此制定相关规定，明确具体程序要求，增强可操作性。

（十五）完善疫情防控措施的救济途径，加强疫情防控中的民生保障。单位和个人认为采取《传染病防治法》规定的传染病疫情防控措施侵犯其合法权益的，可以向县级以上地方人民政府或者其指定的部门提出申诉，申诉期间相关措施不停止执行。县级以上地方人民政府应当畅通申诉渠道，完善处理程序，确保有关申诉及时处理。在采取疫情防控措施期间，当地人民政府应当保障食品、饮用水等基本生活必需品的供应，提供基本医疗服务，维护社会稳定。对未成年人、老年人、残疾人、孕产期和哺乳期的妇女以及需要及时救治的伤病人员等群体给予特殊照顾和安排，并确保相关人员获得医疗救治。当地人民政府应当公布求助电话等，畅通求助途径，及时向有需求的人员提供帮助。对于采取疫情防控措施导致劳动者不能工作的，用人单位应当保留其工作，按照规定支付其在此期间的工资、发放生活费。用人单位可以按照规定享受有关帮扶政策。

（十六）**建立重大传染病疫情心理援助制度，强化应急物资保障**。《传染病防治法》规定，国家建立重大传染病疫情心理援助制度。县级以上地方人民政府应当组织专业力量，定期开展培训和演练。发生重大传染病疫情时，对传染病患者、接受医学观察的人员、病亡者家属、相关工作人员等重点人群以及社会公众及时提供心理疏导和心理干预等服务。国家建立健全公共卫生应急物资保障体系，提高传染病疫情防控应急物资保障水平，县级以上人民政府发展改革部门统筹防控应急物资保障工作。国家加强医药储备，将传染病防治相关药品、医疗器械、卫生防护用品等物资纳入公共卫生应急物资保障体系，实行中央和地方两级储备。国务院工业和信息化部门会同国务院有关部门，根据传染病预防、控制和公共卫生应急准备的需要，加强医药实物储备、产能储备、技术储备，指导地方开展医药储备工作，完善储备调整、调用和轮换机制。国家建立少见罕见传染病和境内已消除的传染病防治能力储备机制。

（十七）**强调医疗机构疾病预防控制能力建设，提升疾病预防控制信息化建设水平**。国家加强医疗机构疾病预防控制能力建设，持续提升传染病专科医院、综合医院的传染病监测、检验检测、诊断和救治、科学研究等能力和水平。国家创新医防协同、医防融合机制，推进医疗机构与疾病预防控制机构深度协作。县级以上人民政府应当加强疾病预防控制信息化建设，将其纳入全民健康信息化建设。县级以上人民政府应当建立传染病预防控制信息共享机制，利用全民健康信息平台、政务数据共享平台、应急管理信息系统等，共享并综合应用相关数据。国家加强传染病防治相关网络安全和数据安全管理工作，提高技术防范水平。

（十八）**加强传染病防治人才培养，推动传染病相关学科建设。**开设医学专业的院校应当加强预防医学教育和科学研究，对在校医学专业学生以及其他与传染病防治相关的人员进行预防医学教育和培训，为传染病防治工作提供专业技术支持。疾病预防控制机构、医疗机构等应当定期对其工作人员进行传染病防治知识、技能的培训。

（十九）**多维度地构建传染病医疗救治费用支付保障体系，保障公民生命健康权益。**对符合国家规定的传染病医疗费用，基本医疗保险按照规定予以支付。对患者、疑似患者治疗甲类传染病以及依照《传染病防治法》规定采取甲类传染病预防、控制措施的传染病的医疗费用，基本医疗保险、大病保险、医疗救助等按照规定支付后，其个人负担部分，政府按照规定予以补助。国家对患有特定传染病的困难人群实行医疗救助，减免医疗费用。国家鼓励商业保险机构开发传染病防治相关保险产品。

（二十）**完善法律责任，加强相关法律法规的衔接协同。**在法律责任方面，《传染病防治法》进行了诸多完善，主要表现在三个方面：一是增补违法行为类型，填补实践漏洞，实现全面法律规制。例如，新增对"漏报传染病疫情""干预传染病疫情报告"等违法行为的法律制裁，新增"未遵守国家有关规定，导致因使用血液制品引起经血液传播疾病的发生""未按照规定对医疗污水实施消毒或者无害化处置"等违法行为的法律责任等。二是提高行政处罚力度，增强法律威慑力。例如，针对"非法采集血液或者组织他人出卖血液的"违法行为，其行政罚款由原先的"十万元以下"调整为"五万元以上五十万元以下"。①三是完善民行衔接和行刑衔接。违反《传染病防治法》相关规定，造成人身、财产损害的，依法承担民事责任；构成违反治安管理行为的，依法给予治安管理处罚；构成犯罪的，依法追究刑事责任。在法律适用方面，医疗机构未按照规定对使用的医疗器械进行消毒或者灭菌，或者对按照规定一次性使用的医疗器械使用后未予以销毁、再次使用的，依照有关医疗器械管理的法律、行政法规规定追究法律责任。传染病防治中有关突发公共卫生事件的应对，《传染病防治法》未作规定的，适用有关突发公共卫生事件应对的法律、行政法规规定。

二、修改的主要内容

（一）及时调整传染病的法定病种，准确反映传染病防控实践。新增或调整的乙类传染病包括"新型冠状病毒感染""猴痘""人感染新亚型流感"（将人感染高致病性禽流感和人感染H7N9禽流感合并），新增"手足口病"纳入丙类传染病进行管理。甲类传染病包括鼠疫和霍乱2个病种，数量保持不变；乙类传染病在原先25个病种基础上，新增"新型冠状病毒感染""猴痘"2个病种，将"人感染高致病性禽流感"更名为"人感染新亚型流感"，共27个病种；丙类传染病在原先10个病种的基础上增加了"手足口病"，共11个病种。因此，目前列入《传染病防治法》的法定病种共计40个。

（二）更新主管部门及名称，契合国家机构改革现实。2018年3月，"国家卫生和计划生育委员会"更名为"国家卫生健康委员会"；2021年5月，国家疾病预防控制局正式挂牌，成为国家卫生健康委员会管理的国家局（副部级）。《传染病防治法》有43处使用"卫生健康"，代替了之前"卫生行政"的主管部门表述。有83处使用了"疾病预防控

---

① 针对"饮用水供水单位未取得卫生许可擅自供水，或者供应的饮用水不符合国家卫生标准和卫生规范造成或者可能造成传染病传播、暴发、流行"等违法行为，《传染病防治法》也提高了罚款额度，由原先的"五万元以下的罚款"提高至当前的"二十万元以下罚款"，同时增加相关责任人员限期禁业的规定，即"对直接负责的主管人员和其他直接责任人员可以禁止其五年内从事相应生产经营活动"。

制部门",凸显了该部门在传染病预防、控制方面的主管地位和重要功用。

(三)加强基层传染病防治工作,进一步为基层赋能和提供保障。《传染病防治法》明确规定,基层医疗卫生机构应当有专门的科室或者指定人员负责传染病预防、控制管理工作,在疾病预防控制机构指导下,承担本机构的传染病预防、控制和责任区域内的传染病防治健康教育、预防接种、传染病疫情报告、传染病患者健康监测以及城乡社区传染病疫情防控指导等工作。基层医疗卫生机构对肺结核患者进行健康管理。国家建立健全城乡一体、上下联动、功能完备的疾病预防控制网络,进一步强调基层医疗卫生机构在传染病综合医疗救治体系中的地位和作用。国家加强基层传染病防治体系建设,扶持欠发达地区、民族地区和边境地区的传染病防治工作。地方各级人民政府应当保障基层传染病预防、控制工作的必要经费。①

(四)强调中西医并重和中西医结合,充分发挥中医药在传染病防治中的作用。中医药是我国医药卫生事业的重要组成部分。《中华人民共和国中医药法》明确规定,国家大力发展中医药事业,实行中西医并重的方针。《中华人民共和国基本医疗卫生与健康促进法》明确规定,国家重视中医药事业发展,坚持中西医并重。中西医结合是指在传染病防控方式上坚持中医和西医结合,在防治方法上体现中药和西药并用,彰显中医药在传染性疾病治疗中的特色优势,这是传染病防控的优秀经验,也是中医药传承精华、守正创新的生动实践。

(五)健全国家免疫规划制度,强调配套措施跟进。《传染病防治法》将"有计划的预防接种制度"修改为"免疫规划制度",并强调

---

① 《传染病防治法》规定,疾病预防控制部门、街道办事处和乡镇人民政府应当开展群防群控工作,指导居民委员会、村民委员会协助做好城乡社区的传染病预防、控制工作。居民委员会、村民委员会应当协助县级以上人民政府及其有关部门、街道办事处和乡镇人民政府做好城乡社区传染病预防、控制的宣传教育、健康提示以及疫情防控工作,组织城乡居民参与城乡社区的传染病预防、控制活动。县级以上人民政府及其有关部门、街道办事处和乡镇人民政府应当为居民委员会、村民委员会开展传染病预防、控制工作提供必要的支持和保障。

"政府免费向居民提供免疫规划疫苗"，不仅覆盖儿童，而且凸显出对全体居民的普惠性。明确国务院疾病预防控制部门是国家免疫规划的制定主体，强调"重点地区、重点人群"的预防接种。在出现特别重大突发公共卫生事件或者其他严重威胁公众健康的紧急事件时，可以依照《中华人民共和国疫苗管理法》的规定在一定范围和期限内紧急使用疫苗。

（六）完善疫情报告制度，健全传染病信息公布制度。2013年《传染病防治法》对甲类传染病模糊规定按照"国务院规定时限"报告，2025年新修订的《传染病防治法》对其进行修改，明确要求甲类、新发传染病及暴发疫情需要"两小时内网络直报"，乙类、丙类传染病需要"24小时内网络直报"。明确重点场所、检验检测机构等主体的报告责任，畅通报告途径，建立激励和免责机制，加强部门协同，建立疫情信息通报机制。在"瞒报、谎报、缓报"的基础上增加了"漏报"，弥补了原先立法上的不足，堵住了实践中的漏洞。国务院疾病预防控制部门定期向社会公布全国传染病疫情信息。县级以上地方人民政府疾病预防控制部门定期向社会公布本行政区域的传染病疫情信息。这改变了2013年《传染病防治法》仅有国务院卫生行政部门或者经其授权的省、自治区、直辖市人民政府卫生行政部门才能向社会公布本行政区域传染病疫情信息的规定，进一步强化基层防控能力建设，确保疫情信息能够更快传递至公众，缩短信息传播链条。

（七）立法技术显著提高，语义表达更为准确。《传染病防治法》自1989年首次制定以来，已经走过36个春秋。2025年修订的《传染病防治法》，无论是立法技术，还是立法内容，均趋于成熟和完善。在立法技术方面，将"省、自治区、直辖市"改为"省级"，文字表述更为精练。将"疫点、疫区"修改为"受影响的相关区域"，与《国际卫生条例》（2024年修订）使用"受染地区"的表述具有相似性，与国际法律规范实现较好衔接。本次修订将"保障措施"一章调整至"监督管理"一章之前，逻辑上更为科学顺畅，因为负有保障措施的各类主体是否履行义务以及是否完全履行义务，仍需要借助监督管理进行约束和规制。在立法内容方面，将"病人"修改为"患者"，更为综合、精确、中立和正式。因为"患者"是诊疗实践和法律政策下的规范术语，不仅包含已经就医的"病人"，而且包括未就医的患病人群，且更能体现医患共情，避免造成不必要的歧视。① 将"医学院校""在校学生"修改为"开设医学专业的院校""在校医学专业学生"，更为准确达意，及时关注到我国教育体制改革的变化和部分医学院校并入综合性大学的现实。《传染病防治法》将民事责任、行政责任和刑事责任混合规定修改为以行政责任为主、通过引致条款实现民行和行刑的责任衔接，既突出重点，又避免大量法律条款重复。

  本书以新旧条文对照的方式，清晰显著地标识出《传染病防治法》的内容变化。为了让广大读者更好地理解条文变化及缘由，本书编写组特邀请全国13位颇有影响力的理论学者和实务专家对新法条文进行逐条释义和法理解读，这些专家大部分曾不同程度地参与《传染病防治法》的修改、评估、咨询和论证工作，不仅丰富了本书内容，而且增强了本书的可信度。本书将成为一本简洁、实用、权威的参考书。

  囿于学识和视野所及，书中错讹在所难免，祈请广大读者不吝赐教，以便将来更正和完善。

本书编写组
2025年7月

---

① 同时，"患者"的表述与《中华人民共和国民法典》《中华人民共和国基本医疗卫生与健康促进法》《中华人民共和国医师法》等法律的表述一致，增强了相关法律之间的协调性，体现立法技术的标准化和统一性。

目 录

第一章 总 则

第 一 条 【立法目的】 ………………………………………… (1)
第 二 条 【指导方针和基本原则】 …………………………… (2)
第 三 条 【传染病定义、分类和目录调整】 ………………… (4)
第 四 条 【采取预防、控制措施的权限和程序】 …………… (6)
第 五 条 【常见多发的其他传染病管理】 …………………… (8)
第 六 条 【传染病防治的"四方责任"】 …………………… (9)
第 七 条 【传染病防治体系和能力建设】 …………………… (10)
第 八 条 【传染病防治工作体制】 …………………………… (11)
第 九 条 【联防联控机制和应急指挥机构】 ………………… (13)
第 十 条 【疾病预防控制网络】 ……………………………… (14)
第 十 一 条 【中西医结合】 …………………………………… (16)
第 十 二 条 【传染病防治科学研究】 ………………………… (17)
第 十 三 条 【现代信息技术运用和个人信息保护】 ………… (18)
第 十 四 条 【单位和个人义务】 ……………………………… (19)
第 十 五 条 【基层传染病预防、控制工作】 ………………… (21)
第 十 六 条 【传染病患者等人群保护】 ……………………… (22)
第 十 七 条 【疫情防控措施的比例原则和救济途径】 ……… (24)
第 十 八 条 【传染病防治健康教育】 ………………………… (25)
第 十 九 条 【国际交流与合作】 ……………………………… (27)
第 二 十 条 【传染病防治工作的激励和保障】 ……………… (28)

第二章 预 防

第二十一条 【爱国卫生运动】 ………………………………… (30)
第二十二条 【公共卫生和医疗废物处置】 …………………… (31)
第二十三条 【传播传染病动物和病媒生物的危害消除】 …… (32)
第二十四条 【免疫规划制度】 ………………………………… (34)
第二十五条 【疾控机构职责】 ………………………………… (36)
第二十六条 【医疗机构专门科室和指定人员职责】 ………… (38)

第二十七条	【医疗机构内传染病的预防和防止传播】	(40)
第二十八条	【重点传染病和突发原因不明的传染病预防控制应急预案】	(41)
第二十九条	【医疗卫生机构和重点场所应急预案】	(43)
第 三 十 条	【应急预案要求和演练】	(44)
第三十一条	【病原微生物实验室生物安全】	(46)
第三十二条	【血液和血液制品有关要求】	(47)
第三十三条	【艾滋病防治】	(48)
第三十四条	【人畜共患传染病防治】	(49)
第三十五条	【病原微生物菌（毒）种管理】	(50)
第三十六条	【消毒处理】	(51)
第三十七条	【自然疫源地建设项目管理】	(52)
第三十八条	【消毒产品和饮用水安全管理】	(53)
第三十九条	【传染病患者、病原携带者和疑似患者义务】	(55)
第 四 十 条	【重点场所主体责任】	(56)

第三章　监测、报告和预警

第四十一条	【传染病监测预警体系】	(58)
第四十二条	【传染病监测制度】	(59)
第四十三条	【传染病监测内容和重点】	(61)
第四十四条	【信息共享】	(62)
第四十五条	【传染病疫情报告制度】	(64)
第四十六条	【传染病疫情报告管理制度】	(65)
第四十七条	【重点场所、检验检测机构的报告义务】	(66)
第四十八条	【单位和个人报告义务及途径】	(68)
第四十九条	【疾控机构和疾控部门报告职责】	(69)
第 五 十 条	【疫情报告职责要求】	(70)
第五十一条	【疫情报告奖励和免责】	(71)
第五十二条	【传染病疫情风险评估制度】	(72)
第五十三条	【传染病预警制度】	(73)
第五十四条	【向疾控机构和医疗机构通报】	(75)
第五十五条	【疾控部门间通报机制】	(76)
第五十六条	【部门间通报机制和传染病暴发、流行时的工作机制】	(77)
第五十七条	【传染病疫情信息公布制度】	(78)

第四章 疫情控制

第五十八条	【隔离治疗和医学观察措施】	(81)
第五十九条	【甲类传染病患者、疑似患者移交】	(83)
第 六 十 条	【乙类、丙类传染病患者的治疗和控制传播措施】	(84)
第六十一条	【消毒和无害化处置】	(85)
第六十二条	【疾控机构采取的措施】	(86)
第六十三条	【传染病暴发、流行时的紧急措施】	(88)
第六十四条	【隔离措施】	(90)
第六十五条	【对新发传染病、突发原因不明传染病的防控措施】	(92)
第六十六条	【卫生检疫和区域封锁】	(92)
第六十七条	【疫情防控措施的程序及相关保障】	(94)
第六十八条	【交通卫生检疫】	(95)
第六十九条	【紧急调集、调用和临时征用】	(96)
第 七 十 条	【检验检测要求】	(98)
第七十一条	【传染病患者尸体处理】	(98)
第七十二条	【被污染物品再使用的消毒处理】	(100)
第七十三条	【疫情防控所需物资的生产、供应和运输】	(101)
第七十四条	【疫情防控措施的救济途径】	(102)

第五章 医疗救治

第七十五条	【救治服务网络建设】	(103)
第七十六条	【重大传染病疫情医疗救治体系】	(103)
第七十七条	【医疗救护、现场救援和接诊治疗】	(104)
第七十八条	【传染病诊断和救治】	(106)
第七十九条	【药品、医疗器械的研制和创新】	(107)
第 八 十 条	【重大传染病疫情心理援助制度】	(108)

第六章 保障措施

第八十一条	【传染病防治工作纳入规划】	(110)
第八十二条	【传染病防治的财政经费保障】	(111)
第八十三条	【疾控机构、医疗卫生机构经费保障】	(112)
第八十四条	【基层传染病防治体系建设】	(113)
第八十五条	【医疗机构疾病防控能力建设】	(115)
第八十六条	【人才队伍和学科建设】	(116)
第八十七条	【信息化建设】	(118)

第八十八条　【医疗费用保障】…………………………………………（119）
第八十九条　【公共卫生应急物资保障】………………………………（120）
第 九 十 条　【传染病防治能力储备机制】……………………………（122）
第九十一条　【人员防护和医疗保健】…………………………………（123）

第七章　监督管理

第九十二条　【政府防控工作监督】……………………………………（124）
第九十三条　【疾控部门监督检查职责】………………………………（125）
第九十四条　【监督检查措施】…………………………………………（127）
第九十五条　【封闭水源、封存食品和暂停销售等措施】……………（128）
第九十六条　【执法规范要求】…………………………………………（130）
第九十七条　【内部监督和层级监督】…………………………………（131）
第九十八条　【社会监督】………………………………………………（132）
第九十九条　【行刑衔接与执法协作】…………………………………（134）

第八章　法律责任

第 一 百 条　【地方人民政府责任】……………………………………（136）
第一百零一条　【卫生健康主管部门和疾控部门的责任】……………（137）
第一百零二条　【有关部门的责任】……………………………………（138）
第一百零三条　【疾控机构的责任】……………………………………（139）
第一百零四条　【医疗机构责任】………………………………………（141）
第一百零五条　【采供血机构责任】……………………………………（143）
第一百零六条　【交通运输、邮政、快递经营单位责任】……………（145）
第一百零七条　【饮用水供水单位等责任】……………………………（146）
第一百零八条　【违反病原体管理秩序等责任】………………………（148）
第一百零九条　【违反自然疫源地建设项目卫生管理的责任】………（151）
第一百一十条　【违反个人信息和隐私保护规定的责任】……………（152）
第一百一十一条　【不配合传染病防治的责任】………………………（153）
第一百一十二条　【法律责任衔接】……………………………………（155）

第九章　附　则

第一百一十三条　【术语解释】…………………………………………（157）
第一百一十四条　【突发公共卫生事件应对的法律适用衔接】………（160）
第一百一十五条　【施行日期】…………………………………………（161）

附录

中华人民共和国传染病防治法 …………………………………………………（162）

中华人民共和国基本医疗卫生与健康促进法 ………………………………（186）

中华人民共和国国境卫生检疫法 ………………………………………………（201）

中华人民共和国民法典（节录）…………………………………………………（209）

中华人民共和国刑法（节录）……………………………………………………（211）

第一章 总 则

> **第一条 【立法目的】**[①] 为了预防、控制和消除传染病的发生与流行,保障公众生命安全和身体健康,防范和化解公共卫生风险,维护国家安全和社会稳定,根据宪法,制定本法。

【新旧对照】[②]

修订后	修订前
第一条 为了预防、控制和消除传染病的发生与流行,保障**公众生命安全和身体健康**,**防范和化解公共卫生风险**,**维护国家安全和社会稳定**,根据宪法,制定本法。	第一条 为了预防、控制和消除传染病的发生与流行,保障人体健康和公共卫生,制定本法。

【适用精解】

2025 年《中华人民共和国传染病防治法》(以下通常简称本法)第一条由 2013 年《中华人民共和国传染病防治法》(以下通常简称 2013 年《传染病防治法》)第一条修改而来。

本条规定的是本法的立法目的。

本法在原立法目的"预防、控制和消除传染病的发生与流行,保障人体健康和公共卫生"的基础上,增加了"保障公众生命安全和身体健康、防范和化解公共卫生风险、维护国家安全和社会稳定"三个立法目的。这是我国传染病防控经验的总结与升华,是坚持以人民为中心的集中体现,是全面推进"健康中国"建设不可或缺的一环,发挥了精神引领和理念指导的作用,是本法的出发点和归宿,对传染病预防和控制工作提出了更高的要求。

"公众生命安全和身体健康"有两种含义:一是体现健康权的本质既包括维持人的生命,又包括保障人生存的质量;二是体现本条对个体健康权和公众健康权的双重保护。同时该表述与《中华人民共和国国境卫生检疫法》第一条表述相一

[①] 条文主旨为编者所加,下同。
[②] 条文中的重要修改之处用黑体字凸显。

致，体现立法技术的标准化和统一性要求。

"防范和化解公共卫生风险"体现了我国总结近年来传染病防控经验，促进传染病防控法治化的重要意义。同时，该条和本法第五十二条"国家建立健全传染病疫情风险评估制度"前后呼应。

"维护国家安全和社会稳定"说明本法的作用不仅是对公众健康的保护，而且可以遏制社会恐慌与经济失序、凝聚社会共识与协作、提升国家治理能力与国际影响，因此传染病防控已融入总体国家安全观，成为防控内源性和抵御外源性重大风险、保障长治久安、维护国家形象的关键屏障。

本条还增加了"根据宪法"这一表述，使语义表达更加精准和严谨，凸显了宪法的权威性。其含义有三：一是制定本法在立法权限上符合宪法的规定；二是本法的内容符合宪法的精神和原则；三是本法将宪法的相关规定予以具体化，以实现宪法的目的。

【相关法律法规】

《中华人民共和国宪法》《中华人民共和国国境卫生检疫法》

> **第二条　【指导方针和基本原则】** 传染病防治工作坚持中国共产党的领导，坚持人民至上、生命至上，坚持预防为主、防治结合的方针，坚持依法防控、科学防控的原则。

【新旧对照】

修订后	修订前
第二条　传染病防治工作坚持中国共产党的领导，坚持人民至上、生命至上，坚持预防为主、防治结合的方针，坚持依法防控、科学防控的原则。	第二条　国家对传染病防治实行预防为主的方针，防治结合、分类管理、依靠科学、依靠群众。

【适用精解】

本条由2013年《传染病防治法》第二条修改而来。

本条规定的是本法的指导方针和基本原则。

本条在原立法原则"预防为主、防治结合、分类管理、依靠科学、依靠群众"

的基础上，**增加了"坚持中国共产党的领导""人民至上、生命至上""依法防控、科学防控"的原则，形成四个"坚持"**。这一修改同《中华人民共和国突发事件应对法》规定的原则相一致。

"坚持中国共产党的领导"原则彰显了党在传染病防控中的核心地位，应贯彻到全过程、各方面。中国共产党领导是中国特色社会主义最本质特征。中国共产党践行全心全意为人民服务的根本宗旨，以强烈的历史担当和强大的战略定力，最大程度保护人民生命安全和身体健康。历史实践证明，党的领导是取得各阶段传染病防控工作决定性胜利的根本保证。

"人民至上、生命至上"原则是《中华人民共和国宪法》《中华人民共和国基本医疗卫生与健康促进法》对公民健康权保护原则在卫生健康单行法中的具体化，切实把保障人民健康放在优先发展的战略位置。"人民至上、生命至上"体现了"以人民为中心"的价值追求。

"依法防控、科学防控"原则包括两个方面：

一是依法防控，是指加强法治建设，在法治轨道上统筹推进各项防控工作，严格依法实施防控措施，落实部门、行业、单位、家庭和个人的责任，提高依法治理能力。规范实施程序，明确医疗机构、疾病预防控制机构采取隔离治疗、医学观察措施应当科学合理确定具体人员范围和期限，并向有关人员书面告知诊断或者判定结果和依法应当采取的措施；要求决定采取传染病防控措施的机关向社会公告措施的具体内容、实施范围和实施期限。[①]

二是科学防控，其是保护公众健康的关键。通过采取有效的防控措施，可以减少病原体的传播，降低感染率和重症率。明确采取传染病预防、控制措施，应当依照法定权限和程序，与传染病暴发、流行和可能造成危害的程度、范围等相适应。

【相关法律法规】

《中华人民共和国宪法》《中华人民共和国基本医疗卫生与健康促进法》《中华人民共和国突发事件应对法》

[①] 王萍：《传染病防治法修订：强化公共卫生法治保障》，载《中国人大》2025年第9期。

第三条 【传染病定义、分类和目录调整】 本法所称传染病，分为甲类传染病、乙类传染病、丙类传染病，以及突发原因不明的传染病等其他传染病。

甲类传染病，是指对人体健康和生命安全危害特别严重，可能造成重大经济损失和社会影响，需要特别严格管理、控制疫情蔓延的传染病，包括鼠疫、霍乱。

乙类传染病，是指对人体健康和生命安全危害严重，可能造成较大经济损失和社会影响，需要严格管理、降低发病率、减少危害的传染病，包括新型冠状病毒感染、传染性非典型肺炎、艾滋病、病毒性肝炎、脊髓灰质炎、人感染新亚型流感、麻疹、流行性出血热、狂犬病、流行性乙型脑炎、登革热、猴痘、炭疽、细菌性和阿米巴性痢疾、肺结核、伤寒和副伤寒、流行性脑脊髓膜炎、百日咳、白喉、新生儿破伤风、猩红热、布鲁氏菌病、淋病、梅毒、钩端螺旋体病、血吸虫病、疟疾。

丙类传染病，是指常见多发，对人体健康和生命安全造成危害，可能造成一定程度的经济损失和社会影响，需要关注流行趋势、控制暴发和流行的传染病，包括流行性感冒、流行性腮腺炎、风疹、急性出血性结膜炎、麻风病、流行性和地方性斑疹伤寒、黑热病、包虫病、丝虫病、手足口病，除霍乱、细菌性和阿米巴性痢疾、伤寒和副伤寒以外的感染性腹泻病。

国务院疾病预防控制部门根据传染病暴发、流行情况和危害程度，及时提出调整各类传染病目录的建议。调整甲类传染病目录，由国务院卫生健康主管部门报经国务院批准后予以公布；调整乙类、丙类传染病目录，由国务院卫生健康主管部门批准、公布。

【新旧对照】

修订后	修订前
第三条 本法**所称**传染病，分为甲类传染病、乙类传染病、丙类传染病，**以及突发原因不明的传染病等其他传染病**。 甲类传染病，**是指对人体健康和生命安全危害特别严重，可能造成重大经济损失和社会影响，需要特别严格管理、控制疫情蔓延的传染病**，包括鼠疫、霍乱。 乙类传染病，**是指对人体健康和生命安全危害严重，可能造成较大经济损失和社会影响，需要严格管理、降低发病率、减少危害的传染病**，包括新型冠状病毒感	第三条 本法规定的传染病分为甲类、乙类和丙类。 甲类传染病是指：鼠疫、霍乱。 乙类传染病是指：传染性非典型肺炎、艾滋病、病毒性肝炎、脊髓灰质炎、人感染高致病性禽流感、麻疹、流行性出血热、狂犬病、流行性乙型脑炎、登革热、炭疽、细菌性和阿米巴性痢疾、肺结核、伤寒和副伤寒、流行性脑脊髓膜炎、百日咳、白喉、新生儿破伤风、猩红热、布鲁氏菌病、淋病、梅毒、钩端螺旋体病、血吸虫病、疟疾。

续表

修订后	修订前
染、传染性非典型肺炎、艾滋病、病毒性肝炎、脊髓灰质炎、人感染**新亚**型**流感**、麻疹、流行性出血热、狂犬病、流行性乙型脑炎、登革热、**猴痘**、炭疽、细菌性和阿米巴性痢疾、肺结核、伤寒和副伤寒、流行性脑脊髓膜炎、百日咳、白喉、新生儿破伤风、猩红热、布鲁氏菌病、淋病、梅毒、钩端螺旋体病、血吸虫病、疟疾。 丙类传染病，是指**常见多发，对人体健康和生命安全造成危害，可能造成一定程度的经济损失和社会影响，需要关注流行趋势、控制暴发和流行的传染病，包括**流行性感冒、流行性腮腺炎、风疹、急性出血性结膜炎、麻风病、流行性和地方性斑疹伤寒、黑热病、包虫病、丝虫病、**手足口病，**除霍乱、细菌性和阿米巴性痢疾、伤寒和副伤寒以外的感染性腹泻病。 国务院**疾病预防控制**部门根据传染病暴发、流行情况和危害程度，**及时提出调整各类传染病目录的建议。调整甲类传染病目录，由国务院卫生健康主管部门报经国务院批准后予以公布；调整乙类、丙类传染病目录，由国务院卫生健康主管部门批准、公布。**	丙类传染病是指：流行性感冒、流行性腮腺炎、风疹、急性出血性结膜炎、麻风病、流行性和地方性斑疹伤寒、黑热病、包虫病、丝虫病、除霍乱、细菌性和阿米巴性痢疾、伤寒和副伤寒以外的感染性腹泻病。 国务院卫生行政部门根据传染病暴发、流行情况和危害程度，可以决定增加、减少或者调整乙类、丙类传染病病种并予以公布。

【适用精解】

本条由2013年《传染病防治法》第三条修改而来。

本条规定的是传染病的定义、分类和目录调整。

本条体现了传染病防治中的分类管理原则。本条变化主要体现在五个方面：

一是界定传染病外延，将突发原因不明的传染病纳入法定传染病的范围，即在原有甲类、乙类、丙类法定传染病的基础上增加了"突发原因不明的传染病"。

二是明确传染病分类标准，把传染病对人体健康和社会的危害程度以及采取的预防控制措施作为分类标准，明确甲类、乙类、丙类传染病的法律定义，对健康危害分别用"特别严重—严重—常见多发有危害"、经济损失分别用"重大—

较大——一定程度"、管理方式分别用"特别严格—严格—关注"作为认定甲类、乙类、丙类传染病的具体标准。

三是根据实际情况，对法定传染病的病种进行调整。经过调整，列入《传染病防治法》的病种共 40 种。其中，**甲类传染病 2 种，乙类传染病 27 种，丙类传染病 11 种**。本条增加了乙类传染病和丙类传染病的种类，新增或调整的乙类传染病包括新型冠状病毒感染、人感染新亚型流感（由人感染高致病性禽流感和人感染 H7N9 禽流感合并）、猴痘，并新增手足口病纳入丙类传染病进行管理。

四是完善传染病目录调整主体和程序，明确国务院疾病预防控制部门根据传染病暴发、流行情况和危害程度，及时提出调整各类传染病目录的建议。将**调整甲类传染病目录的权限授予国务院**，明确由国务院卫生健康主管部门报经国务院批准后予以公布。乙类、丙类传染病目录调整，由国务院卫生健康主管部门批准、公布。

五是原法条"卫生行政部门"表述修改为"卫生健康主管部门、疾病预防控制部门"，契合了国家机构改革的实际，这一名称的变化，不仅意味着职能整合，强调提升医疗卫生事务的协调效率，而且体现出理念跃升，彰显了将"健康融入所有政策"的大健康理念，与近年来制定、修订的《中华人民共和国基本医疗卫生与健康促进法》《中华人民共和国医师法》等多部卫生健康单行法表述保持一致。

【相关法律法规】

《中华人民共和国基本医疗卫生与健康促进法》《中华人民共和国医师法》《中华人民共和国刑法》《中华人民共和国母婴保健法》《突发公共卫生事件应急条例》《关于加强和改进全国鼠疫防控工作的指导意见》

第四条　【采取预防、控制措施的权限和程序】突发原因不明的传染病需要采取本法规定的甲类传染病预防、控制措施的，国务院疾病预防控制部门及时提出建议，由国务院卫生健康主管部门报经国务院批准后予以公布。

对乙类传染病中的传染性非典型肺炎、炭疽中的肺炭疽，采取本法规定的甲类传染病预防、控制措施。其他乙类传染病需要采取本法规定的甲类传染病预防、控制措施的，依照前款规定的程序批准、公布。

> 需要解除依照本条规定采取的甲类传染病预防、控制措施的，国务院疾病预防控制部门及时提出建议，由国务院卫生健康主管部门报经国务院批准后予以公布。
>
> 依照本法规定采取甲类传染病预防、控制措施的传染病，适用本法有关甲类传染病的规定。

【新旧对照】

修订后	修订前
第四条 突发原因不明的传染病需要采取本法规定的甲类传染病预防、控制措施的，国务院疾病预防控制部门及时提出建议，由国务院卫生健康主管部门报经国务院批准后予以公布。 对乙类传染病中的传染性非典型肺炎、炭疽中的肺炭疽，采取本法规定的甲类传染病预防、控制措施。**其他乙类传染病需要采取本法规定的甲类传染病预防、控制措施的，依照前款规定的程序批准、公布。** 需要解除依照**本条**规定采取的甲类传染病预防、控制措施的，国务院**疾病预防控制**部门**及时提出建议，由国务院卫生健康**主管部门报经国务院批准后予以公布。 **依照本法规定采取甲类传染病预防、控制措施的传染病，适用本法有关甲类传染病的规定。**	第四条 对乙类传染病中传染性非典型肺炎、炭疽中的肺炭疽和人感染高致病性禽流感，采取本法所称甲类传染病的预防、控制措施。其他乙类传染病和突发原因不明的传染病需要采取本法所称甲类传染病的预防、控制措施的，由国务院卫生行政部门及时报经国务院批准后予以公布、实施。 需要解除依照前款规定采取的甲类传染病预防、控制措施的，由国务院卫生行政部门报经国务院批准后予以公布。 省、自治区、直辖市人民政府对本行政区域内常见、多发的其他地方性传染病，可以根据情况决定按照乙类或者丙类传染病管理并予以公布，报国务院卫生行政部门备案。

【适用精解】

本条由 2013 年《传染病防治法》第四条修改而来。

本条规定的是采取预防、控制措施的权限和程序。

本条变化主要体现在三个方面：

一是新增"突发原因不明的传染病"的管理。突发原因不明的传染病需要采取本法规定的甲类传染病预防、控制措施的，国务院疾病预防控制部门及时提出建议，由国务院卫生健康主管部门报经国务院批准后予以公布。同时，本法第六十五条规定："发生新发传染病、突发原因不明的传染病，县级以上地方人民政府经评估认为确有必要的,可以预先采取本法规定的甲类传染病预防、控制措施,同时向上一级人民政府报告。接到报告的上级人民政府认为预先采取的预防、控制措施不适当的,应当立即调整或者撤销。"第六十五条和第四条既前后呼应,又相互补充。

二是对文字表述进行修改,对于"其他乙类传染病和突发原因不明的传染病需要采取本法所称甲类传染病的预防、控制措施的""依照前款规定采取的甲类传染病预防、控制措施的"程序表述修改为"依照前款规定的程序批准、公布"和"适用本法有关甲类传染病的规定",避免了文字上的不必要重复。

三是对解除依照规定采取的甲类传染病预防、控制措施的程序进行修改,增加了"国务院疾病预防控制部门及时提出建议"。国务院疾病预防控制部门负责传染病疫情应对相关工作,组织开展流行病学调查、检验检测、应急处置等工作,拟订应急预案并组织开展演练,指导疾病预防控制系统应急体系和能力建设,负责应急队伍、志愿者队伍建设,提出传染病疫情应对应急物资需求及分配意见。预防控制部门在传染病防控中的职责是全面而重要的,其不仅是疫情监测与报告的主力军,更是疫情控制与协调的关键力量,通过科学、专业的防控措施,为保障公众健康、维护社会稳定发挥了不可替代的作用。因此,本次修订确定了国务院疾病预防控制部门"提出建议"的职能,同时成为其一项法定职责。

第五条 【常见多发的其他传染病管理】省级人民政府对本行政区域常见多发的其他传染病,可以根据情况决定按照乙类或者丙类传染病管理并予以公布,报国务院疾病预防控制部门备案。

【新旧对照】

修订后	修订前
第五条 省级人民政府对本行政区域常见多发的其他传染病,可以根据情况决定按照乙类或者丙类传染病管理并予以公布,报国务院**疾病预防控制**部门备案。	第四条第三款 省、自治区、直辖市人民政府对本行政区域内常见、多发的其他**地方性**传染病,可以根据情况决定按照乙类或者丙类传染病管理并予以公布,报国务院**卫生行政**部门备案。

【适用精解】

本条由 2013 年《传染病防治法》第四条第三款修改而来。

本条规定的是常见多发的其他传染病管理。

本条的修改属于微调，主要包括两个方面：

一是将原法条"省、自治区、直辖市"改为"**省级**"，文字表述更为精练。

二是将原法条"报国务院卫生行政部门备案"修改为"报国务院**疾病预防控制部门备案**"，更加凸显疾病预防控制部门在传染病防控工作中的主管地位和重要职责，同时与本法其他条文相对应。

第六条　【传染病防治的"四方责任"】 国家建立健全传染病防治体制机制，明确属地、部门、单位和个人责任，实行联防联控、群防群控。

【新旧对照】

修订后	修订前
第六条　国家建立健全传染病防治体制机制，明确属地、部门、单位和个人责任，实行联防联控、群防群控。	无对应条款

【适用精解】

本条为新增条款。

本条规定的是传染病防治的"四方责任"。

本条是新《传染病防治法》的亮点之一。**本条在法律条文中界定"属地、部门、单位、个人"四方责任，**旨在建立政府主导、部门协作、单位尽责、公民参与的传染病联防联控机制，形成从预防监测到应急处置再到长效管理的全链条防控体系，构建起权责明晰的立体化传染病防控网络。

本条与《中华人民共和国基本医疗卫生与健康促进法》第六十九条"公民是自己健康的第一责任人"和第二十条"国家建立传染病防控制度，制定传染病防治规划并组织实施，加强传染病监测预警，坚持预防为主、防治结合、联防联控、群防群控、源头防控、综合治理，阻断传播途径，保护易感人群，降低传染病的危害"等内容相呼应。

【相关法律法规】

《中华人民共和国基本医疗卫生与健康促进法》

> 第七条 【传染病防治体系和能力建设】各级人民政府加强对传染病防治工作的领导。
> 县级以上人民政府建立健全传染病防治的疾病预防控制、医疗救治、应急处置、物资保障和监督管理体系，加强传染病防治能力建设。

【新旧对照】

修订后	修订前
第七条 各级人民政府**加强对**传染病防治工作的领导。 县级以上人民政府建立健全传染病防治的疾病预防控制、医疗救治、**应急处置、物资保障**和监督管理体系，**加强**传染病防治能力建设。	第五条 各级人民政府领导传染病防治工作。 县级以上人民政府制定传染病防治规划并组织实施，建立健全传染病防治的疾病预防控制、医疗救治和监督管理体系。

【适用精解】

本条由 2013 年《传染病防治法》第五条修改而来。

本条规定的是传染病防治体系和能力建设。

在原政府职责"疾病预防控制、医疗救治和监督管理体系"基础上增加了"应急处置、物资保障"和"加强传染病防治能力建设"。

应急处置是政府传染病防控中非常重要的职责和能力。传染病暴发、流行通常是突然发生的，而且具有公共性。要彻底解决这一问题，就必须依靠政府公共权力来发挥作用，通过对资源的优化配置以及协调处理才能真正做好应对措施。政府的应急处理责任体现在应急事件的事前、事中、事后全过程。应急处置能力逐渐成为衡量政府、企事业单位、城市社区的社会管理能力的重要标志。

物资保障是传染病防控中重要的基础和支撑。政府及相关行政部门在传染病防控的不同阶段，都承担着物资保障的义务和责任。统一的应急物资保障体系是国家应急管理体系建设的重要内容，是精准布局，推进国家应急管理体系和能力现代化的重要支撑，是应对和处置传染病等突发公共事件的基础保障，是决定突发事件应急处置成败的关键因素。本条强调健全公共卫生应急物资保障体系，加强医药储备，完善储备调整、调用和轮换机制，提高传染病防控应急物资保障水平。本条的修订与《中华人民共和国突发事件应对法》第四十五条规定的国家"建立健全应急物资储备保障制度"相呼应。

【相关法律法规】

《中华人民共和国基本医疗卫生与健康促进法》《中华人民共和国突发事件应对法》

第八条　【传染病防治工作体制】 国务院卫生健康主管部门牵头组织协调全国传染病疫情应对工作，负责全国传染病医疗救治的组织指导工作。国务院疾病预防控制部门负责全国传染病预防、控制的组织指导工作，负责全国传染病疫情应对相关工作。国务院其他有关部门在各自职责范围内负责传染病防治有关工作。

县级以上地方人民政府卫生健康主管部门牵头组织协调本行政区域传染病疫情应对工作，负责本行政区域传染病医疗救治的组织指导工作。县级以上地方人民政府疾病预防控制部门负责本行政区域传染病预防、控制的组织指导工作，负责本行政区域传染病疫情应对相关工作。县级以上地方人民政府其他有关部门在各自职责范围内负责传染病防治有关工作。

中国人民解放军、中国人民武装警察部队的传染病防治工作，依照本法和中央军事委员会的有关规定办理，由中央军事委员会负责卫生工作的部门实施监督管理。

【新旧对照】

修订后	修订前
第八条　国务院卫生健康主管部门牵头组织协调全国传染病疫情应对工作，负责全国传染病医疗救治的组织指导工作。国务院疾病预防控制部门负责全国传染病预防、控制的组织指导工作，负责全国传染病疫情应对相关工作。国务院其他有关部门在各自职责范围内负责传染病防治有关工作。 县级以上地方人民政府卫生健康主管部门牵头组织协调本行政区域传染病疫情应对工作，负责本行政区域传染病医疗救治的组织指导工作。县级以上地方人民政府疾病预防控制部门负责本行政区域传染病预防、控制的组织指导工作，负责本行政区域传染病疫情应对相关工作。县级以上地方人民政府其他有关部门在各自职责范围内负责传染病防治有关工作。 中国人民解放军、中国人民武装警察部队的传染病防治工作，依照本法和中央军事委员会的有关规定办理，由中央军事委员会负责卫生工作的部门实施监督管理。	第六条　国务院卫生行政部门主管全国传染病防治及其监督管理工作。县级以上地方人民政府卫生行政部门负责本行政区域内的传染病防治及其监督管理工作。 县级以上人民政府其他部门在各自的职责范围内负责传染病防治工作。 军队的传染病防治工作，依照本法和国家有关规定办理，由中国人民解放军卫生主管部门实施监督管理。

【适用精解】

本条由2013年《传染病防治法》第六条修改而来。

本条规定的是传染病防治工作体制与职责。

本条细化了原法条对政府各部门的职责划分。

国务院卫生健康主管部门是协调部门，同时是全国传染病医疗救治的组织指导部门。

国务院疾病预防控制部门是全国传染病预防、控制的组织指导部门。

国务院其他有关部门在各自职责范围内各司其职，是重要的参与部门。本法第二章、第三章提到县级以上人民政府农业农村、生态环境、海关、市场监督管理、移民管理、林业草原以及交通运输、铁路、民用航空等部门的传染病防治职责，即为具体表现。

本条把原条文"军队"修改为"中国人民解放军、中国人民武装警察部队"。解放军和武警部队是中国军队的两支主要力量，它们在组织结构、任务职责和培训训练等方面存在着一些区别。军队疾病预防控制是军队卫生事业的重要部分，将"军队"修改为"中国人民解放军、中国人民武装警察部队"的表述更为细化、严谨。

> **第九条 【联防联控机制和应急指挥机构】** 国务院和县级以上地方人民政府的重大传染病疫情联防联控机制开展疫情会商研判，组织协调、督促推进疫情防控工作。
>
> 发生重大传染病疫情，构成突发公共卫生事件的，国务院和县级以上地方人民政府依照有关突发公共卫生事件应对的法律、行政法规规定设立应急指挥机构、启动应急响应。

【新旧对照】

修订后	修订前
第九条　国务院和县级以上地方人民政府的重大传染病疫情联防联控机制开展疫情会商研判，组织协调、督促推进疫情防控工作。 发生重大传染病疫情，构成突发公共卫生事件的，国务院和县级以上地方人民政府依照有关突发公共卫生事件应对的法律、行政法规规定设立应急指挥机构、启动应急响应。	无对应条款

【适用精解】

本条为新增条款。

本条规定的是**重大传染病疫情联防联控机制、应急指挥机构和应急响应**。

本条主要规定了两个方面的内容：

一是明确发生重要传染病疫情时，开展疫情研判、组织协调、督促推进疫情防控工作是国务院及县级以上地方人民政府的职责，实行以"块"为主，克服以"线"为主的不足，更具动员能力、组织能力和防控救治能力，这与《中华人民共和国突发事件应对法》精神和内容保持一致。

二是确定政府在发生重大传染病疫情构成突发公共卫生事件时，设立应急指挥机构，启动应急响应。组建应急指挥机构的具体程序和主体的具体事项依照有关突发公共卫生事件应对的法律、行政法规规定。

《中华人民共和国突发事件应对法》第十九条第二款规定，国务院在总理领导下研究、决定和部署特别重大突发事件的应对工作；根据实际需要，设立国家突发事件应急指挥机构，负责突发事件应对工作；必要时，国务院可以派出工作组指导有关工作。

《国家突发事件总体应急预案》规定，应急指挥体系分为国家层面指挥体制和地方层面指挥体制。党中央、国务院对特别重大突发事件应对工作作出决策部署，根据实际需要设立国家突发事件应急指挥机构，指定相关负责同志组织突发事件应对工作，成员由党中央、国务院、中央军委有关部门及地方党委和政府负责同志等组成；必要时，可派出工作组或者设立前方指挥部指导有关工作。县级以上地方党委和政府按照有关规定设立由本级党委和政府主要负责同志牵头组成的突发事件应急指挥机构，统一指挥协调本地突发事件应对工作；根据实际需要设立相关类别突发事件应急指挥机构，组织、协调、指挥突发事件应对工作。

【相关法律法规】

《中华人民共和国突发事件应对法》《国家突发事件总体应急预案》

第十条　【疾病预防控制网络】国家建立健全城乡一体、上下联动、功能完备的疾病预防控制网络。

国务院疾病预防控制部门领导各级疾病预防控制机构业务工作，建立上下联动的分工协作机制。

国家、省级疾病预防控制机构成立疾病预防控制专家委员会，为传染病防治提供咨询、评估、论证等专业技术支持。

【新旧对照】

修订后	修订前
第十条 国家建立健全城乡一体、上下联动、功能完备的疾病预防控制网络。 国务院疾病预防控制部门领导各级疾病预防控制机构业务工作，建立上下联动的分工协作机制。 国家、省级疾病预防控制机构成立疾病预防控制专家委员会，为传染病防治提供咨询、评估、论证等专业技术支持。	第七条 各级疾病预防控制机构承担传染病监测、预测、流行病学调查、疫情报告以及其他预防、控制工作。 医疗机构承担与医疗救治有关的传染病防治工作和责任区域内的传染病预防工作。城市社区和农村基层医疗机构在疾病预防控制机构的指导下，承担城市社区、农村基层相应的传染病防治工作。

【适用精解】

本条由 2013 年《传染病防治法》第七条修改而来。本条第一款、第三款为新增条款。

本条规定的是**传染病预防控制网络建设和分工协作机制**。

本条第一款增加内容是，**国家建立健全城乡一体、上下联动、功能完备的疾病预防控制网络**。《全国疾病预防控制行动方案（2024—2025 年）》要求加快实施传染病监测预警与应急指挥能力提升项目，推进省统筹区域传染病监测预警与应急指挥信息平台建设，促进平台互联互通，实现数据共享。传染病疫情和突发公共卫生事件网络既要覆盖临床监测、病原监测、病媒监测等专业监测，又要畅通医疗机构报告、医务人员直接报告、科研发现报告、检验检测机构报告、群众个人报告、舆情监测等信息渠道，实现卫生健康、疾控、教育、民政、生态环境、农业农村、海关、市场监管、气象、移民、林草、中医药、药监等部门的联动监测和信息共享。

第二款强调国务院疾病预防控制**部门**对**各级**疾病预防控制机构的**业务领导机制**。

第三款增加了国家、省级疾病预防控制机构的技术支持功能。《国务院办公厅关于推动疾病预防控制事业高质量发展的指导意见》规定，中国疾控中心和省级疾控中心加挂预防医学科学院牌子，强化科研支撑和技术保障能力。

【相关法律法规】

《中华人民共和国突发事件应对法》《中华人民共和国中医药法》《全国疾病

预防控制行动方案（2024—2025 年）》《国务院办公厅关于推动疾病预防控制事业高质量发展的指导意见》

> **第十一条 【中西医结合】**国家坚持中西医并重，加强中西医结合，充分发挥中医药在传染病防治中的作用。

【新旧对照】

修订后	修订前
第十一条 国家坚持中西医并重，加强中西医结合，充分发挥中医药在传染病防治中的作用。	第八条第一款 国家发展现代医学和中医药等传统医学，支持和鼓励开展传染病防治的科学研究，提高传染病防治的科学技术水平。

【适用精解】

本条由 2013 年《传染病防治法》第八条第一款修改而来。

本条规定的是中西医结合在传染病防治中的作用。

本条变化体现在增加了"**坚持中西医并重**""**加强中西医结合**"和"**充分发挥中医药在传染病防治中的作用**"的内容表述。这些表述在内容与定位上发生了很大变化，基本上是全新规定，具体包括三个层面的含义：

一是**中西医并重**是卫生工作总方针之一。中医药是我国医药卫生事业的重要组成部分。《中华人民共和国中医药法》第三条规定，国家大力发展中医药事业，实行中西医并重的方针。《中华人民共和国基本医疗卫生与健康促进法》第九条规定，国家重视中医药事业发展，坚持中西医并重。本条进行相应的规定，突出强调中西医并重在传染病防治中的方针地位。

二是**中西医结合**是指在传染病防控方式上坚持中医和西医结合，在防治方法上体现中药和西药并用，彰显中医药在传染性疾病治疗中的特色优势。

三是**充分发挥中医药在传染病防治中的作用**，是传染病防控实践的一大经验，**也是中医药传承精华、守正创新的生动体现**。本条在吸收成功经验的基础上以法律制度的形式进行明确规定，并在监测预警、医疗救治等章节细化了中医药参与机制，有助于中医药积极参与传染病防治工作，保障人民生命安全和身体健康。

【相关法律法规】

《中华人民共和国基本医疗卫生与健康促进法》《中华人民共和国中医药法》《国务院办公厅关于提升中药质量促进中医药产业高质量发展的意见》

> **第十二条 【传染病防治科学研究】** 国家支持和鼓励开展传染病防治的科学研究，组织开展传染病防治和公共卫生研究工作以及多学科联合攻关，提高传染病防治的科学技术水平。

【新旧对照】

修订后	修订前
第十二条　国家支持和鼓励开展传染病防治的科学研究，**组织开展传染病防治和公共卫生研究工作以及多学科联合攻关**，提高传染病防治的科学技术水平。	第八条第一款　国家发展现代医学和中医药等传统医学，支持和鼓励开展传染病防治的科学研究，提高传染病防治的科学技术水平。

【适用精解】

本条由 2013 年《传染病防治法》第八条第一款修改而来。

本条规定的是传染病防治的科学研究。

本条变化体现在**增加了"组织开展传染病防治和公共卫生研究工作以及多学科联合攻关"的表述**，扩充了开展传染病防治的科学研究内容，具体包括三层含义：

一是强调开展传染病防治的科学研究，与《中华人民共和国基本医疗卫生与健康促进法》第八条规定的强化医学科学基础研究的要求相衔接、相对应，本条是《中华人民共和国基本医疗卫生与健康促进法》第八条的细化。

二是强调开展公共卫生研究工作，公共卫生工作是日常预防传染病的重要有效措施，对于提升早期预警与监测能力、优化防控策略的科学性、支撑公共卫生政策制定、促进公众教育与行为干预具有重要意义。

三是要求开展多学科联合攻关，传染病的复杂性、防控链条的完整性、应对突发原因不明的传染病的未知性、资源优化与全局视角、技术创新加速等均深刻影响着传染病的防控效果。开展传染病防治的多学科攻关，本质上是应对其"生物—社会—技术"多重属性的必然选择，只有通过跨领域协作，才能实现更精准的防控和更高效的资源利用，并减少应对措施中的盲点与副作用。

本条与《中华人民共和国动物防疫法》第十条规定的"传染病防治的协作机制"和第十三条规定的"动物疫病防治的科学技术水平"等内容相衔接；与《中华人民共和国科学技术进步法》第二十二条规定的"学科交叉融合"和第二十七条规定的"科研攻关协调机制"的内容相呼应；与《中华人民共和国生物安全法》第六十七条规定的"联合攻关机制"的内容相契合。

【相关法律法规】

《中华人民共和国动物防疫法》《中华人民共和国科学技术进步法》《中华人民共和国生物安全法》《中华人民共和国基本医疗卫生与健康促进法》

第十三条 【现代信息技术运用和个人信息保护】 国家支持和鼓励在传染病防治中运用现代信息技术。

传染病防治中开展个人信息收集、存储、使用、加工、传输、提供、公开、删除等个人信息处理活动，应当遵守《中华人民共和国民法典》、《中华人民共和国个人信息保护法》等法律、行政法规的规定，采取措施确保个人信息安全，保护个人隐私，不得过度收集个人信息；相关信息不得用于传染病防治以外的目的。

【新旧对照】

修订后	修订前
第十三条 国家支持和鼓励在传染病防治中运用现代信息技术。 传染病防治中开展个人信息收集、存储、使用、加工、传输、提供、公开、删除等个人信息处理活动，应当遵守《中华人民共和国民法典》、《中华人民共和国个人信息保护法》等法律、行政法规的规定，	无对应条款

续表

修订后	修订前
采取措施确保个人信息安全，保护个人隐私，不得过度收集个人信息；相关信息不得用于传染病防治以外的目的。	

【适用精解】

本条为新增条款。

本条规定的是现代信息技术在传染病防治中的运用和个人信息权益保护。

第一款明确在传染病疫情防控中运用信息技术，是应对公共卫生挑战的重要战略举措，体现了科技赋能公共健康管理的趋势。

第二款规定加强个人信息保护，强调依法开展个人信息处理活动，保护个人隐私，不得过度收集个人信息，相关信息不得用于传染病防治以外的目的。这体现出在传染病疫情防控中，要兼顾公民个人权利与社会公共利益的平衡保护，一方面要控制疫情扩散蔓延以维护社会公共利益，另一方面要保障公民合法权益，与《中华人民共和国民法典》第一千零三十四条至第一千零三十九条，《中华人民共和国个人信息保护法》第四条、第六条以及《中华人民共和国基本医疗卫生与健康促进法》第九十二条进行有效衔接。

【相关法律法规】

《中华人民共和国民法典》《中华人民共和国个人信息保护法》《中华人民共和国基本医疗卫生与健康促进法》

> **第十四条　【单位和个人义务】**中华人民共和国领域内的一切单位和个人应当支持传染病防治工作，接受和配合为预防、控制、消除传染病危害依法采取的调查、采集样本、检验检测、隔离治疗、医学观察等措施，根据传染病预防、控制需要采取必要的防护措施。
>
> 国家支持和鼓励单位和个人参与传染病防治工作。各级人民政府应当完善有关制度，提供便利措施，引导单位和个人参与传染病防治的宣传教育、疫情报告、志愿服务和捐赠等活动。

【新旧对照】

修订后	修订前
第十四条　中华人民共和国领域内的一切单位和个人应当支持传染病防治工作，接受和配合为预防、控制、消除传染病危害依法采取的调查、采集样本、检验检测、隔离治疗、医学观察等措施，根据传染病预防、控制需要采取必要的防护措施。 　　国家支持和鼓励单位和个人参与传染病防治工作。各级人民政府应当完善有关制度，提供便利措施，引导单位和个人参与传染病防治的宣传教育、疫情报告、志愿服务和捐赠等活动。	第十二条第一款　在中华人民共和国领域内的一切单位和个人，必须接受疾病预防控制机构、医疗机构有关传染病的调查、检验、采集样本、隔离治疗等预防、控制措施，如实提供有关情况。疾病预防控制机构、医疗机构不得泄露涉及个人隐私的有关信息、资料。 　　第九条第一款　国家支持和鼓励单位和个人参与传染病防治工作。各级人民政府应当完善有关制度，方便单位和个人参与防治传染病的宣传教育、疫情报告、志愿服务和捐赠活动。

【适用精解】

本条由 2013 年《传染病防治法》第十二条第一款、第九条第一款修改而来。

本条规定的是单位和个人在传染病防控中的义务与政府举措。

本条变化主要体现在三个方面：

一是将"必须接受疾病预防控制机构、医疗机构有关传染病的调查、检验、采集样本、隔离治疗等预防、控制措施，如实提供有关情况"修改为"**应当支持传染病防治工作，接受和配合为预防、控制、消除传染病危害依法采取的调查、采集样本、检验检测、隔离治疗、医学观察等措施，根据传染病预防、控制需要采取必要的防护措施**"。这一规定与《中华人民共和国基本医疗卫生与健康促进法》第二十条第二款的表述基本一致，**凸显单位和个人由被动接受转变为主动作为**，对传染病防控措施的表述先总后分，更加具体明确，有效避免了遗漏。强调"依法采取"，体现了依法防治的理念；增加"防护措施"的规定，将传染病防护的有效措施如"戴口罩"等包括进来。

二是增加了"根据传染病预防、控制需要**采取必要的防护措施**"的限制要求。中华人民共和国领域内的一切单位和个人都应当依据属地原则接受预防、控制、消除传染病危害依法采取的相关措施，"一切单位和个人"意味着不存在例外情形。"**必要的防护措施**"表明防护措施需要结合实际需要，不得超过合理限度。

三是第二款修改了原条文表述,增加了"提供便利措施,引导……等活动"。传染病防控需要社会的积极参与,但政府的积极引导与保障措施(如税收优惠、志愿服务、科研规划)是催化剂。

【相关法律法规】

《中华人民共和国基本医疗卫生与健康促进法》《中华人民共和国刑法》

> 第十五条 【基层传染病预防、控制工作】疾病预防控制部门、街道办事处和乡镇人民政府应当开展群防群控工作,指导居民委员会、村民委员会协助做好城乡社区的传染病预防、控制工作。
>
> 居民委员会、村民委员会应当协助县级以上人民政府及其有关部门、街道办事处和乡镇人民政府做好城乡社区传染病预防、控制的宣传教育、健康提示以及疫情防控工作,组织城乡居民参与城乡社区的传染病预防、控制活动。
>
> 县级以上人民政府及其有关部门、街道办事处和乡镇人民政府应当为居民委员会、村民委员会开展传染病预防、控制工作提供必要的支持和保障。

【新旧对照】

修订后	修订前
第十五条 疾病预防控制部门、街道办事处和乡镇人民政府应当开展群防群控工作,指导居民委员会、村民委员会协助做好城乡社区的传染病预防、控制工作。 居民委员会、村民委员会应当协助县级以上人民政府及其有关部门、街道办事处和乡镇人民政府做好城乡社区传染病预防、控制的宣传教育、健康提示以及疫情防控工作,组织城乡居民参与城乡社区的传染病预防、控制活动。 县级以上人民政府及其有关部门、街道办事处和乡镇人民政府应当为居民委员会、村民委员会开展传染病预防、控制工作提供必要的支持和保障。	第九条第二款 居民委员会、村民委员会应当组织居民、村民参与社区、农村的传染病预防与控制活动。

【适用精解】

本条由 2013 年《传染病防治法》第九条第二款修改而来。

本条规定的是基层传染病预防、控制工作。

本条变化主要体现在四个方面：

一是在原条文的"居民委员会、村民委员会"主体的基础上，**增加了"疾病预防控制部门、街道办事处和乡镇人民政府""县级以上人民政府及其有关部门"等主体**，通过赋权、明责、保障三要素，强化了社区防疫的法律支撑，提升基层防疫效能，这也是充分总结传染病防控经验的制度升华。

二是新增了第一款，继《中华人民共和国基本医疗卫生与健康促进法》之后，**再次将"群防群控"写入本法**，将疾病预防控制部门、街道办事处和乡镇人民政府列为群防群控的直接组织者，赋予其对居委会、村委会的法定指导职责，激活社会参与，体现基层自治与行政管理的结合。这与《中华人民共和国基本医疗卫生与健康促进法》第二十条第一款传染病防控制度中的群防群控要求相契合，也与《中华人民共和国动物防疫法》第三十条规定的疫情联防联控机制相衔接。

三是修订后的第二款，**细化居委会、村委会的协助内容**，明确了在传染病群防群控工作中，居民委员会、村民委员会肩负着传染病预防控制的具体职能。**新增"健康提示"等具体要求**。

四是新增第三款，**明确政府负有为基层组织提供"必要的支持和保障"的职责，推动资源下沉**。结合传染病防控的具体实践，可以包括物资调配（如防护用品、检测试剂）、专业人员支援（如疾控专家下沉社区）、经费保障（如防疫专项拨款）等。

【相关法律法规】

《中华人民共和国基本医疗卫生与健康促进法》《中华人民共和国动物防疫法》

第十六条　【传染病患者等人群保护】国家和社会应当关心、帮助传染病患者、病原携带者和疑似患者，使其得到及时救治。

任何单位或者个人不得歧视传染病患者、病原携带者和疑似患者，不得泄露个人隐私、个人信息。

【新旧对照】

修订后	修订前
第十六条　国家和社会应当关心、帮助**传染病患者**、病原携带者和疑似**患者**，使其得到及时救治。 　　任何单位**或者**个人不得歧视**传染病患者**、病原携带者和疑似**患者**，不得**泄露**个人隐私、个人信息。	第十二条第一款　在中华人民共和国领域内的一切单位和个人，必须接受疾病预防控制机构、医疗机构有关传染病的调查、检验、采集样本、隔离治疗等预防、控制措施，如实提供有关情况。疾病预防控制机构、医疗机构不得泄露涉及个人隐私的有关信息、资料。 　　第十六条第一款　国家和社会应当关心、帮助传染病病人、病原携带者和疑似传染病病人，使其得到及时救治。任何单位和个人不得歧视传染病病人、病原携带者和疑似传染病病人。

【适用精解】

本条由2013年《传染病防治法》第十二条第一款和第十六条第一款修改而来。本条规定的是传染病患者、病原携带者和疑似患者的人身权益保障。

本条变化主要体现在三个方面：

一是本条统一使用"患者"一词。"患者"是诊疗实践和法律政策下的规范术语。与"病人"相比，"患者"不仅包含了已经就医的"病人"，而且包括未就医的患病人群，而且更能体现医患共情，避免造成不必要的歧视，更为综合、精确、中立和正式。同时，该表述与《中华人民共和国民法典》《中华人民共和国基本医疗卫生与健康促进法》《中华人民共和国医师法》等法律的表述一致，增强了相关法律之间的协调性，体现立法技术的标准化和统一性。

二是扩大了权益保障的主体范围，将"和"修改为"或者"，使法律逻辑更加精确严谨，强调无论是单位，还是个人，均不得损害患者平等权益、隐私利益，体现出个人或单位在传染病防治中负有主要义务，既与《中华人民共和国基本医疗卫生与健康促进法》第二十条第二款相衔接，又在一定程度上可以避免单位和个人必须为"一体"的误读，二者均具有独立的义务主体地位。

三是扩大了权益保护的义务范围，除了救治权，还突出人格权保护，在规定禁止歧视的基础上增加了个人隐私及个人信息保护的规定。这一规定明确区分了隐私和信息，较好地回应了数字防疫背景下个人信息和隐私权保护的挑战，防止患者信息被不当扩散和滥用。

【相关法律法规】

《中华人民共和国民法典》《中华人民共和国基本医疗卫生与健康促进法》《中华人民共和国劳动法》《中华人民共和国就业促进法》

> **第十七条 【疫情防控措施的比例原则和救济途径】** 采取传染病预防、控制措施，应当依照法定权限和程序，与传染病暴发、流行和可能造成危害的程度、范围等相适应；有多种措施可供选择的，应当选择有利于最大程度保护单位和个人合法权益，且对他人权益损害和生产生活影响较小的措施，并根据情况变化及时调整。
>
> 单位和个人认为有关地方人民政府、卫生健康主管部门、疾病预防控制部门和其他有关部门，以及疾病预防控制机构、医疗机构等实施的相关行政行为或者传染病预防、控制措施，侵犯其合法权益的，可以依法申请行政复议、提起诉讼。

【新旧对照】

修订后	修订前
第十七条 采取传染病预防、控制措施，应当依照法定权限和程序，与传染病暴发、流行和可能造成危害的程度、范围等相适应；有多种措施可供选择的，应当选择有利于最大程度保护单位和个人合法权益，且对他人权益损害和生产生活影响较小的措施，并根据情况变化及时调整。 单位和个人认为有关**地方人民政府、卫生健康主管部门**、疾病预防控制部门和其他有关部门，以及疾病预防控制机构、**医疗机构**等实施的相关行政行为或者**传染病预防**、控制措施，侵犯**其**合法权益的，可以依法申请行政复议、提起诉讼。	第十二条第二款 卫生行政部门以及其他有关部门、疾病预防控制机构和医疗机构因违法实施行政管理或者预防、控制措施，侵犯单位和个人合法权益的，有关单位和个人可以依法申请行政复议或者提起诉讼。

【适用精解】

本条由 2013 年《传染病防治法》第十二条第二款修改而来。

本条规定的是传染病防控措施的比例原则和权利救济。

本条变化主要体现在三个方面：

一是在第一款新增了关于传染病防控措施行使的限制条件的规定，具体包括三个层面的含义：（1）传染病防治措施的行使需具备合法性基础，所有传染病防控措施都要遵循法定权限和程序；（2）传染病防控行为需符合比例原则，强调防控措施必须与传染病的实际危害程度和影响范围相适应，不得超出必要限度；（3）传染病防控的动态管理，要求传染病防控措施应在遵循客观规律的前提下灵活调整。这一规定与行政法中的比例原则相契合，并与《中华人民共和国突发事件应对法》第十条相衔接，体现出公权力机关在传染病防控过程中需要注重公共利益和公民个人权益的平衡保护。

二是在第二款规定中将单位和个人依法申请行政复议和提起诉讼的前置条件由"侵犯……合法权益"修改为"认为……侵犯其合法权益"，降低了权利行使的条件，拓宽了单位和个人的权利救济力度和范围。单位和个人认为具体行政行为和防控措施侵犯了其合法权益，即有权申请行政复议和提起诉讼。这一规定有助于对行政机关或疾病预防控制机构、医疗机构等主体的决策行为进行反向约束，令其制定或实施传染病防控措施时要保证科学合理。

三是根据国家机构改革的变化，将"卫生行政部门"的表述修改为"卫生健康主管部门"，与国家机构改革一致，详见本法第三条解析。

【相关法律法规】

《中华人民共和国行政强制法》《中华人民共和国突发事件应对法》《中华人民共和国学前教育法》

第十八条 【传染病防治健康教育】 国家开展传染病防治健康教育工作，加强传染病防治法治宣传，提高公众传染病防治健康素养和法治意识。

学校、托育机构应当结合年龄特点对学生和幼儿进行健康知识和传染病防治知识的教育。

新闻媒体应当开展传染病防治和公共卫生知识的公益宣传。

个人应当学习传染病防治知识，养成良好的卫生习惯，培养健康的生活方式。

【新旧对照】

修订后	修订前
第十八条　国家开展传染病防治健康教育工作，加强传染病防治法治宣传，提高公众传染病防治健康素养和法治意识。 学校、托育机构应当结合年龄特点对学生和幼儿进行健康知识和传染病防治知识的教育。 新闻媒体应当开展传染病防治和公共卫生知识的公益宣传。 个人应当学习传染病防治知识，养成良好的卫生习惯，培养健康的生活方式。	第十条　国家开展预防传染病的健康教育。新闻媒体应当无偿开展传染病防治和公共卫生教育的公益宣传。 各级各类学校应当对学生进行健康知识和传染病预防知识的教育。 医学院校应当加强预防医学教育和科学研究，对在校学生以及其他与传染病防治相关人员进行预防医学教育和培训，为传染病防治工作提供技术支持。 疾病预防控制机构、医疗机构应当定期对其工作人员进行传染病防治知识、技能的培训。

【适用精解】

本条由 2013 年《传染病防治法》第十条修改而来。

本条规定的是传染病防治健康教育。

本条变化主要体现在四个方面：

一是新增了国家开展传染病防治健康教育义务的规定，将"预防"改为"防治"，即"预防+治疗"，并补充"加强传染病防治法治宣传，提高公众传染病防治健康素养和法治意识"的内容表述。一方面彰显了国家在立法层面对传染病防治宣传与健康教育工作的重视；另一方面强调了国家在传染病防治与健康教育中的责任。这不仅与《中华人民共和国基本医疗卫生与健康促进法》第四条第三款相衔接，而且与本法第二条"预防为主、防治结合"方针前后呼应。

二是在本条第二款规定中增加了"托育机构""结合年龄特点""幼儿"等内容表述，凸显了传染病防治知识教育对象的延伸，体现了对幼儿健康教育的高度重视，表明传染病防治教育应贯穿始终的鲜明立场。同时，突出强调传染病防治教育的适龄性，具体包含三层含义：

首先，结合年龄特点进行适应性教育，切实提高学生的主动防病意识，避免传染病防治教育流于形式。

其次，基于未成年人可塑性强的特点，紧紧抓住其健康理念塑造的关键期，为个人健康发展奠定基础。

最后，教育场所在传染病防治中既发挥健康教育功能，又是传染病易发区域。切实落实传染病防治教育，不仅可以提升防控意识，而且有助于筑牢校园传染病防控屏障。

此外，本款与《中华人民共和国基本医疗卫生与健康促进法》第六十八条规定的学校健康教育制度、《中华人民共和国未成年人保护法》第三十条规定的学校在教育中的主体责任、《中华人民共和国义务教育法》第三十四条规定的教育规律与学生发展特点以及《中华人民共和国学前教育法》第五十三条规定的幼儿园健康教育工作实现较好衔接。

三是在第三款中将"传染病防治和公共卫生教育"修改为"传染病防治和公共卫生知识"，更加契合新闻媒体的职责和定位。这是关于新闻媒体传染病防治公益宣传的义务性规定，体现宣传行为的公益性和宣传内容的广泛性，与《中华人民共和国基本医疗卫生与健康促进法》第六十七条第二款规定的健康知识公益宣传相衔接。

四是本条第四款新增了个人在传染病防治中的健康责任，倡导公民个人在传染病防治过程中发挥健康能动性，这与《中华人民共和国基本医疗卫生与健康促进法》第六十九条规定的"公民是自己的健康第一责任人"的理念完全契合。

【相关法律法规】

《中华人民共和国基本医疗卫生与健康促进法》《中华人民共和国未成年人保护法》《中华人民共和国义务教育法》《中华人民共和国学前教育法》

第十九条 【国际交流与合作】 国家支持和鼓励开展传染病防治的国际交流与合作。

【新旧对照】

修订后	修订前
第十九条　国家支持和鼓励开展传染病防治的国际**交流与**合作。	第八条第二款　国家支持和鼓励开展传染病防治的国际合作。

【适用精解】

本条由2013年《传染病防治法》第八条第二款修改而来。

本条规定的是传染病防治的国际交流与合作。

本条变化体现在**增加了国际交流的表述**,完善了传染病防治的国际化形式,表明传染病防治不仅可以借助信息共享、技术协作、会议探讨等方式进行自主交流,也可以依靠签署合作协议或条约等合作方式对防治行为进行合作。这一规定与《中华人民共和国国境卫生检疫法》第八条、《中华人民共和国突发事件应对法》第十四条及《中华人民共和国生物安全法》第三十一条相衔接。

【相关法律法规】

《中华人民共和国国境卫生检疫法》《中华人民共和国突发事件应对法》《中华人民共和国生物安全法》

第二十条　【传染病防治工作的激励和保障】 对在传染病防治工作中做出显著成绩和贡献的单位和个人,按照国家有关规定给予表彰、奖励。

对因参与传染病防治工作致病、致残、死亡的人员,按照有关规定给予补助、抚恤和优待。

【新旧对照】

修订后	修订前
第二十条　对在传染病防治工作中做出显著成绩和贡献的单位和个人,**按照国家有关规定**给予表彰、奖励。 对因参与传染病防治工作致病、致残、死亡的人员,按照有关规定给予补助、抚恤**和优待**。	第十一条　对在传染病防治工作中做出显著成绩和贡献的单位和个人,给予表彰和奖励。 对因参与传染病防治工作致病、致残、死亡的人员,按照有关规定给予补助、抚恤。

【适用精解】

本条由2013年《传染病防治法》第十一条修改而来。

本条规定的是参与传染病防治工作的激励和保障。

本条变化主要体现在两个方面：

一是第一款增加了"按照国家有关规定"的表述，使语义表达更为精准，更加严谨，体现了法律的权威性和稳定性，具体包括四个层面的含义：（1）将激励措施法定化，且依据不局限于本法，还包括《中华人民共和国医师法》《突发公共卫生事件应急条例》等其他法律法规；（2）增强了法律文本的可操作性，为本款规定的具体适用提供了法律依据；（3）突出法律间的协调性，加强本条款与其他关联法律规定的衔接适用；（4）为配套法律法规或政策的出台、调整和完善预留了空间，彰显立法智慧。

二是第二款增加了"优待"这一保障措施，体现了传染病防治工作的价值和风险。结合疫情防控实践可以发现，优待方式主要包括父母养老帮扶、配偶就业援助、子女教育优待等。这与《中华人民共和国基本医疗卫生与健康促进法》第五十五条第二款规定的医疗卫生人员待遇与特殊津贴、《中华人民共和国医师法》第四十四条第二款规定的特殊岗位工作的医师待遇等条款相衔接。

【相关法律法规】

《中华人民共和国基本医疗卫生与健康促进法》《中华人民共和国医师法》《突发公共卫生事件应急条例》

第二章 预 防

> **第二十一条 【爱国卫生运动】**各级人民政府组织开展爱国卫生运动，完善公共卫生设施，改善人居环境状况，加强社会健康管理，提升全民健康水平。

【新旧对照】

修订后	修订前
第二十一条　各级人民政府组织开展爱国卫生运动，完善公共卫生设施，改善人居环境状况，加强社会健康管理，提升全民健康水平。	第十三条第一款　各级人民政府组织开展群众性卫生活动，进行预防传染病的健康教育，倡导文明健康的生活方式，提高公众对传染病的防治意识和应对能力，加强环境卫生建设，消除鼠害和蚊、蝇等病媒生物的危害。

【适用精解】

本条由2013年《传染病防治法》第十三条第一款修改而来。

本条规定的是爱国卫生运动。

本条变化主要体现在五个方面：

一是活动名称与范围拓展。2013年《传染病防治法》强调"群众性卫生活动"，而本条明确为"爱国卫生运动"，将活动上升到国家层面，具有更强的组织性和号召力。

二是内容表述更为宏观系统。2013年《传染病防治法》侧重"健康教育""倡导文明健康的生活方式""环境卫生建设""消除……病媒生物危害"等具体措施。本条则提出"完善公共卫生设施""改善人居环境状况""加强社会健康管理""提升全民健康水平"，内容更为全面，更加系统，涵盖了健康促进、环境改善、社会管理等多个维度。

三是目标导向升级。2013年《传染病防治法》目标为"提高公众对传染病的防治意识和应对能力"，主要聚焦于传染病防控。本条目标为"提升全民健康水平"，从单一的传染病防控拓展到全民健康，体现了"健康中国"战略的要求。

四是管理层级提升。本条强调"加强社会健康管理"，将健康管理纳入政府职责，突出政府主导和社会协同。

五是简化具体措施并提升战略高度。2013年《传染病防治法》详细列举"消除鼠害和蚊、蝇等病媒生物的危害"，本条则不再具体列举，而是以"完善公共卫生设施""改善人居环境状况"等更高层次的表述涵盖，体现出更大的张力。

> **第二十二条　【公共卫生和医疗废物处置】**地方各级人民政府应当有计划地建设和改造城乡公共卫生设施，改善饮用水卫生条件，对污水、污物、粪便进行无害化处置。城市应当按照国家和地方有关标准修建公共厕所、垃圾和粪便无害化处置场以及排水和污水处理系统等公共卫生设施。农村应当逐步改造厕所，建立必要的卫生管理制度。
>
> 县级以上地方人民政府应当加强医疗废物收集处置能力建设。设区的市级人民政府应当确定医疗废物协同应急处置设施，提高重大传染病疫情医疗废物应急处置能力。

【新旧对照】

修订后	修订前
第二十二条　地方各级人民政府应当有计划地建设和改造**城乡**公共卫生设施，改善饮用水卫生条件，对污水、污物、粪便进行无害化处置。**城市应当按照国家和地方有关标准修建公共厕所、垃圾和粪便无害化处置场以及排水和污水处理系统等公共卫生设施。农村应当逐步改造厕所，建立必要的卫生管理制度。** **县级以上地方人民政府应当加强医疗废物收集处置能力建设。设区的市级人民政府应当确定医疗废物协同应急处置设施，提高重大传染病疫情医疗废物应急处置能力。**	第十四条　地方各级人民政府应当有计划地建设和改造公共卫生设施，改善饮用水卫生条件，对污水、污物、粪便进行无害化处置。

【适用精解】

本条由2013年《传染病防治法》第十四条修改而来。

本条规定的是公共卫生和医疗废物处置。

本条变化主要体现在三个方面：

一是在"有计划地建设和改造城乡公共卫生设施，改善饮用水卫生条件，对污水、污物、粪便进行无害化处置"的基础上，进一步细化了城市和农村的具体要求。在城市方面，明确提出要按照国家和地方标准建设公共厕所、垃圾和粪便无害化处置场、排水和污水处理系统等设施。这不仅提升了城市公共卫生基础设施的标准化和系统化水平，也有助于防止因环境卫生问题导致的传染病传播。在农村方面，强调"逐步改造厕所，建立必要的卫生管理制度"，推动农村环境卫生持续改善，缩小城乡公共卫生服务差距，降低农村地区肠道传染病等疾病的发生风险。

二是新增对医疗废物收集和处置能力的要求，明确县级以上地方政府需加强相关能力建设，设区的市级政府还需确定医疗废物协同应急处置设施。这一变化反映了对医疗废物管理的高度重视，尤其是在重大传染病疫情防控期间，医疗废物的安全处置直接关系到二次污染和院感防控。通过提升医疗废物应急处置能力，可以有效防止病原体通过废弃物扩散，保障医务人员和公众的健康安全。

三是对城乡公共卫生设施建设提出更高标准和更具体的操作要求，推动地方政府落实主体责任，促进公共卫生治理体系和治理能力现代化。

本条修订不仅提升城乡卫生基础设施韧性和均等化，而且强化重大传染病疫情下的医疗废物处置能力，并在此基础上推动了公共卫生治理现代化。

【相关法律法规】

《中华人民共和国生物安全法》

第二十三条　【传播传染病动物和病媒生物的危害消除】 县级以上人民政府农业农村、水利、林业草原等部门依据职责指导、组织控制和消除农田、湖区、河流、牧场、林区、草原地区的鼠害与血吸虫危害，以及其他传播传染病的动物和病媒生物的危害。

交通运输、铁路、民用航空等部门依据职责指导、监督交通运输经营单位以及车站、港口、机场等相关场所的运营单位消除鼠害和蚊、蝇等病媒生物的危害。

【新旧对照】

修订后	修订前
第二十三条　县级以上人民政府农业农村、水利、林业草原等部门依据职责指导、组织控制和消除农田、湖区、河流、牧场、林区、草原地区的鼠害与血吸虫危害，以及其他传播传染病的动物和病媒生物的危害。 　　交通运输、铁路、民用航空等部门依据职责指导、监督交通运输经营单位以及车站、港口、机场等相关场所的运营单位消除鼠害和蚊、蝇等病媒生物的危害。	第十三条　各级人民政府组织开展群众性卫生活动，进行预防传染病的健康教育，倡导文明健康的生活方式，提高公众对传染病的防治意识和应对能力，加强环境卫生建设，消除鼠害和蚊、蝇等病媒生物的危害。 　　各级人民政府农业、水利、林业行政部门按照职责分工负责指导和组织消除农田、湖区、河流、牧场、林区的鼠害与血吸虫危害，以及其他传播传染病的动物和病媒生物的危害。 　　铁路、交通、民用航空行政部门负责组织消除交通工具以及相关场所的鼠害和蚊、蝇等病媒生物的危害。

【适用精解】

本条由 2013 年《传染病防治法》第十三条修改而来。

本条规定的是传播传染病的动物和病媒生物的危害消除。

本条变化主要体现在三个方面：

一是部门职责更为细化和明确。 本条将"农业农村、水利、林业草原"等部门的职责进一步细化，明确了"林业草原等部门"作为管理主体，强化了对"牧场、林区、草原地区"的防控要求，更贴合当前部门设置和生态实际，职责分工更加清晰，有助于实现精准防控，提升传染病源头治理的科学性和系统性。

二是交通运输领域管理范围扩大，主体责任增强。 本条将"交通运输、铁路、民用航空"等部门的职责由"组织消除"调整为"指导、监督"，并明确"交通运输经营单位以及车站、港口、机场等相关场所的运营单位"为责任主体，强调了运营单位的主体责任，政府部门则侧重于指导和监督。这一变化体现了管理方式从"政府包办"向"多元共治"转变，有助于推动形成政府主导、部门协作、社会参与的多元共治格局，提高了传染病防控工作的覆盖面。

三是表述更具操作性和科学性。 本条将"消除鼠害和蚊、蝇等病媒生物的危害"具体落实到不同场所和单位,强调了"依据职责"进行指导和监督,增强了法律条文的可操作性和针对性。通过推动责任下沉和激发社会各界的积极性,有助于建立长效机制。

【相关法律法规】

《中华人民共和国固体废物污染环境防治法》

> **第二十四条　【免疫规划制度】**国家实行免疫规划制度。政府免费向居民提供免疫规划疫苗。
>
> 国务院疾病预防控制部门制定国家免疫规划。省级人民政府在执行国家免疫规划时,可以根据本行政区域疾病预防、控制需要,增加免疫规划疫苗种类,加强重点地区、重点人群的预防接种,报国务院疾病预防控制部门备案并公布。
>
> 国家对儿童实行预防接种证制度。医疗机构、疾病预防控制机构与儿童的监护人、所在学校和托育机构应当相互配合,保证儿童及时接种免疫规划疫苗。
>
> 出现特别重大突发公共卫生事件或者其他严重威胁公众健康的紧急事件,可以依照《中华人民共和国疫苗管理法》的规定在一定范围和期限内紧急使用疫苗。

【新旧对照】

修订后	修订前
第二十四条　国家实行免疫规划**制度。政府免费向居民提供免疫规划疫苗。** 国务院疾病预防控制部门制定国家免疫规划。省级人民政府在执行国家免疫规划时,可以根据本行政区域疾病预防、控制需要,**增加免疫规划疫苗种类,加强重点地区、重点人群的预防接种,报国务院疾病预防控制部门备案**并公布。 国家对儿童实行预防接种证制度。医疗机构、疾病预防控制机构与儿童的监护人、**所在学校和托育机构**应当相互配合,	第十五条　国家实行有计划的预防接种制度。国务院卫生行政部门和省、自治区、直辖市人民政府卫生行政部门,根据传染病预防、控制的需要,制定传染病预防接种规划并组织实施。用于预防接种的疫苗必须符合国家质量标准。 国家对儿童实行预防接种证制度。国家免疫规划项目的预防接种实行免费。医疗机构、疾病预防控制机构与儿童的监护人应当相互配合,保证儿童及时接受预防接种。具体办法由国务院制定。

续表

修订后	修订前
保证儿童及时接种**免疫规划疫苗**。 **出现特别重大突发公共卫生事件或者其他严重威胁公众健康的紧急事件，可以依照《中华人民共和国疫苗管理法》的规定在一定范围和期限内紧急使用疫苗。**	

【适用精解】

本条由 2013 年《传染病防治法》第十五条修改而来。

本条规定的是国家免疫规划制度。

本条变化主要体现在四个方面：

一是将"有计划的预防接种制度"明确为"免疫规划制度"，并强调"政府免费向居民提供免疫规划疫苗"，不仅覆盖儿童，更凸显出对全体居民的普惠性。这一变化扩大了疫苗接种的受益人群，有助于提升整体人群免疫水平，有利于构建更坚实的群体免疫屏障。

二是明确国务院疾病预防控制部门为国家免疫规划的制定主体，省级政府可根据本地实际"增加免疫规划疫苗种类"，并需"报国务院疾病预防控制部门备案并公布"。这一规定赋予地方政府更大灵活性和主动权，使免疫规划能够根据区域流行病学特征及时调整，显著提升了疾病防控的针对性和科学性。

三是强调"重点地区、重点人群"的预防接种，体现了精准防控理念，有助于防止局部疫情暴发和高风险人群感染，提升公共卫生干预的有效性。此外，将学校和托育机构纳入协作体系，强化多部门协同，保障儿童及时接种，进一步提高了疫苗接种的覆盖率和及时性。

四是增加在重大突发公共卫生事件时可依据《中华人民共和国疫苗管理法》关于紧急使用疫苗的相关规定，增强了法律的应急响应能力，为应对新发传染病和突发疫情提供法律依据和操作空间。

【相关法律法规】

《中华人民共和国未成年人保护法》《中华人民共和国疫苗管理法》

第二十五条 【疾控机构职责】各级疾病预防控制机构在传染病预防、控制中履行下列职责：

（一）实施传染病预防控制规划，制定传染病预防控制技术方案并组织实施；

（二）组织开展传染病监测，收集、分析和报告传染病监测信息，预测传染病的发生、流行趋势；

（三）开展对传染病疫情和突发公共卫生事件的流行病学调查、风险评估、现场处理及其效果评价；

（四）开展传染病实验室检验检测、诊断、病原学鉴定；

（五）实施免疫规划，负责预防性生物制品的使用管理；

（六）开展健康教育、咨询，普及传染病防治知识；

（七）指导、培训下级疾病预防控制机构及其工作人员开展传染病预防、控制工作；

（八）指导医疗机构和学校、托育机构、养老机构、康复机构、福利机构、未成年人救助保护机构、救助管理机构、体育场馆、监管场所、车站、港口、机场等重点场所开展传染病预防、控制工作；

（九）开展传染病防治基础性研究、应用性研究和卫生评价，提供技术咨询。

国家、省级疾病预防控制机构主要负责对传染病发生、流行以及分布进行监测，对重点传染病流行趋势进行预测，提出预防、控制对策，参与并指导对暴发的传染病疫情进行调查处理，开展传染病病原学鉴定，建立检验检测质量控制体系，开展基础性研究、应用性研究、卫生评价以及标准规范制定。

设区的市级、县级疾病预防控制机构主要负责传染病预防控制规划、预防控制技术方案的落实，组织实施免疫、消毒，指导病媒生物危害控制，普及传染病防治知识，负责本地区传染病和突发公共卫生事件监测、报告，开展流行病学调查和常见病原微生物检测，开展应用性研究和卫生评价。

【新旧对照】

修订后	修订前
第二十五条　各级疾病预防控制机构在传染病预防、控制中履行下列职责： （一）实施传染病预防控制规划，**制定**传染病预防控制**技术**方案**并组织**实施； （二）**组织开展传染病监测，收集、分**	第十八条　各级疾病预防控制机构在传染病预防控制中履行下列职责： （一）实施传染病预防控制规划、计划和方案； （二）收集、分析和报告传染病监测信

续表

修订后	修订前
析和报告传染病监测信息，预测传染病的发生、流行趋势； （三）开展对传染病疫情和突发公共卫生事件的流行病学调查、**风险评估**、现场处理及其效果评价； （四）开展传染病实验室**检验**检测、诊断、病原学鉴定； （五）实施免疫规划，负责预防性生物制品的使用管理； （六）开展健康教育、咨询，普及传染病防治知识； （七）指导、培训下级疾病预防控制机构及其工作人员开展传染病**预防、控制**工作； （八）**指导医疗机构和学校、托育机构、养老机构、康复机构、福利机构、未成年人救助保护机构、救助管理机构、体育场馆、监管场所、车站、港口、机场等重点场所开展传染病预防、控制工作；** （九）开展传染病防治**基础性**研究、应用性研究和卫生评价，提供技术咨询。 国家、省级疾病预防控制机构**主要**负责对传染病发生、流行以及分布进行监测，对**重点**传染病流行趋势进行预测，提出**预防**、控制对策，参与并指导对暴发的**传染病疫情**进行调查处理，开展传染病病原学鉴定，建立**检验**检测质量控制体系，开展**基础性**研究、应用性研究、卫生评价以及**标准规范制定**。 设区的市级、**县级**疾病预防控制机构**主要**负责传染病预防控制规划、预防控制**技术**方案的落实，组织实施免疫、消毒，**指导**病媒**生物**危害控制，普及传染病防治知识，负责本地区传染病和突发公共卫生事件监测、报告，开展流行病学调查和常见病原微生物检测，开展**应用性研究和卫生评价**。	息，预测传染病的发生、流行趋势； （三）开展对传染病疫情和突发公共卫生事件的流行病学调查、现场处理及其效果评价； （四）开展传染病实验室检测、诊断、病原学鉴定； （五）实施免疫规划，负责预防性生物制品的使用管理； （六）开展健康教育、咨询，普及传染病防治知识； （七）指导、培训下级疾病预防控制机构及其工作人员开展传染病监测工作； （八）开展传染病防治应用性研究和卫生评价，提供技术咨询。 国家、省级疾病预防控制机构负责对传染病发生、流行以及分布进行监测，对重大传染病流行趋势进行预测，提出预防控制对策，参与并指导对暴发的疫情进行调查处理，开展传染病病原学鉴定，建立检测质量控制体系，开展应用性研究和卫生评价。 设区的市和县级疾病预防控制机构负责传染病预防控制规划、方案的落实，组织实施免疫、消毒、控制病媒生物的危害，普及传染病防治知识，负责本地区疫情和突发公共卫生事件监测、报告，开展流行病学调查和常见病原微生物检测。

【适用精解】

本条由2013年《传染病防治法》第十八条修改而来。

本条规定的是疾病预防控制机构在传染病防控中的职责。

本条变化主要体现在四个方面：

一是对各级疾病预防控制机构的职责进行扩展和细化。 例如，新增"制定传染病预防控制技术方案并组织实施""风险评估""开展传染病实验室检验"等内容，强调从规划、技术方案到实际操作的全流程管理，不断提升防控工作的科学性和系统性。

二是强化对"重点场所"的指导职责，明确要求疾控机构指导医疗机构、学校、托育、养老、康复、福利、救助、体育场馆、监管场所、车站、港口、机场等多类重点场所开展传染病防控。这一变化体现出对高风险人群和重点场所的精准防控，有助于防止疫情在特定场所暴发和扩散。

三是将"基础性研究"纳入疾控机构职责，并强调"标准规范制定"，提升了疾控机构在科学研究和行业标准制定中的地位，有利于推动传染病防控的科技创新和规范化管理。

四是对国家、省级与设区的市、县级疾控机构的职责分工进行更为明确的界定，突出国家、省级机构在监测、预测、对策制定、标准制定等方面的引领作用，设区的市、县级机构则侧重于规划落实、免疫消毒、病媒生物控制和本地疫情监测等具体执行工作。这种分工有助于形成上下联动、分工协作的高效防控体系。

【相关法律法规】

《中华人民共和国生物安全法》《中华人民共和国医师法》《中华人民共和国食品安全法》

第二十六条 【医疗机构专门科室和指定人员职责】 二级以上医疗机构应当有专门的科室并指定专门的人员，承担本机构的传染病预防、控制和传染病疫情报告以及责任区域内的传染病预防工作。

基层医疗卫生机构应当有专门的科室或者指定人员负责传染病预防、控制管理工作，在疾病预防控制机构指导下，承担本机构的传染病预防、控制和责任区域内的传染病防治健康教育、预防接种、传染病疫情报告、传染病患者健康监测以及城乡社区传染病疫情防控指导等工作。

【新旧对照】

修订后	修订前
第二十六条 二级以上医疗机构应当有专门的科室并指定专门的人员，承担本机构的传染病预防、控制和传染病疫情报告以及责任区域内的传染病预防工作。 基层医疗卫生机构应当有专门的科室或者指定人员负责传染病预防、控制管理工作，在疾病预防控制机构指导下，承担本机构的传染病预防、控制和责任区域内的传染病防治健康教育、预防接种、传染病疫情报告、传染病患者健康监测以及城乡社区传染病疫情防控指导等工作。	第二十一条 医疗机构必须严格执行国务院卫生行政部门规定的管理制度、操作规范，防止传染病的医源性感染和医院感染。 医疗机构应当确定专门的部门或者人员，承担传染病疫情报告、本单位的传染病预防、控制以及责任区域内的传染病预防工作；承担医疗活动中与医院感染有关的危险因素监测、安全防护、消毒、隔离和医疗废物处置工作。 疾病预防控制机构应当指定专门人员负责对医疗机构内传染病预防工作进行指导、考核，开展流行病学调查。

【适用精解】

本条由 2013 年《传染病防治法》第二十一条修改而来。

本条规定的是医疗机构专门科室和指定人员在传染病防控中的职责。

本条与 2013 年《传染病防治法》第二十一条相比，内容更加细化，职责分工更为明确，体现了我国医疗机构在传染病防控体系中的角色转变和能力提升。本条变化主要体现在四个方面：

一是明确要求二级以上医疗机构必须设立专门科室并指定专人，承担本机构的传染病预防、控制和疫情报告工作。 这一规定比 2013 年《传染病防治法》规定的"确定专门的部门或者人员"更为具体，强化医疗机构内部组织保障，有助于提升传染病防控的专业化能力和规范化水平。

二是对基层医疗卫生机构的职责进行细致规定，要求其设立专门科室或指定人员，并在疾控机构指导下，承担健康教育、预防接种、疫情报告、患者健康监测及社区防控指导等多项任务。这不仅扩展了**基层机构的防控职能，**也强调其在城乡社区传染病防控中的"前哨"作用，推动防控关口前移，实现早发现、早报告、早处置，不断提升城乡居民健康素养和防病能力。

三是弱化对医院感染防控、消毒隔离、医疗废物处置等具体操作的规定，将这些内容归入其他相关法律法规，更突出本条对传染病防控体系建设和职责落实的要求。

四是疾控机构对医疗机构的指导、考核和流行病学调查等内容在新条文中未再重复，体现了职责分工的优化和法律条文的精简。

第二十七条　【医疗机构内传染病的预防和防止传播】 医疗机构的基本标准、建筑设计和服务流程应当符合预防医疗机构感染的要求，降低传染病在医疗机构内传播的风险。

医疗机构应当严格执行国家规定的管理制度、操作规范，加强与医疗机构感染有关的危险因素监测、安全防护、消毒、隔离和医疗废物、医疗污水处置工作，防止传染病在医疗机构内的传播。

医疗机构应当按照规定对使用的医疗器械进行消毒或者灭菌；对按照规定一次性使用的医疗器械，应当在使用后予以销毁。

【新旧对照】

修订后	修订前
第二十七条　医疗机构的基本标准、建筑设计和服务流程应当符合预防医疗机构感染的要求，**降低传染病在医疗机构内传播的风险**。 **医疗机构应当严格执行国家规定的**管理制度、操作规范，加强与**医疗机构**感染有关的危险因素监测、安全防护、消毒、隔离和医疗废物、医疗**污水**处置工作，**防止传染病在医疗机构内的传播**。 医疗机构应当按照规定对使用的医疗器械进行消毒**或者灭菌**；对按照规定**一次性**使用的医疗**器械**，应当在使用后予以销毁。	第二十一条　医疗机构必须严格执行国务院卫生行政部门规定的管理制度、操作规范，防止传染病的医源性感染和医院感染。 医疗机构应当确定专门的部门或者人员，承担传染病疫情报告、本单位的传染病预防、控制以及责任区域内的传染病预防工作；承担医疗活动中与医院感染有关的危险因素监测、安全防护、消毒、隔离和医疗废物处置工作。 疾病预防控制机构应当指定专门人员负责对医疗机构内传染病预防工作进行指导、考核，开展流行病学调查。 第五十一条第一款、第二款　医疗机构的基本标准、建筑设计和服务流程，应当符合预防传染病医院感染的要求。 医疗机构应当按照规定对使用的医疗器械进行消毒；对按照规定一次使用的医疗器具，应当在使用后予以销毁。

【适用精解】

本条由2013年《传染病防治法》第二十一条、第五十一条修改而来。

本条规定的是医疗机构内传染病的预防和防止传播。

本条变化主要体现在四个方面：

一是将医疗机构的基本标准、建筑设计和服务流程纳入传染病防控的整体要求，强调其必须符合预防医疗机构感染的标准。这一变化将感染防控理念前移至医疗机构建设和流程设计的源头，有助于从根本上降低医疗机构感染风险，体现了"预防为主"的现代公共卫生理念。

二是对医疗机构的管理制度、操作规范、危险因素监测、安全防护、消毒、隔离、医疗废物和医疗污水处置等环节提出严格要求，覆盖了医疗机构感染防控的全流程。相比2013年《传染病防治法》，本条将医疗污水处置纳入法定要求，强化了对环境传播链的切断，有效防止病原体通过水体等途径扩散至社区和社会，极大降低了病原体在医疗环境中的传播风险。

三是对医疗器械的消毒、灭菌和一次性器械的销毁作出明确规定，强化医疗器械管理的规范性和可操作性，有助于切断医源性感染的传播途径，保护患者和医务人员的生命安全和身体健康。

四是将原本分散在不同条款中的医疗机构感染防控内容进行系统整合，形成更为系统的法律框架，便于医疗机构理解和执行。同时，删除部分重复性内容，将传染病诊断标准和救治能力等要求归入其他相关条款，使条文结构更加清晰。条文的系统整合和职责明确，有助于医疗机构全面落实医疗机构感染防控要求，提升应急响应能力和规范操作能力。

第二十八条　【重点传染病和突发原因不明的传染病预防控制应急预案】国务院疾病预防控制部门拟订国家重点传染病和突发原因不明的传染病预防控制应急预案，由国务院卫生健康主管部门批准、公布。

县级以上地方人民政府制定本行政区域重点传染病和突发原因不明的传染病预防控制应急预案，报上一级人民政府备案并予以公布。鼓励毗邻、相近地区的地方人民政府制定应对区域性传染病的联合预防控制应急预案。

> 传染病预防控制应急预案应当根据本法和其他有关法律、法规的规定，针对传染病暴发、流行情况和危害程度，具体规定传染病预防、控制工作的组织指挥体系和职责，传染病预防、监测、疫情报告和通报、疫情风险评估、预警、应急工作方案、人员调集以及物资和技术储备与调用等内容。

【新旧对照】

修订后	修订前
第二十八条　国务院疾病预防控制部门拟订国家重点传染病和突发原因不明的传染病预防控制应急预案，由国务院卫生健康主管部门批准、公布。 县级以上地方人民政府制定本行政区域重点传染病和突发原因不明的传染病预防控制应急预案，报上一级人民政府备案并予以公布。鼓励毗邻、相近地区的地方人民政府制定应对区域性传染病的联合预防控制应急预案。 传染病预防控制应急预案应当根据本法和其他有关法律、法规的规定，针对传染病暴发、流行情况和危害程度，具体规定传染病预防、控制工作的组织指挥体系和职责，传染病预防、监测、疫情报告和通报、疫情风险评估、预警、应急工作方案、人员调集以及物资和技术储备与调用等内容。	第二十条　县级以上地方人民政府应当制定传染病预防、控制预案，报上一级人民政府备案。 传染病预防、控制预案应当包括以下主要内容： （一）传染病预防控制指挥部的组成和相关部门的职责； （二）传染病的监测、信息收集、分析、报告、通报制度； （三）疾病预防控制机构、医疗机构在发生传染病疫情时的任务与职责； （四）传染病暴发、流行情况的分级以及相应的应急工作方案； （五）传染病预防、疫点疫区现场控制，应急设施、设备、救治药品和医疗器械以及其他物资和技术的储备与调用。 地方人民政府和疾病预防控制机构接到国务院卫生行政部门或者省、自治区、直辖市人民政府发出的传染病预警后，应当按照传染病预防、控制预案，采取相应的预防、控制措施。

【适用精解】

本条由2013年《传染病防治法》第二十条修改而来。

本条规定的是重点传染病和突发原因不明的传染病预防控制应急预案。

本条变化主要体现在三个方面：

一是细化主体及职责。本条明确国家层面和县级以上行政区域层面传染病预防控制应急预案制定、批准和公布的职责和流程，确保预案的权威性、科学性和实操性。国家和地方层面制定的预案经批准或备案后进行公布,提高预案的公信力和透明度。

二是新增联合制定预案要求。本条增加"鼓励毗邻、相近地区的地方人民政府制定应对区域性传染病的联合预防控制应急预案"的规定,凸显区域协同在传染病防控中的关键作用,促进地域间合作,提升临近区域传染病联防联控水平,防范跨区域传播扩散风险。

三是细化预案内容。本条对传染病预防控制应急预案的具体内容进行丰富和完善,如传染病预防、监测、疫情报告和通报、疫情风险评估、预警、应急工作方案、人员调集以及物资和技术储备与调用等方面的规定,实现传染病防控全链条各环节的覆盖,使其能够更有效地应对不同类型、不同严重程度传染病疫情,增强预案的科学性、针对性和可操作性。

【相关法律法规】

《中华人民共和国突发事件应对法》

第二十九条 【医疗卫生机构和重点场所应急预案】医疗卫生机构和学校、托育机构、养老机构、康复机构、福利机构、未成年人救助保护机构、救助管理机构、体育场馆、监管场所、车站、港口、机场等重点场所,应当制定本单位传染病预防控制应急预案。

【新旧对照】

修订后	修订前
第二十九条 医疗卫生机构和学校、托育机构、养老机构、康复机构、福利机构、未成年人救助保护机构、救助管理机构、体育场馆、监管场所、车站、港口、机场等重点场所,应当制定本单位传染病预防控制应急预案。	无对应条款

【适用精解】

本条为新增条款。

本条规定的是医疗卫生机构和重点场所应急预案。

一是鉴于医疗机构、学校、交通枢纽等重点场所具有人员密集、流动性大或服务对象特殊等特点，一旦发生传染病疫情，易造成快速传播和严重后果，是传染病发生、传播的重要场所。制定应急预案不仅是有效提升相关场所防控能力的重要举措，而且是落实传染病防控"四方责任"单位主体责任的具体体现。

二是以法律形式规定各类重点场所是本单位传染病预防控制应急预案的制定主体，扩展了预案制定的主体范围，使传染病预防控制应急预案体系更加全面，更为完善。

三是有助于重点场所针对自身特点和风险，制定科学、合理、可操作的应急预案，明确在传染病发生时的应对流程、职责分工和处置措施，确保疫情发生时能够迅速、有序应对，最大限度降低公共卫生风险，切实保障公众健康与社会稳定。

【相关法律法规】

《中华人民共和国突发事件应对法》《公共场所卫生管理条例》

第三十条　【应急预案要求和演练】 传染病预防控制应急预案应当增强科学性、针对性和可操作性，并根据实际需要和形势变化及时修订。

县级以上人民政府疾病预防控制部门应当根据有关传染病预防控制应急预案定期组织开展演练。医疗卫生机构和学校、托育机构、养老机构、康复机构、福利机构、未成年人救助保护机构、救助管理机构、体育场馆、监管场所、车站、港口、机场等重点场所应当根据本单位传染病预防控制应急预案开展演练。

【新旧对照】

修订后	修订前
第三十条　传染病预防控制应急预案应当增强科学性、针对性和可操作性，并根据实际需要和形势变化及时修订。 县级以上人民政府疾病预防控制部门应当根据有关传染病预防控制应急预案定期组织开展演练。医疗卫生机构和学校、	第二十条　县级以上地方人民政府应当制定传染病预防、控制预案，报上一级人民政府备案。 传染病预防、控制预案应当包括以下主要内容： （一）传染病预防控制指挥部的组成和

续表

修订后	修订前
托育机构、养老机构、康复机构、福利机构、未成年人救助保护机构、救助管理机构、体育场馆、监管场所、车站、港口、机场等重点场所应当根据本单位传染病预防控制应急预案开展演练。	相关部门的职责； （二）传染病的监测、信息收集、分析、报告、通报制度； （三）疾病预防控制机构、医疗机构在发生传染病疫情时的任务与职责； （四）传染病暴发、流行情况的分级以及相应的应急工作方案； （五）传染病预防、疫点疫区现场控制，应急设施、设备、救治药品和医疗器械以及其他物资和技术的储备与调用。 地方人民政府和疾病预防控制机构接到国务院卫生行政部门或者省、自治区、直辖市人民政府发出的传染病预警后，应当按照传染病预防、控制预案，采取相应的预防、控制措施。

【适用精解】

本条由 2013 年《传染病防治法》第二十条修改而来。

本条规定的是传染病预防控制应急预案的修订与演练。

本条变化主要体现在两个方面：

一是增加对预案质量和动态优化管理要求。 此次修订明确要求增强预案的科学性、针对性和可操作性，旨在提升预案实用性和有效性，确保预案高效应对传染病暴发和流行。同时，强调要根据实际需要和形势变化对预案进行动态调整与优化，使其始终契合实际需求和科学规律，为传染病防控提供有力支撑。

二是新增预案演练机制。 规定县级以上人民政府疾病预防控制部门和重点场所定期开展应急预案演练的要求，实现了其从仅制定预案到制定与演练并重的转变，强调演练的重要性。通过定期演练，既可检验预案的科学性和可行性，又能提升相关部门的协同处置能力和实战技能水平，确保应急响应高效有序。

【相关法律法规】

《中华人民共和国突发事件应对法》

第三十一条　【病原微生物实验室生物安全】疾病预防控制机构、医疗机构的实验室和从事病原微生物实验的单位，应当遵守有关病原微生物实验室生物安全的法律、行政法规规定，符合国家规定的条件和技术标准，建立严格的管理制度，对传染病病原体和样本按照规定的措施实行严格管理，严防传染病病原体的实验室感染和扩散。

【新旧对照】

修订后	修订前
第三十一条　疾病预防控制机构、医疗机构的实验室和从事病原微生物实验的单位，应当**遵守有关病原微生物实验室生物安全的法律、行政法规规定，**符合国家规定的条件和技术标准，建立严格的管理制度，对传染病病原体和样本按照规定的措施实行严格管理，严防传染病病原体的实验室感染和扩散。	第二十二条　疾病预防控制机构、医疗机构的实验室和从事病原微生物实验的单位，应当符合国家规定的条件和技术标准，建立严格的监督管理制度，对传染病病原体样本按照规定的措施实行严格监督管理，严防传染病病原体的实验室感染和病原微生物的扩散。

【适用精解】

本条由 2013 年《传染病防治法》第二十二条修改而来。

本条规定的是病原微生物实验室的生物安全。

本条变化主要体现在两个方面：

一是明确规定从事病原微生物实验活动应遵守病原微生物实验室生物安全相关法律、行政法规规定的要求，强化对违反生物安全管理规定行为的法律威慑力。同时，加强与《病原微生物实验室生物安全管理条例》等相关法律法规的衔接，促进实验室及相关单位增强法律意识和责任意识，确保实验室的生物安全活动符合国家法律法规的要求，提高了生物安全管理的规范性和权威性。

二是强化对传染病病原体和样本的全面管理。本条强调对传染病病原体和样本均按照规定的措施实行严格管理，实现了对传染病病原体和样本的全面管理，确保实验室活动各环节都符合生物安全要求，降低实验室感染和病原体扩散的风险，保障公众健康和实验室人员安全。

【相关法律法规】

《中华人民共和国刑法》《中华人民共和国生物安全法》《病原微生物实验室生物安全管理条例》

> 第三十二条 【血液和血液制品有关要求】采供血机构、生物制品生产单位应当严格执行国家有关规定，保证血液、血液制品的质量和安全。
> 禁止非法采集血液或者组织他人出卖血液。
> 疾病预防控制机构、医疗机构使用血液和血液制品，应当遵守国家有关规定，防止因输入血液、使用血液制品引起经血液传播疾病的发生。

【新旧对照】

修订后	修订前
第三十二条 采供血机构、生物制品生产单位**应当**严格执行国家有关规定，保证血液、血液制品的质量**和安全**。 禁止非法采集血液或者组织他人出卖血液。 疾病预防控制机构、医疗机构使用血液和血液制品，**应当**遵守国家有关规定，防止因输入血液、使用血液制品引起经血液传播疾病的发生。	第二十三条 采供血机构、生物制品生产单位必须严格执行国家有关规定，保证血液、血液制品的质量。禁止非法采集血液或者组织他人出卖血液。 疾病预防控制机构、医疗机构使用血液和血液制品，必须遵守国家有关规定，防止因输入血液、使用血液制品引起经血液传播疾病的发生。

【适用精解】

本条由2013年《传染病防治法》第二十三条修改而来。

本条规定的是血液、血液制品的有关要求。

本条变化主要体现在两个方面：

一是强调保证血液、血液制品安全要求。本条将原有对血液、血液制品管理要求由保证"质量"提升为"质量+安全"的要求，要求采供血机构和生物制品生产单位在保证血液和血液制品质量的同时，要确保在采集、生产、储存、运输和使用等全过程各环节的安全，防止经血液传播疾病的发生，保障公众健康，增强公众对医疗安全的信任。

二是用词发生变化。 将 2013 年《传染病防治法》第二十三条中的"必须"修改为"应当"。"必须"和"应当"都表示法律上的义务，前者更强调强制性和命令性，属于效力性规范，后者在法律文本中通常更强调规范性和指导性，属于管理性规范。在实际执行和具体操作中，可以给予相关单位一定的弹性空间，有利于其根据实际情况采取更为合理的措施，保持适度的灵活性。

【相关法律法规】

《中华人民共和国献血法》

第三十三条　【艾滋病防治】 各级人民政府应当加强艾滋病的防治工作，采取预防、控制措施，防止艾滋病的传播。具体办法由国务院制定。

【新旧对照】

修订后	修订前
第三十三条　各级人民政府应当加强艾滋病的防治工作，采取预防、控制措施，防止艾滋病的传播。具体办法由国务院制定。	第二十四条　各级人民政府应当加强艾滋病的防治工作，采取预防、控制措施，防止艾滋病的传播。具体办法由国务院制定。

【适用精解】

本条本次修订未作修改。

本条规定的是艾滋病防治。

本条保持了原有的规定。 表明艾滋病防治工作的重要性持续得到强调，各级人民政府有责任加强艾滋病的防治工作，仍需通过采取有效的宣传教育、检测与咨询、治疗与关怀等预防和控制措施，防止艾滋病的传播，保障公众健康。

【相关法律法规】

《中华人民共和国母婴保健法》《艾滋病防治条例》

第三十四条 【人畜共患传染病防治】国家建立健全人畜共患传染病防治的协作机制，统筹规划、协同推进预防、控制工作，做好重点人群健康教育、传染病监测、疫情调查处置和信息通报等工作。

县级以上人民政府农业农村、林业草原、卫生健康、疾病预防控制等部门依据职责负责与人畜共患传染病有关的动物传染病的防治管理工作，重点加强鼠疫、狂犬病、人感染新亚型流感、布鲁氏菌病、炭疽、血吸虫病、包虫病等人畜共患传染病的防治工作。

【新旧对照】

修订后	修订前
第三十四条　国家建立健全人畜共患传染病防治的协作机制，统筹规划、协同推进预防、控制工作，做好重点人群健康教育、传染病监测、疫情调查处置和信息通报等工作。 县级以上人民政府农业农村、林业草原、卫生健康、疾病预防控制等部门依据职责负责与人畜共患传染病有关的动物传染病的防治管理工作，**重点加强鼠疫、狂犬病、人感染新亚型流感、布鲁氏菌病、炭疽、血吸虫病、包虫病等人畜共患传染病的防治工作。**	第二十五条　县级以上人民政府农业、林业行政部门以及其他有关部门，依据各自的职责负责与人畜共患传染病有关的动物传染病的防治管理工作。 与人畜共患传染病有关的野生动物、家畜家禽，经检疫合格后，方可出售、运输。

【适用精解】

本条由 2013 年《传染病防治法》第二十五条修改而来。

本条规定的是人畜共患传染病防治。

本条变化主要体现在三个方面：

一是新增建立健全人畜共患传染病防治的协作机制。本条新增国家建立健全人畜共患传染病防治协作机制的要求，为人畜共患传染病联防联控提供法律依据。通过这一机制，促进多部门协同合作，形成防控合力，提高防治整体效能，体现出系统治理和综合施策的防控理念。

二是明确工作内容。新增开展重点人群健康教育、传染病监测、疫情调查处置和信息通报等工作内容。本条强化人畜共患传染病防控工作的全面性，不仅需要关注动物传染病的管理，而且需要加强对重点人群的防控，旨在构建全方位的防控体系。

三是聚焦重点防控的人畜共患传染病病种。本条明确要求强化鼠疫、狂犬病、人感染新亚型流感、布鲁氏菌病、炭疽、血吸虫病、包虫病等人畜共患传染病的防治，这些疾病危害大、疾病负担重。通过集中资源和力量应对高风险、高危害的人畜共患传染病，增强了防控的针对性，提高防控工作的有效性。

【相关法律法规】

《中华人民共和国动物防疫法》《中华人民共和国野生动物保护法》

> **第三十五条 【病原微生物菌（毒）种管理】** 国家建立病原微生物菌（毒）种保藏库。
>
> 对病原微生物菌（毒）种和传染病检测样本的采集、保藏、提供、携带、运输、使用实行分类管理，建立健全严格的管理制度。从事相关活动应当遵守有关病原微生物实验室生物安全的法律、行政法规规定；依法需要经过批准或者进行备案的，应当取得批准或者进行备案。

【新旧对照】

修订后	修订前
第三十五条　国家建立**病原微生物菌（毒）种**保藏库。 对**病原微生物菌（毒）种**和传染病检测样本的采集、保藏、**提供**、携带、运输、使用实行分类管理，建立健全严格的管理制度。**从事相关活动应当遵守有关病原微生物实验室生物安全的法律、行政法规规定；依法需要经过批准或者进行备案的，应当取得批准或者进行备案。**	第二十六条　国家建立传染病菌种、毒种库。 对传染病菌种、毒种和传染病检测样本的采集、保藏、携带、运输和使用实行分类管理，建立健全严格的管理制度。 对可能导致甲类传染病传播的以及国务院卫生行政部门规定的菌种、毒种和传染病检测样本，确需采集、保藏、携带、运输和使用的，须经省级以上人民政府卫生行政部门批准。具体办法由国务院制定。

【适用精解】

本条由2013年《传染病防治法》第二十六条修改而来。

本条规定的是病原微生物菌（毒）种管理。

本条变化主要体现在四个方面：

一是将范围扩展至"病原微生物菌（毒）种"，涵盖所有可能引发人类、动物疾病的微生物。这一调整与《中华人民共和国生物安全法》相衔接。例如，《中华人民共和国生物安全法》第四十三条明确要求对病原微生物实行分类管理，而本条中"分类管理"的表述，正是对该原则的具体贯彻和落实。

二是新增"提供"环节，将菌（毒）种的流通纳入监管链条。根据《动物病原微生物菌（毒）种保藏管理办法》，保藏机构向实验室提供菌（毒）种时须查验其资质并记录流向。

三是要求"遵守有关病原微生物实验室生物安全的法律、行政法规"，与《中华人民共和国生物安全法》《病原微生物实验室生物安全管理条例》等衔接。例如，《中华人民共和国生物安全法》规定高等级病原微生物实验室须经省级以上部门批准，并建立安全保卫制度。本条将这些要求整合，形成从实验室准入、人员管理到废弃物处置的完整规范。

四是采用批准或备案的双轨制。体现了分类管理的思想，与2013年《传染病防治法》相比，更具精细化。例如，运输高致病性菌（毒）种须经省级以上相关部门批准，而低风险活动可能只需备案。同时，本条新增"依法需要"的限定，避免过度干预科研活动。

第三十六条　【消毒处理】 对被传染病病原体污染的水、物品和场所，有关单位和个人应当在疾病预防控制机构的指导下或者按照其提出的卫生要求，进行科学严格消毒处理；拒绝消毒处理的，由当地疾病预防控制部门组织进行强制消毒处理。

【新旧对照】

修订后	修订前
第三十六条　对被传染病病原体污染的**水**、物品和场所，有关单位和个人**应当**在疾病预防控制机构的指导下或者按照其	第二十七条　对被传染病病原体污染的**污水、污物**、场所和物品，有关单位和个人**必须**在疾病预防控制机构的指导下或

续表

修订后	修订前
提出的卫生要求,进行**科学严格**消毒处理;拒绝消毒处理的,由当地疾病预防控制部门**组织**进行强制消毒处理。	者按照其提出的卫生要求,进行严格消毒处理;拒绝消毒处理的,由当地卫生行政部门或者疾病预防控制机构进行强制消毒处理。

【适用精解】

本条由 2013 年《传染病防治法》第二十七条修改而来。

本条规定的是被传染病病原体污染的水、物品和场所的消毒处理。

本条变化主要体现四个方面:

一是对于污染对象的表述由"污水、污物、场所和物品"调整为"水、物品和场所",修订后的表述将"污水"纳入更广泛的"水"范畴,不仅覆盖传统意义上的生活污水、工业废水,还包括饮用水源、自然水体等可能被病原体污染的水体类型。"物品"涵盖"污物",包括医疗器械、交通工具、日常用品等可能传播病原体的载体,外延更广,包容性更强。

二是由"必须"调整为"应当",体现了立法技术的精细化。详见本书对本法第三十二条的解析。

三是新增"进行科学严格消毒处理"的组织工作,强调技术标准的规范化,要求消毒措施必须符合国家有关标准。

四是由"疾病预防控制部门"单独负责强制消毒。这一调整是疾控体制机制改革的重要体现,强调疾控部门在传染病监测、消毒技术规范等方面具有专业优势,成为唯一强制消毒的组织主体,避免多部门推诿问题。

第三十七条 【自然疫源地建设项目管理】 在国家确认的自然疫源地计划兴建水利、交通、旅游、能源等大型建设项目的,应当事先由省级以上疾病预防控制机构对施工环境进行卫生调查。建设单位应当根据疾病预防控制机构的意见,采取必要的传染病预防、控制措施。施工期间,建设单位应当设专人负责工地上的卫生防疫工作。施工期间和工程竣工后,疾病预防控制机构应当对可能发生的传染病进行监测。

【新旧对照】

修订后	修订前
第三十七条　在国家确认的自然疫源地计划兴建水利、交通、旅游、能源等大型建设项目的，应当事先由省级以上疾病预防控制机构对施工环境进行卫生调查。建设单位应当根据疾病预防控制机构的意见，采取必要的传染病预防、控制措施。施工期间，建设单位应当设专人负责工地上的卫生防疫工作。**施工期间和**工程竣工后，疾病预防控制机构应当对可能发生的传染病进行监测。	第二十八条　在国家确认的自然疫源地计划兴建水利、交通、旅游、能源等大型建设项目的，应当事先由省级以上疾病预防控制机构对施工环境进行卫生调查。建设单位应当根据疾病预防控制机构的意见，采取必要的传染病预防、控制措施。施工期间，建设单位应当设专人负责工地上的卫生防疫工作。工程竣工后，疾病预防控制机构应当对可能发生的传染病进行监测。

【适用精解】

本条由 2013 年《传染病防治法》第二十八条修改而来。

本条规定的是自然疫源地建设项目管理。

本条的主要变化体现在明确**施工期间和竣工后实行"双阶段监测"**。施工活动可能破坏自然疫源地的生态屏障，施工期间监测可及时发现风险，如每日对施工人员进行症状筛查、环境样本检测等。法律强调"预防为主"，推动传染病防控从疫情发生后处置转向全周期风险管控。

【相关法律法规】

《中华人民共和国基本医疗卫生与健康促进法》

第三十八条　**【消毒产品和饮用水安全管理】**用于传染病防治的消毒产品、饮用水供水单位供应的饮用水和涉及饮用水卫生安全的产品，应当符合国家卫生标准和卫生规范。

用于传染病防治的消毒产品的生产企业，应当经省级人民政府疾病预防控制部门批准，取得卫生许可。利用新材料、新工艺技术和新杀菌原理生产的消毒剂和消毒器械，应当经国务院疾病预防控制部门批准，取得卫生许可；其他消毒剂、消毒器械以及抗（抑）菌剂，应当报省级人民政府疾病预防控制部门备案。

> 饮用水供水单位应当经设区的市级或者县级人民政府疾病预防控制部门批准，取得卫生许可。涉及饮用水卫生安全的产品应当经省级以上人民政府疾病预防控制部门批准，取得卫生许可。

【新旧对照】

修订后	修订前
第三十八条　用于传染病防治的消毒产品、饮用水供水单位供应的饮用水和涉及饮用水卫生安全的产品，应当符合国家卫生标准和卫生规范。 用于传染病防治的消毒产品的生产企业，应当经省级人民政府疾病预防控制部门批准，取得卫生许可。利用新材料、新工艺技术和新杀菌原理生产的消毒剂和消毒器械，应当经国务院疾病预防控制部门批准，取得卫生许可；其他消毒剂、消毒器械以及抗（抑）菌剂，应当报省级人民政府疾病预防控制部门备案。 饮用水供水单位应当经设区的市级或者县级人民政府疾病预防控制部门批准，取得卫生许可。涉及饮用水卫生安全的产品应当经省级以上人民政府疾病预防控制部门批准，取得卫生许可。	第二十九条　用于传染病防治的消毒产品、饮用水供水单位供应的饮用水和涉及饮用水卫生安全的产品，应当符合国家卫生标准和卫生规范。 饮用水供水单位从事生产或者供应活动，应当依法取得卫生许可证。 生产用于传染病防治的消毒产品的单位和生产用于传染病防治的消毒产品，应当经省级以上人民政府卫生行政部门审批。具体办法由国务院制定。

【适用精解】

本条由 2013 年《传染病防治法》第二十九条修改而来。

本条规定的是消毒产品和饮用水安全管理。

《消毒管理办法》规定了消毒产品的生产、经营和使用。《生活饮用水卫生监督管理办法》规定了饮用水供水单位的卫生要求和监督管理措施。本条与上述规定相呼应。此外，本条与《中华人民共和国行政处罚法》《中华人民共和国行政许可法》等法律法规相关联，这些法律规定为传染病防治相关的行政许可、监督管理和行政处罚等行为提供了一般性的法律依据和规范指引。

本条变化主要体现在两个方面：

一是在消毒产品生产企业审批主体方面。2013年《传染病防治法》第二十九条规定生产用于传染病防治的消毒产品单位和产品，统一由省级以上人民政府卫生行政部门审批。本条则对消毒产品生产企业的审批进行细化，利用新材料等生产的消毒剂和消毒器械，由国务院疾病预防控制部门批准；其他消毒剂等报省级人民政府疾病预防控制部门备案。

二是在饮用水供水单位卫生许可审批主体方面。2013年《传染病防治法》第二十九条只提及饮用水供水单位从事生产或者供应活动，应当依法取得卫生许可证，未明确审批主体。本条则明确规定饮用水供水单位应当经设区的市级或者县级人民政府疾病预防控制部门批准，取得卫生许可。

【相关法律法规】

《中华人民共和国行政处罚法》《中华人民共和国行政许可法》《消毒管理办法》《生活饮用水卫生监督管理办法》

第三十九条　【传染病患者、病原携带者和疑似患者义务】 传染病患者、病原携带者和疑似患者应当如实提供相关信息，在治愈前或者在排除传染病嫌疑前，不得从事法律、行政法规和国务院疾病预防控制部门规定禁止从事的易使该传染病扩散的工作。

传染病患者、病原携带者、疑似患者以及上述人员的密切接触者应当采取必要的防护措施。

任何单位或者个人不得以任何方式故意传播传染病。

【新旧对照】

修订后	修订前
第三十九条　传染病患者、病原携带者和疑似患者应当如实提供相关信息，在治愈前或者在排除传染病嫌疑前，不得从事法律、行政法规和国务院疾病预防控制部门规定禁止从事的易使该传染病扩散的工作。	第十六条　国家和社会应当关心、帮助传染病病人、病原携带者和疑似传染病病人，使其得到及时救治。任何单位和个人不得歧视传染病病人、病原携带者和疑似传染病病人。 传染病病人、病原携带者和疑似传染病

续表

修订后	修订前
传染病患者、病原携带者、疑似患者以及上述人员的密切接触者应当采取必要的防护措施。 任何单位或者个人不得以任何方式故意传播传染病。	病人，在治愈前或者在排除传染病嫌疑前，不得从事法律、行政法规和国务院卫生行政部门规定禁止从事的易使该传染病扩散的工作。

【适用精解】

本条由 2013 年《传染病防治法》第十六条修改而来。

本条规定的是传染病患者、病原携带者、疑似患者的义务。

本条变化主要体现在三个方面：

一是内容更加完整。2013 年《传染病防治法》第十六条主要强调对传染病相关人员的关心帮助、不得歧视以及工作限制等方面。本条不仅涵盖原法中关于传染病相关人员工作限制的部分内容，还进一步明确其如实提供信息的义务，以及对密切接触者采取防护措施的要求。

二是增加禁止任何单位或个人故意传播传染病的规定，内容更加全面，亦更为具体。

三是更加强调传染病相关人员自身的责任和义务，严禁故意传播传染病，不仅是道德伦理上的要求，更是法律上的强制。若单位或个人故意传播传染病，危害公共安全，可能触犯《中华人民共和国刑法》，构成刑事犯罪。若有单位或个人违反相关规定，故意传播传染病但尚未构成犯罪的，可能会受到治安管理处罚。

【相关法律法规】

《中华人民共和国刑法》《中华人民共和国治安管理处罚法》

第四十条　【重点场所主体责任】 学校、托育机构、养老机构、康复机构、福利机构、未成年人救助保护机构、救助管理机构、体育场馆、监管场所、车站、港口、机场等重点场所应当落实主体责任，加强传染病预防、控制能力建设，在疾病预防控制机构指导下开展传染病预防、控制工作。

【新旧对照】

修订后	修订前
第四十条 学校、托育机构、养老机构、康复机构、福利机构、未成年人救助保护机构、救助管理机构、体育场馆、监管场所、车站、港口、机场等重点场所应当落实主体责任，加强传染病预防、控制能力建设，在疾病预防控制机构指导下开展传染病预防、控制工作。	无对应条款

【适用精解】

本条为新增条款。

本条规定的是学校、托育机构等重点场所在传染病预防和控制方面的主体责任、核心要求和工作机制，构建了重点场所传染病防控的责任体系和工作框架，旨在压实场所责任，强化专业指导，筑牢传染病防控的基层防线。对这些重点场所提出专门要求，体现了立法在传染病防控"精准施策"的思路，通过聚焦高风险区域，强化防控力度，最大限度降低传染病传播风险，保护公众健康。

第三章　监测、报告和预警

> **第四十一条　【传染病监测预警体系】** 国家加强传染病监测预警工作，建设多点触发、反应快速、权威高效的传染病监测预警体系。

【新旧对照】

修订后	修订前
第四十一条　国家加强传染病监测预警工作，建设多点触发、反应快速、权威高效的传染病监测预警体系。	第十九条　国家建立传染病预警制度。国务院卫生行政部门和省、自治区、直辖市人民政府根据传染病发生、流行趋势的预测，及时发出传染病预警，根据情况予以公布。

【适用精解】

本条由2013年《传染病防治法》第十九条修改而来。

本条规定的是传染病监测预警体系建设。

本条重点明确国家在传染病监测预警方面的核心责任和发展方向，旨在构建一个主动、灵敏、综合、可靠的早期风险识别和预警系统，为传染病防控赢得先机。 同时，本条强调加强传染病监测预警体系建设是国家层面的战略任务和法定义务，需要统一领导、规划和投入。

本条提出建设具有"多点触发、反应快速、权威高效"三大核心特征的传染病监测预警体系，反映了《"健康中国2030"规划纲要》中预防为主、关口前移的核心理念，标志着立法重心从被动处置转向主动预防。

"**多点触发**"借鉴了传染病防控中多源数据应用经验，意味着突破传统医疗机构单一报告渠道，要求整合医疗机构、实验室检测、交通枢纽（机场、车站）、冷链物流、社区网格、互联网舆情等多渠道和多维度数据，形成更全面的监测网络，及时、全面地捕捉传染病传播的早期迹象。

"**反应快速**"要求明确从数据触发到预警发布的闭环时限，提升信息分析、风险评估和预警发布的时效性，避免因信息传递慢、分析滞后而造成的决策延迟导致疫情扩散。

"权威高效"强调信息发布机制的规范。传染病预警信息需要由国家层面统筹，疾病预防机构和部门，以及相应人民政府等权威机构按照程序统一审核发布，避免部门间因协调不足、信息混乱而引发社会恐慌。

通过多点触发、快速反应的监测网络、技术赋能与机制优化，实现疫情风险的早发现、早预警、早处置，为科学防控提供基础支撑。同时，本条与《中华人民共和国生物安全法》《突发公共卫生事件应急条例》等法律法规的相关规定形成联动，共同完善了国家公共卫生安全法律体系。

【相关法律法规】

《中华人民共和国生物安全法》《突发公共卫生事件应急条例》

第四十二条 【传染病监测制度】 国家建立健全传染病监测制度。

国务院疾病预防控制部门会同国务院有关部门制定国家传染病监测规划和方案。省级人民政府疾病预防控制部门会同同级人民政府有关部门，根据国家传染病监测规划和方案，制定本行政区域传染病监测计划和工作方案，报国务院疾病预防控制部门审核后实施。

国家加强传染病监测，依托传染病监测系统实行传染病疫情和突发公共卫生事件网络直报，建立重点传染病以及原因不明的传染病监测哨点，拓展传染病症状监测范围，收集传染病症候群、群体性不明原因疾病等信息，建立传染病病原学监测网络，多途径、多渠道开展多病原监测，建立智慧化多点触发机制，增强监测的敏感性和准确性，提高实时分析、集中研判能力，及时发现传染病疫情和突发公共卫生事件。

【新旧对照】

修订后	修订前
第四十二条 国家建立**健全**传染病监测制度。 国务院**疾病预防控制**部门会同国务院**有关**部门制定国家传染病监测规划和方案。**省级人民政府疾病预防控制**部门会同同级人民政府**有关**部门，根据国家传染病监测	第十七条第一款、第二款 国家建立传染病监测制度。 国务院卫生行政部门制定国家传染病监测规划和方案。省、自治区、直辖市人民政府卫生行政部门根据国家传染病监测规划和方案，制定本行政区域的传染病监

续表

修订后	修订前
规划和方案，制定本行政区域传染病监测计划和工作方案，报国务院疾病预防控制部门审核后实施。 　　国家加强传染病监测，依托传染病监测系统实行传染病疫情和突发公共卫生事件网络直报，建立重点传染病以及原因不明的传染病监测哨点，拓展传染病症状监测范围，收集传染病症候群、群体性不明原因疾病等信息，建立传染病病原学监测网络，多途径、多渠道开展多病原监测，建立智慧化多点触发机制，增强监测的敏感性和准确性，提高实时分析、集中研判能力，及时发现传染病疫情和突发公共卫生事件。	测计划和工作方案。

【适用精解】

本条由2013年《传染病防治法》第十七条第一款和第二款修改而来。

本条规定的是传染病监测制度。

本条变化主要体现在六个方面：

一是增加"健全"二字，强化制度的完善性，使传染病监测制度的规定更加明确和具体。

二是原"国务院卫生行政部门……省、自治区、直辖市人民政府卫生行政部门"修改为"国务院疾病预防控制部门……省级人民政府疾病预防控制部门"，明确职能归属，强化专业部门的主导地位。

三是新增"会同国务院有关部门""会同同级人民政府有关部门"，强调跨部门协作，推动监测工作综合化。

四是新增省级监测计划需"报国务院疾病预防控制部门审核后实施"，加强中央统筹监管，避免地方标准差异导致的监测漏洞，确保全国监测标准统一。

五是新增"网络直报""监测哨点""病原学监测网络""智慧化多点触发机制"等内容，构建多层次、多维度监测体系，覆盖传统疫情与未知风险。

六是新增"群体性不明原因疾病""多病原监测"等内容，将监测对象从已知传染病扩展至潜在新型或未知病原体，以防范新发突发传染病风险。

本条旨在从制度层面构建科学完备的监测体系，不仅监测已知法定传染病，而且关注不明原因疾病。从技术层面推动智慧化监测能力，从战略层面践行"预防为主"理念，将资源向前端监测倾斜，降低后期大规模防控的社会经济成本。同时，推动公共卫生体系从应急响应向常态化防控转变。因此，本条修订体现出我国公共卫生治理现代化水平，为应对未来可能出现的疫病大流行提供制度保障。

【相关法律法规】

《突发公共卫生事件应急条例》

> 第四十三条 【传染病监测内容和重点】疾病预防控制机构对传染病的发生、流行以及影响其发生、流行的因素进行监测，及时掌握重点传染病流行强度、危害程度以及病原体变异情况。
>
> 疾病预防控制机构应当加强原因不明的传染病监测，提高快速发现和及时甄别能力；对新发传染病、境内已消除的传染病以及境外发生、境内尚未发生的传染病进行监测。

【新旧对照】

修订后	修订前
第四十三条 疾病预防控制机构对传染病的发生、流行以及影响其发生、流行的因素进行监测，**及时掌握重点传染病流行强度、危害程度以及病原体变异情况。** 疾病预防控制机构应当加强原因不明的传染病监测，提高快速发现和及时甄别能力；对新发传染病、**境内**已消除的传染病以及**境外**发生、**境内**尚未发生的传染病进行监测。	第十七条第三款 各级疾病预防控制机构对传染病的发生、流行以及影响其发生、流行的因素，进行监测；对国外发生、国内尚未发生的传染病或者国内新发生的传染病，进行监测。

【适用精解】

本条由 2013 年《传染病防治法》第十七条第三款修改而来。

本条规定的是传染病监测的内容和重点。

本条变化主要体现在四个方面：

一是新增"流行强度、危害程度、病原体变异"等监测指标，要求疾控机构从流行病学、病原学多维度量化分析疫情，为风险评估提供科学依据。

二是新增"原因不明的传染病监测"要求，并明确"快速发现与及时甄别"目标，填补了原法条对未知风险监测的空白。

三是新增对"境内已消除的传染病"的监测要求，防范因防控松懈或输入而导致的死灰复燃，加强出入境检验检疫。

四是将原"国外发生、国内尚未发生的传染病"表述调整为"境外发生、境内尚未发生的传染病"，表述更为严谨，更具操作性。

【相关法律法规】

《中华人民共和国国境卫生检疫法》

第四十四条 【信息共享】国家建立跨部门、跨地域的传染病监测信息共享机制，加强卫生健康、疾病预防控制、生态环境、农业农村、海关、市场监督管理、移民管理、林业草原等部门的联动监测和信息共享。

国家建立临床医疗、疾病预防控制信息的互通共享制度，加强医防协同，推动医疗机构等的信息系统与传染病监测系统互联互通，建立健全传染病诊断、病原体检测数据等的自动获取机制，规范信息共享流程，确保个人信息安全。

【新旧对照】

修订后	修订前
第四十四条 国家建立跨部门、跨地域的传染病监测信息共享机制，加强卫生健康、疾病预防控制、生态环境、农业农村、海关、市场监督管理、移民管理、林业草原等部门的联动监测和信息共享。 国家建立临床医疗、疾病预防控制信息的互通共享制度，加强医防协同，推动	第三十五条 国务院卫生行政部门应当及时向国务院其他有关部门和各省、自治区、直辖市人民政府卫生行政部门通报全国传染病疫情以及监测、预警的相关信息。 毗邻的以及相关的地方人民政府卫生行政部门，应当及时互相通报本行政区域

续表

修订后	修订前
医疗机构等的信息系统与传染病监测系统互联互通，建立健全传染病诊断、病原体检测数据等的自动获取机制，规范信息共享流程，确保个人信息安全。	的传染病疫情以及监测、预警的相关信息。 县级以上人民政府有关部门发现传染病疫情时，应当及时向同级人民政府卫生行政部门通报。 中国人民解放军卫生主管部门发现传染病疫情时，应当向国务院卫生行政部门通报。

【适用精解】

本条由 2013 年《传染病防治法》第三十五条修改而来。

本条规定的是信息共享。

本条旨在构建纵横贯通、协同高效的传染病监测信息共享网络，彻底打破信息孤岛，为精准监测、快速预警和科学防控提供坚实的数据基础。

本条第一款规定的是建立跨部门协同监测体系，明确列举卫生健康、海关、农业农村等八个关键部门职责，覆盖传染病防控全链条。

本条第二款规定的是医疗机构与疾控系统的信息互联互通，缩短数据信息上报时间，增强监测时效性。同时强调"规范信息共享流程，确保个人信息安全"，以平衡公共卫生利益与公民隐私权。

本条规定不再满足于原则性要求，而是通过强制性的制度设计（两大机制）、明确的责任主体（列举部门）、革命性的技术路径（自动获取、互联互通）以及刚性的底线要求（规范流程、信息安全），构建了一张覆盖全域、实时动态、安全可靠的传染病监测信息网络。这张网络是国家传染病监测预警体系的"神经系统"，有利于实现早发现、早预警、早处置的目标。本条从根本上提升我国传染病防控的效能，并为维护国家生物安全和人民生命健康提供强大的信息保障。

【相关法律法规】

《中华人民共和国数据安全法》《中华人民共和国个人信息保护法》《全国医院信息化建设标准与规范（试行）》

第四十五条　【传染病疫情报告制度】 国家建立健全传染病疫情报告制度。

疾病预防控制机构、医疗机构和采供血机构及其执行职务的人员发现甲类传染病患者、病原携带者、疑似患者或者新发传染病、突发原因不明的传染病，以及其他传染病暴发、流行时，应当于两小时内进行网络直报；发现乙类传染病患者、疑似患者或者国务院疾病预防控制部门规定需要报告的乙类传染病病原携带者时，应当于二十四小时内进行网络直报；发现丙类传染病患者时，应当于二十四小时内进行网络直报。

中国人民解放军、中国人民武装警察部队的医疗机构向社会公众提供医疗服务的，应当依照前款规定报告传染病疫情。

传染病疫情报告遵循属地管理原则，具体办法由国务院疾病预防控制部门制定。

【新旧对照】

修订后	修订前
第四十五条　国家建立健全传染病疫情报告制度。 疾病预防控制机构、医疗机构和采供血机构及其执行职务的人员发现**甲类传染病患者、病原携带者、疑似患者**或者新发传染病、突发原因不明的传染病，以及其他传染病暴发、流行时，应当于两小时内进行网络直报；发现乙类传染病患者、疑似患者或者国务院疾病预防控制部门规定需要报告的乙类传染病病原携带者时，应当于二十四小时内进行网络直报；发现丙类传染病患者时，应当于二十四小时内进行网络直报。 **中国人民解放军、中国人民武装警察部队**的医疗机构向社会公众提供医疗服务的，应当依照前款规定报告传染病疫情。 传染病疫情报告遵循属地管理原则，**具体办法由国务院疾病预防控制部门制定。**	第三十条　疾病预防控制机构、医疗机构和采供血机构及其执行职务的人员发现本法规定的传染病疫情或者发现其他传染病暴发、流行以及突发原因不明的传染病时，应当遵循疫情报告属地管理原则，按照国务院规定的或者国务院卫生行政部门规定的内容、程序、方式和时限报告。 军队医疗机构向社会公众提供医疗服务，发现前款规定的传染病疫情时，应当按照国务院卫生行政部门的规定报告。

【适用精解】

本条由 2013 年《传染病防治法》第三十条修改而来。

本条规定的是传染病疫情报告制度。

本条的变化主要体现在四个方面：

一是新增发现甲类传染病患者等情形应当于 2 小时内进行网络直报，发现乙类、丙类传染病患者等情形应当于 24 小时内进行网络直报的规定，取代 2013 年《传染病防治法》中模糊规定的国务院规定时限，实现时效上的刚性和直接约束。

二是新增"国务院疾病预防控制部门规定需要报告的乙类传染病病原携带者"，赋予主管部门动态调整权限，需定期更新病原携带者报告清单，医疗机构需加强实验室检测能力与结果关联上报机制。

三是将原"军队医疗机构"细化为"中国人民解放军、中国人民武装警察部队的医疗机构"，并明确其向社会公众提供服务时须与地方疾控等机构同等履行报告义务。本条修改后更加细致严谨，详见本书对本法第八条的解析。

四是本条第四款为新增条款，规定授权国务院疾病预防控制部门制定具体办法，即明确属地管理的操作细则。需要建立跨区域疫情通报协调机制，解决流动人口、输入性病例的属地管理争议。

【相关法律法规】

《突发公共卫生事件应急条例》

第四十六条　【传染病疫情报告管理制度】疾病预防控制机构、医疗机构和采供血机构应当建立健全传染病疫情报告管理制度，加强传染病疫情和相关信息报告的培训、日常管理和质量控制，定期对本机构报告的传染病疫情和相关信息以及报告质量进行分析、汇总和通报。

【新旧对照】

修订后	修订前
第四十六条　疾病预防控制机构、医疗机构和采供血机构应当建立健全传染病疫情报告管理制度，加强传染病疫情和相关信息报告的培训、日常管理和质量控制，定期对本机构报告的传染病疫情和相关信息以及报告质量进行分析、汇总和通报。	无对应条款

【适用精解】

本条为新增条款。

本条规定的是传染病疫情报告管理制度。

本条规定的核心是规范传染病疫情报告管理制度。通过强制要求机构建立管理制度、加强培训和质量控制，减少瞒报、谎报、缓报、漏报现象，保障信息的真实性和时效性，确保疫情信息及时准确。具体内容主要体现在三个方面：

一是"建立健全传染病疫情报告管理制度"，体现了制度刚性要求，强化责任主体的管理职责，明确疾病预防控制机构、医疗机构和采供血机构在疫情报告中的主体责任，形成规范化的工作制度和流程。

二是明确"加强传染病疫情和相关信息报告的培训、日常管理和质量控制"，体现了对过程管理的重视，覆盖培训、日常管理、质量控制全流程，确保从业人员熟悉报告标准（如病种、时限、程序）。

三是明确"定期对本机构报告的传染病疫情和相关信息以及报告质量进行分析、汇总和通报"，要求定期分析评估报告数据的完整性、准确性，并向相关部门和人员反馈，持续改进和优化报告质量。

本条不仅是技术性调整，更是我国传染病防控从"粗放管理"向"精细治理"转型的关键一步。通过压实机构责任、规范数据流程、强化能力建设，将疫情报告从一项分散的、依赖个人自觉的"任务"，转变为一项系统的、机构负主责的"管理工程"，为早发现、早报告、早处置提供了制度保障。

【相关法律法规】

《中华人民共和国生物安全法》《医疗质量管理办法》

第四十七条　【重点场所、检验检测机构的报告义务】 学校、托育机构、养老机构、康复机构、福利机构、未成年人救助保护机构、救助管理机构、体育场馆、监管场所、车站、港口、机场等重点场所发现传染病患者、疑似患者时，应当按照国务院疾病预防控制部门的规定，向所在地疾病预防控制机构报告有关信息。

检验检测机构等应当按照国务院疾病预防控制部门的规定，向所在地疾病预防控制机构报告与传染病防治有关的信息。

【新旧对照】

修订后	修订前
第四十七条　学校、托育机构、养老机构、康复机构、福利机构、未成年人救助保护机构、救助管理机构、体育场馆、监管场所、车站、港口、机场等重点场所发现传染病患者、疑似患者时，应当按照国务院疾病预防控制部门的规定，向所在地疾病预防控制机构报告有关信息。 检验检测机构等应当按照国务院疾病预防控制部门的规定，向所在地疾病预防控制机构报告与传染病防治有关的信息。	第三十二条　港口、机场、铁路疾病预防控制机构以及国境卫生检疫机关发现甲类传染病病人、病原携带者、疑似传染病病人时，应当按照国家有关规定立即向国境口岸所在地的疾病预防控制机构或者所在地县级以上地方人民政府卫生行政部门报告并互相通报。

【适用精解】

本条由2013年《传染病防治法》第三十二条修改而来。

本条规定的是重点场所、检验检测机构的报告义务。

本条主要明确并扩展了法定传染病报告的责任主体和场景，构建覆盖重点人群聚集场所和关键检测环节的"哨点"监测网络，进一步扩展监测网络覆盖广度和深度。

第一款规定了重点场所范围，将学校、托育机构、养老机构等十二类人员密集或高风险场所的强制报告责任，覆盖教育、社会福利、交通枢纽、公共场所等关键领域。明确报告要求"按照国务院疾病预防控制部门的规定"，赋予主管部门制定具体操作指南的权限。

第二款规定检验检测机构的报告义务。

本条通过多主体报告机制，弥补医疗机构监测盲区，提升早期预警能力，完善了2013年《传染病防治法》第三十二条的规定。这一变化会增强我国传染病监测预警体系的灵敏性、全面性和韧性，为更早发现、更快处置各类传染病疫情，尤其是防范聚集性疫情和保护脆弱人群，提供坚实的法律基础。

【相关法律法规】

《突发公共卫生事件应急条例》

> **第四十八条 【单位和个人报告义务及途径】** 任何单位和个人发现传染病患者、疑似患者时,应当及时向附近的疾病预防控制机构、医疗机构或者疾病预防控制部门报告。
>
> 疾病预防控制部门应当公布热线电话等,畅通报告途径,确保及时接收、调查和处理相关报告信息。

【新旧对照】

修订后	修订前
第四十八条　任何单位和个人发现**传染病患者**、**疑似患者**时,应当及时向附近的疾病预防控制机构、医疗机构或者疾病预防控制部门报告。 疾病预防控制部门应当公布热线电话等,畅通报告途径,确保及时接收、调查和处理相关报告信息。	第三十一条　任何单位和个人发现传染病病人或者疑似传染病病人时,应当及时向附近的疾病预防控制机构或者医疗机构报告。

【适用精解】

本条由2013年《传染病防治法》第三十一条修改而来。

本条规定的是单位和个人的报告义务与途径。

本条变化主要体现在三个方面:

一是将"传染病病人"修改为"传染病患者",同时将"疑似传染病病人"修改为"疑似患者",与本法第十六条、第三十九条、第七十七条等实现了前后对应。详见本书对本法第十六条的解析。

二是新增"疾病预防控制部门"作为直接报告对象,明确行政部门的主动接收职责,减少信息传递层级,提高处置效率。

三是新增本条第二款,明确了疾控部门在传染病疫情报告领域的法定职责。要求疾控部门主动公开联系方式,降低公众报告门槛,增强社会监督,使疫情信息收集更全面,减少瞒报、漏报的可能性。同时,本条还规定疾控部门要"及时接收、调查和处理",强化信息处理的时效性。

新增的第二款通过拓宽报告渠道、强化疾控部门责任,旨在构建更灵敏、更开放的传染病监测体系,既提升防控效率,又保障公众参与权,是我国公共卫生法治化、现代化的重要体现。

【相关法律法规】

《中华人民共和国基本医疗卫生与健康促进法》

第四十九条 【疾控机构和疾控部门报告职责】疾病预防控制机构应当设立或者指定专门的部门、人员负责传染病疫情信息管理工作，主动收集、分析、调查、核实传染病疫情信息。

疾病预防控制机构接到甲类传染病、新发传染病、突发原因不明的传染病报告或者发现传染病暴发、流行时，应当于两小时内完成传染病疫情信息核实以及向同级卫生健康主管部门、疾病预防控制部门和上级疾病预防控制机构报告的工作。疾病预防控制部门接到报告后应当立即报告同级人民政府，同时报告上一级人民政府卫生健康主管部门、疾病预防控制部门和国务院卫生健康主管部门、疾病预防控制部门。

【新旧对照】

修订后	修订前
第四十九条　疾病预防控制机构应当设立或者指定专门的部门、人员负责传染病疫情信息管理工作，**主动收集、分析、调查、核实传染病疫情信息。** **疾病预防控制机构接到甲类传染病、新发传染病、突发原因不明的传染病报告或者发现传染病暴发、流行时，应当于两小时内完成传染病疫情信息核实以及向同级卫生健康主管部门、疾病预防控制部门和上级疾病预防控制机构报告的工作。疾病预防控制部门接到报告后应当立即报告同级人民政府，同时报告上一级人民政府卫生健康主管部门、疾病预防控制部门和国务院卫生健康主管部门、疾病预防控制部门。**	第三十三条　疾病预防控制机构应当主动收集、分析、调查、核实传染病疫情信息。接到甲类、乙类传染病疫情报告或者发现传染病暴发、流行时，应当立即报告当地卫生行政部门，由当地卫生行政部门立即报告当地人民政府，同时报告上级卫生行政部门和国务院卫生行政部门。 疾病预防控制机构应当设立或者指定专门的部门、人员负责传染病疫情信息管理工作，及时对疫情报告进行核实、分析。

【适用精解】

本条由2013年《传染病防治法》第三十三条修改而来。

本条规定的是疾控机构和疾控部门的报告职责。

本条旨在构建以疾病预防控制机构为核心的权责明确、反应迅速的传染病疫情信息管理及应急报告机制，主要变化体现在四个方面：

一是将原"立即报告"细化为2小时内完成核实并报告，是为了确保疫情信息的快速响应。甲类传染病（如鼠疫、霍乱）和新发传染病传播速度快、危害大，必须尽早发现、尽早报告、尽早控制。2小时时限是为避免因信息迟滞而导致疫情扩散，确保防控措施能够迅速启动。

二是新增对"新发传染病""突发原因不明传染病"与甲类传染病的同等报告时效要求，强化对未知传染病的早期预警能力，覆盖了更广的风险场景。

三是疾病预防控制机构可直接向同级卫生健康主管部门、疾控部门和上级疾控部门同步报告，减少2013年《传染病防治法》规定的通过卫生行政部门逐级上报的中间环节，提升处置效率，确保疫情快速响应，防止瞒报、漏报，适应新发传染病提出的挑战。

四是将原"卫生行政部门"调整为"卫生健康主管部门、疾病预防控制部门"，体现机构改革后职能分工，强化部门协同。详见本书对本法第三条的解析。

本条修订有利于压实疾病预防控制机构信息管理"枢纽"责任，打造最高风险疫情"信息高速路"，实现应急信息扁平化、同步化直达，提升新发未知风险响应速度。同时，强化地方政府属地责任，保障中央全局掌控，提高体系整体响应效能。此外，本条修订还充分吸收了传染病防控中的有关经验教训，增强了法律威慑力和可追责性，提升了公众信心，确保在最高风险的传染病疫情面前，以法律强制力打通信息流转的"任督二脉"，确保"早发现"的信息能"快流转"，为"早决策""早处置"奠定坚实的信息基础。

【相关法律法规】

《中华人民共和国医师法》《中华人民共和国食品安全法》《突发公共卫生事件应急条例》《传染病信息报告管理规范》

第五十条　【疫情报告职责要求】任何单位或者个人不得干预传染病疫情报告。

依照本法规定负有传染病疫情报告职责的人民政府有关部门、疾病预防控制机构、医疗机构、采供血机构及其工作人员，不得隐瞒、谎报、缓报、漏报传染病疫情。

【新旧对照】

修订后	修订前
第五十条　任何单位或者个人不得干预传染病疫情报告。 依照**本法**规定负有传染病疫情报告职责的人民政府有关部门、疾病预防控制机构、医疗机构、采供血机构及其工作人员，不得隐瞒、谎报、缓报、**漏报**传染病疫情。	第三十七条　依照本法的规定负有传染病疫情报告职责的人民政府有关部门、疾病预防控制机构、医疗机构、采供血机构及其工作人员，不得隐瞒、谎报、缓报传染病疫情。

【适用精解】

本条由2013年《传染病防治法》第三十七条修改而来。

本条规定的是疫情报告的独立性与具体要求。

本条的变化主要体现在两个方面：

一是新增"任何单位或者个人不得干预传染病疫情报告"的规定，虽简洁明了，却十分重要，旨在确保疫情报告的独立性。

二是第二款新增"漏报"传染病疫情的法定禁止情形。实践中发现，瞒报、谎报、缓报属于主观上存在故意，漏报系疏忽大意的过失所致，尽管其主观恶性相对较低，但其产生的社会危害同样不容小觑，因此有必要对"漏报"亦明令禁止。本条修改后与本法第一百条的法律责任条款前后对应。

本条通过保障疫情报告的独立性和强化报告主体的责任，确保传染病疫情信息报告的真实、准确和及时，以便有效开展疫情防控和传染病防治工作，切实保护公众健康和社会公共卫生安全。

【相关法律法规】

《中华人民共和国突发事件应对法》《中华人民共和国国境卫生检疫法》《中华人民共和国行政处罚法》《突发公共卫生事件应急条例》

第五十一条　【疫情报告奖励和免责】对及时发现并报告新发传染病、突发原因不明的传染病的单位和个人，按照国家有关规定给予奖励。

对经调查排除传染病疫情的，报告的单位和个人不承担法律责任。

【新旧对照】

修订后	修订前
第五十一条 对及时发现并报告新发传染病、突发原因不明的传染病的单位和个人，按照国家有关规定给予奖励。 对经调查排除传染病疫情的，报告的单位和个人不承担法律责任。	无对应条款

【适用精解】

本条为新增条款。

本条规定的是疫情报告奖励与免责。

本条第一款强调鼓励报告。对于及时发现并报告新发传染病、突发原因不明的传染病的单位和个人，明确规定依据国家有关规定给予奖励，旨在鼓励社会各界积极履行发现和报告传染病的职责，调动社会力量参与传染病防治工作，以实现对传染病的早发现、早报告，从而为早诊断、早控制奠定基础。

本条第二款规定了容错制度和责任豁免制度。对于经调查后排除传染病疫情的情况，主动、及时报告的单位和个人不承担法律责任，容错机制消除了单位和个人因报告疫情但最终排除疫情而可能面临的法律风险，避免因担心承担法律责任而不敢或迟疑报告甚至隐瞒传染病疫情的情况发生，保障单位和个人能够放下思想包袱，积极、主动、及时地报告疫情信息，从而为尽早发现、有效控制疫情争取有利时机。当然，容错也是有底线的，这个机制保护的是非主观恶意的错报，否则仍须承担相应的法律责任。

【相关法律法规】

《中华人民共和国国境卫生检疫法》《突发公共卫生事件应急条例》

第五十二条 【传染病疫情风险评估制度】国家建立健全传染病疫情风险评估制度。

疾病预防控制机构应当及时分析传染病和健康危害因素相关信息，评估发生传染病疫情的风险、可能造成的影响以及疫情发展态势。

【新旧对照】

修订后	修订前
第五十二条　国家建立健全传染病疫情风险评估制度。 疾病预防控制机构应当及时分析传染病和健康危害因素相关信息，评估发生传染病疫情的风险、可能造成的影响以及疫情发展态势。	无对应条款

【适用精解】

本条为新增条款。

本条规定的是传染病疫情风险评估制度。

本条第一款建立疫情风险评估制度。 国家建立健全传染病疫情风险评估制度，旨在通过科学、系统的方法对传染病疫情相关风险进行评估，为传染病的预防、控制和应对提供决策依据，这是从国家层面对传染病疫情风险管理进行顶层设计，彰显传染病防治工作的前瞻性和科学性。

本条第二款明确赋权疾病预防控制机构。 疾病预防控制机构承担着及时分析传染病和健康危害因素相关信息的重要任务，并在此基础上对发生传染病疫情的风险、可能造成的影响以及疫情发展态势进行评估、研判。本条明确疾病预防控制机构在传染病疫情风险评估工作中的主体地位和具体职责，强调其要充分利用各种信息资源，运用专业知识和技术手段，对传染病疫情的各种情况进行准确判断和评估，以便为疫情防控工作提供及时、准确、稳定的信息支持。

【相关法律法规】

《中华人民共和国突发事件应对法》《中华人民共和国国境卫生检疫法》《突发公共卫生事件应急条例》

> 第五十三条　【传染病预警制度】国家建立健全传染病预警制度。
> 疾病预防控制机构根据传染病监测信息和传染病疫情风险评估结果，向社会发布健康风险提示；发现可能发生突发公共卫生事件，经评估认为需要

> 发布预警的，向同级疾病预防控制部门提出发布预警的建议。疾病预防控制部门收到建议后应当及时组织专家进行分析研判，需要发布预警的，由卫生健康主管部门、疾病预防控制部门立即向同级人民政府报告。
>
> 县级以上人民政府依照有关突发公共卫生事件应对的法律、行政法规和国务院规定的权限和程序，决定向社会发布预警。

【新旧对照】

修订后	修订前
第五十三条　国家建立**健全**传染病预警制度。 疾病预防控制机构根据传染病监测信息和传染病疫情风险评估结果，向社会发布健康风险提示；发现可能发生突发公共卫生事件，经评估认为需要发布预警的，向同级疾病预防控制部门提出发布预警的建议。疾病预防控制部门收到建议后应当及时组织专家进行分析研判，需要发布预警的，由卫生健康主管部门、疾病预防控制部门立即向同级人民政府报告。 县级以上人民政府依照有关突发公共卫生事件应对的法律、行政法规和国务院规定的权限和程序，决定向社会发布预警。	第十九条　国家建立传染病预警制度。 国务院卫生行政部门和省、自治区、直辖市人民政府根据传染病发生、流行趋势的预测，及时发出传染病预警，根据情况予以公布。

【适用精解】

本条由 2013 年《传染病防治法》第十九条修改而来。

本条规定的是传染病预警制度。

本条变化主要体现在三个方面：

一是第一款要求国家建立健全传染病预警制度。此款承接《中华人民共和国基本医疗卫生与健康促进法》第二十条规定。在 2013 年《传染病防治法》条文基础上增加"健全"一词，更为精准完备。

二是大幅新增第二款内容。首先是**发布健康风险提示**方面。明确赋权疾病预防控制机构依据传染病监测信息和疫情风险评估结果，向社会发布健康风险提示。**其次是提出发布预警建议**方面。当发现可能发生突发公共卫生事件且经评估需发布预警时，疾病预防控制机构向同级疾病预防控制部门提出发布预警的建议。**最后是分析研判与报告方面。**疾病预防控制部门收到建议后,应当及时组织专家进行分析研判,若确定需要发布预警,由卫生健康主管部门和疾病预防控制部门立即向同级人民政府报告。

三是第三款新增预警发布决策的相关规定。县级以上人民政府按照相关法律、行政法规和国务院规定的权限及程序,决定是否向社会发布预警。

【相关法律法规】

《中华人民共和国突发事件应对法》《突发公共卫生事件应急条例》

第五十四条 【向疾控机构和医疗机构通报】县级以上地方人民政府疾病预防控制部门应当及时向本行政区域的疾病预防控制机构和医疗机构通报传染病疫情以及监测、预警的相关信息。接到通报的疾病预防控制机构和医疗机构应当及时报告本机构的主要负责人,并告知本机构的有关人员。

【新旧对照】

修订后	修订前
第五十四条　县级以上地方人民政府疾病预防控制部门应当及时向本行政区域的疾病预防控制机构和医疗机构通报传染病疫情以及监测、预警的相关信息。接到通报的疾病预防控制机构和医疗机构应当**及时报告本机构的主要负责人,并告知本机构的有关人员。**	第三十四条　县级以上地方人民政府卫生行政部门应当及时向本行政区域内的疾病预防控制机构和医疗机构通报传染病疫情以及监测、预警的相关信息。接到通报的疾病预防控制机构和医疗机构应当及时告知本单位的有关人员。

【适用精解】

本条由2013年《传染病防治法》第三十四条修改而来。

本条规定的是向疾控机构和医疗机构的信息通报与后续处理。

与2013年《传染病防治法》的规定相比,本条新增报告本机构主要负责人,契合单位决策机制,突出主体责任意识,避免重要信息的空转。

【相关法律法规】

《中华人民共和国基本医疗卫生与健康促进法》《中华人民共和国国境卫生检

疫法》《突发公共卫生事件应急条例》

> **第五十五条　【疾控部门间通报机制】** 国务院疾病预防控制部门应当及时向省级人民政府疾病预防控制部门和中央军事委员会负责卫生工作的部门通报全国传染病疫情以及监测、预警的相关信息。中央军事委员会负责卫生工作的部门发现传染病疫情时，应当向国务院疾病预防控制部门通报。
>
> 　　毗邻或者相关地区的地方人民政府疾病预防控制部门，应当及时相互通报本行政区域的传染病疫情以及监测、预警的相关信息。

【新旧对照】

修订后	修订前
第五十五条　国务院**疾病预防控制**部门应当及时向**省级人民政府****疾病预防控制**部门和**中央军事委员会负责卫生工作的**部门通报全国传染病疫情以及监测、预警的相关信息。**中央军事委员会负责卫生工作的部门发现传染病疫情时，应当向国务院疾病预防控制部门通报。** 　　**毗邻或者相关地区的**地方人民政府**疾病预防控制**部门，应当**及时****相互**通报本行政区域的传染病疫情以及监测、预警的相关信息。	第三十五条　国务院卫生行政部门应当及时向国务院其他有关部门和各省、自治区、直辖市人民政府卫生行政部门通报全国传染病疫情以及监测、预警的相关信息。 　　毗邻的以及相关的地方人民政府卫生行政部门，应当及时互相通报本行政区域的传染病疫情以及监测、预警的相关信息。 　　县级以上人民政府有关部门发现传染病疫情时，应当及时向同级人民政府卫生行政部门通报。 　　中国人民解放军卫生主管部门发现传染病疫情时，应当向国务院卫生行政部门通报。

【适用精解】

　　本条由 2013 年《传染病防治法》第三十五条修改而来。

　　本条规定的是传染病疫情信息通报机制。

　　本条主要的变化是强调了国务院疾病预防控制部门与中央军事委员会负责卫生工作的部门信息互相通报要求。本条重点内容主要体现在两个方面：

　　一是第一款规定了国家层面的信息通报和军队与国家部门间的信息通报。国务院疾病预防控制部门承担着向省级人民政府疾病预防控制部门以及中央军事委员会负责卫生工作的部门通报全国传染病疫情及相关监测、预警信息的职责，明确国家层面在疫情信息传递上的责任主体和对象。中央军事委员会负责卫生工作的部门在发现传染病疫情时，负有向国务院疾病预防控制部门通报的义务，体现了军队系统和国家疾病预防控制部门之间关于疫情信息的沟通要求。

二是第二款规定地方间的信息通报机制。毗邻或者相关地区的地方人民政府疾病预防控制部门之间，需要及时相互通报本行政区域的传染病疫情以及监测、预警的相关信息，强调了地方政府疾病预防控制部门之间在疫情防控中的信息交流与合作。

【相关法律法规】

《中华人民共和国突发事件应对法》《中华人民共和国国境卫生检疫法》《突发公共卫生事件应急条例》

> **第五十六条 【部门间通报机制和传染病暴发、流行时的工作机制】**县级以上人民政府疾病预防控制部门与同级人民政府教育、公安、民政、司法行政、生态环境、农业农村、市场监督管理、林业草原、中医药等部门建立传染病疫情通报机制，及时共享传染病疫情信息。
>
> 传染病暴发、流行时，国务院卫生健康、疾病预防控制、外交、工业和信息化、公安、交通运输、铁路、民用航空、海关、移民管理等部门以及中国人民解放军、中国人民武装警察部队的有关单位和部门等建立工作机制，及时共享传染病疫情信息。

【新旧对照】

修订后	修订前
第五十六条 县级以上人民政府疾病预防控制部门与同级人民政府教育、公安、民政、司法行政、生态环境、农业农村、市场监督管理、林业草原、中医药等部门建立传染病疫情通报机制，及时共享传染病疫情信息。 传染病暴发、流行时，国务院卫生健康、疾病预防控制、外交、工业和信息化、	第三十五条第三款 县级以上人民政府有关部门发现传染病疫情时，应当及时向同级人民政府卫生行政部门通报。

续表

修订后	修订前
公安、交通运输、铁路、民用航空、海关、移民管理等部门以及中国人民解放军、中国人民武装警察部队的有关单位和部门等建立工作机制，及时共享传染病疫情信息。	

【适用精解】

本条由 2013 年《传染病防治法》第三十五条第三款修改而来。

本条规定的是传染病疫情信息共享机制。

与 2013 年《传染病防治法》第三十五条第三款相比，本条变动较大，近乎新增条款，旨在打通"信息孤岛"、消除信息碎片化现象。本条变化主要体现在两个方面：

一是第一款建立了日常通报机制。县级以上人民政府疾病预防控制部门要与同级的教育、公安、民政等多个部门建立传染病疫情通报机制，在日常工作中及时共享传染病疫情信息，以便各部门掌握疫情动态，协同做好传染病防治工作。

二是第二款建立了应急工作机制。当传染病暴发、流行时，国务院相关部门以及中国人民解放军、中国人民武装警察部队的有关单位和部门等要建立工作机制，及时共享传染病疫情信息，从而在应对传染病突发事件时能够迅速做出反应，采取有效的防控措施，实现各部门之间的协调配合，共同应对传染病疫情，保障公众生命安全和身体健康，维护国家安全和社会稳定。**本款的要求对基层的相关部门和军警有关单位同样有效，各级均需对应建立工作机制和及时共享疫情信息。**

【相关法律法规】

《中华人民共和国国境卫生检疫法》

第五十七条 【传染病疫情信息公布制度】 国家建立健全传染病疫情信息公布制度。

国务院疾病预防控制部门定期向社会公布全国传染病疫情信息。县级以上地方人民政府疾病预防控制部门定期向社会公布本行政区域的传染病疫情信息。

> 传染病暴发、流行时，县级以上地方人民政府疾病预防控制部门应当及时、准确地向社会公布本行政区域传染病名称、流行传播范围以及确诊病例、疑似病例、死亡病例数量等传染病疫情信息。传染病跨省级行政区域暴发、流行时，国务院疾病预防控制部门应当及时、准确地向社会公布上述信息。
>
> 县级以上人民政府疾病预防控制部门发现虚假或者不完整传染病疫情信息的，应当及时发布准确的信息予以澄清。
>
> 传染病疫情信息公布的具体办法由国务院疾病预防控制部门制定。

【新旧对照】

修订后	修订前
第五十七条　国家建立**健全**传染病疫情信息公布制度。 国务院**疾病预防控制**部门定期向社会公布全国传染病疫情信息。县级以上地方人民政府**疾病预防控制**部门定期向社会公布本行政区域的传染病疫情信息。 传染病暴发、流行时，县级以上地方人民政府疾病预防控制部门应当及时、准确地向社会公布本行政区域传染病名称、流行传播范围以及确诊病例、疑似病例、死亡病例数量等传染病疫情信息。传染病跨省级行政区域暴发、流行时，国务院疾病预防控制部门应当及时、准确地向社会公布上述信息。 县级以上人民政府疾病预防控制部门发现虚假或者不完整传染病疫情信息的，应当及时发布准确的信息予以澄清。 传染病疫情信息公布的具体办法由国务院疾病预防控制部门制定。	第三十八条　国家建立传染病疫情信息公布制度。 国务院卫生行政部门定期公布全国传染病疫情信息。省、自治区、直辖市人民政府卫生行政部门定期公布本行政区域的传染病疫情信息。 传染病暴发、流行时，国务院卫生行政部门负责向社会公布传染病疫情信息，并可以授权省、自治区、直辖市人民政府卫生行政部门向社会公布本行政区域的传染病疫情信息。 公布传染病疫情信息应当及时、准确。

【适用精解】

本条由 2013 年《传染病防治法》第三十八条修改而来。

本条规定的是传染病疫情信息公布制度。

本条明确了县级以上人民政府疾病预防控制部门传染病疫情公布、澄清不实信息职责，主要内容体现在五个方面：

一是第一款要求建立健全信息公布制度。明确国家建立健全传染病疫情信息公布制度。及时、透明地公布传染病疫情信息，对于全社会科学防疫、有效应对灾情和树立负责任大国形象至关重要。

二是第二款明确平时传染病疫情信息公布主体。国务院疾病预防控制部门负责定期向社会公布全国传染病疫情信息，县级以上地方人民政府疾病预防控制部门负责定期公布本行政区域的传染病疫情信息。

三是第三款规范特殊时期信息公布要求。传染病暴发、流行时，县级以上地方人民政府疾病预防控制部门需及时、准确地向社会公布本行政区域传染病名称、流行传播范围以及确诊病例、疑似病例、死亡病例数量等信息；传染病跨省级行政区域暴发、流行时，由国务院疾病预防控制部门及时、准确地向社会公布上述信息。本款系新增内容，对于如何公布信息作出详细可操作性的具体规制。

四是第四款强调不实信息澄清职责。本款系新增内容，要求县级以上人民政府疾病预防控制部门发现虚假或者不完整传染病疫情信息时，应当及时发布准确信息予以澄清。完整、准确的信息是依法防控、科学决策、精准处置的基础，也是社会安定的保障。在自媒体时代，比较容易产生涉疫信息的偏差性传播，责任部门应当及时加以澄清，并使之成为一项法定义务。

五是第五款授权制定具体办法。本款系新增内容，授权国务院疾病预防控制部门制定传染病疫情信息公布的具体办法，为更加细致、更具操作性的下位阶的规范性法律文件的出台提供依据。

【相关法律法规】

《突发公共卫生事件应急条例》

第四章　疫情控制

第五十八条　【隔离治疗和医学观察措施】医疗机构、疾病预防控制机构发现甲类传染病时，应当立即采取下列措施，并向县级以上地方人民政府疾病预防控制部门报告：

（一）对甲类传染病患者、病原携带者，予以隔离治疗、医学观察；

（二）对甲类传染病疑似患者，确诊前单独隔离治疗；

（三）对甲类传染病患者、病原携带者、疑似患者的密切接触者，予以医学观察，并采取其他必要的预防措施。

医疗机构、疾病预防控制机构对甲类传染病患者、病原携带者、疑似患者以及上述人员的密切接触者采取隔离治疗、医学观察措施，应当根据国家有关规定和医学检查结果科学合理确定具体人员范围和期限，并根据情况变化及时调整。采取隔离治疗、医学观察措施，不得超出规定的范围和期限。

医疗机构、疾病预防控制机构应当向甲类传染病患者、病原携带者、疑似患者以及上述人员的密切接触者书面告知诊断或者判定结果和依法应当采取的措施。

甲类传染病患者、病原携带者、疑似患者以及上述人员的密切接触者应当主动接受和配合医学检查、隔离治疗、医学观察等措施。

拒绝隔离治疗、医学观察或者隔离治疗、医学观察的期限未满擅自脱离的，由公安机关协助医疗机构、疾病预防控制机构采取强制隔离治疗、医学观察措施。

【新旧对照】

修订后	修订前
第五十八条　医疗机构、**疾病预防控制机构**发现甲类传染病时，应当立即**采取下列措施**，并向县级以上地方人民政府**疾病预防控制部门报告**： （一）对**甲类传染病患者**、病原携带者，予以隔离治疗、医学观察； （二）对**甲类传染病疑似患者**，确诊前单独隔离治疗； （三）对**甲类传染病患者、病原携带者、**	第三十九条　医疗机构发现甲类传染病时，应当及时采取下列措施： （一）对病人、病原携带者，予以隔离治疗，隔离期限根据医学检查结果确定； （二）对疑似病人，确诊前在指定场所单独隔离治疗； （三）对医疗机构内的病人、病原携带者、疑似病人的密切接触者，在指定场所进行医学观察和采取其他必要的预防措施。

续表

修订后	修订前
疑似患者的密切接触者，予以医学观察，并采取其他必要的预防措施。 医疗机构、疾病预防控制机构对甲类传染病患者、病原携带者、疑似患者以及上述人员的密切接触者采取隔离治疗、医学观察措施，应当根据国家有关规定和医学检查结果科学合理确定具体人员范围和期限，并根据情况变化及时调整。采取隔离治疗、医学观察措施，不得超出规定的范围和期限。 医疗机构、疾病预防控制机构应当向甲类传染病患者、病原携带者、疑似患者以及上述人员的密切接触者书面告知诊断或者判定结果和依法应当采取的措施。 甲类传染病患者、病原携带者、疑似患者以及上述人员的密切接触者应当主动接受和配合医学检查、隔离治疗、医学观察等措施。 拒绝隔离治疗、**医学观察**或者隔离治疗、**医学观察的期限**未满擅自脱离的，由公安机关协助医疗机构、**疾病预防控制机构**采取强制隔离治疗、**医学观察**措施。	拒绝隔离治疗或者隔离期未满擅自脱离隔离治疗的，可以由公安机关协助医疗机构采取强制隔离治疗措施。 医疗机构发现乙类或者丙类传染病病人，应当根据病情采取必要的治疗和控制传播措施。 医疗机构对本单位内被传染病病原体污染的场所、物品以及医疗废物，必须依照法律、法规的规定实施消毒和无害化处置。

【适用精解】

本条由 2013 年《传染病防治法》第三十九条修改而来。

本条规定的是隔离治疗和医学观察措施。

本条变化主要体现在五个方面：

一是实施措施主体增加疾病预防控制机构，更加符合工作实际。 现实中，发现、判定和确认甲类传染病患者、病原携带者、疑似患者以及他们的密切接触者，并对其实施相关措施，是医疗机构和疾病预防控制机构共同参与完成的工作，因此采取措施的主体增加"疾病预防控制机构"，是对实际工作的客观反映，非常必要。

二是增加向主管部门报告的程序。 由于对甲类传染病相关人员采取的措施，可能涉及对当事人自由的限制，因此需要科学的决策和严格的程序。本条增加向主管部门进行报告的要求，体现相关措施不仅是医疗机构、疾病预防控制机构的专业决策，更是政府及相关部门根据传染病防控需要而决定采取的行政决策，以防失当。

三是合理确定人员范围和期限。本条增加科学合理确定人员范围和期限并及时调整的要求，体现了行政法比例原则的精神，避免不必要的干扰和损害，在保护公众生命健康和维护当事人合法利益之间寻求最佳平衡点。

四是向当事人进行告知。本条增加对当事人进行诊断、判定和依法应当采取的措施需要书面告知的规定，体现对当事人知情权的尊重，不仅程序更为严谨规范，而且有利于当事人更好地配合相关措施开展工作。

五是明确当事人配合义务。对甲类传染病相关人员明确提出主动接受和配合相关措施是其义务，体现了传染病防治的社会共治属性，强调四方责任中个人责任的重要性。

【相关法律法规】

《中华人民共和国医师法》《中华人民共和国食品安全法》

第五十九条 【甲类传染病患者、疑似患者移交】 医疗机构、疾病预防控制机构接到其他单位和个人报告甲类传染病的，有关甲类传染病患者、疑似患者的移交按照国务院疾病预防控制部门的规定执行。

【新旧对照】

修订后	修订前
第五十九条 医疗机构、疾病预防控制机构接到其他单位和个人报告甲类传染病的，有关甲类传染病患者、疑似患者的移交按照国务院疾病预防控制部门的规定执行。	无对应条款

【适用精解】

本条为新增条款。

本条规定的是医疗机构、疾病预防控制机构对甲类传染病患者、疑似患者的移交。

根据法律规定，医疗机构、疾病预防控制机构之外的其他单位和个人发现传染病患者和疑似患者的，应当向疾病预防控制机构、医疗机构报告。此时，涉及相关人员移交具体程序的问题。在现实操作中，往往出现程序空白、权责不明等现象。为了解决这一问题，本条**授权国务院疾病预防控制部门就此制定相关规定**，明确具体程序要求，实现规范化移交。

第六十条　【乙类、丙类传染病患者的治疗和控制传播措施】 医疗机构发现乙类或者丙类传染病患者时，应当根据病情采取必要的治疗和控制传播措施。

县级以上地方人民政府疾病预防控制部门指定的医疗机构对肺结核患者进行治疗；对具有传染性的肺结核患者进行耐药检查和规范隔离治疗，对其密切接触者进行筛查。基层医疗卫生机构对肺结核患者进行健康管理。具体办法由国务院疾病预防控制部门拟订，报国务院卫生健康主管部门审核、发布。

【新旧对照】

修订后	修订前
第六十条　医疗机构发现乙类或者丙类传染病患者时，应当根据病情采取必要的治疗和控制传播措施。 县级以上地方人民政府疾病预防控制部门指定的医疗机构对肺结核患者进行治疗；对具有传染性的肺结核患者进行耐药检查和规范隔离治疗，对其密切接触者进行筛查。基层医疗卫生机构对肺结核患者进行健康管理。具体办法由国务院疾病预防控制部门拟订，报国务院卫生健康主管部门审核、发布。	第三十九条第三款　医疗机构发现乙类或者丙类传染病病人，应当根据病情采取必要的治疗和控制传播措施。

【适用精解】

本条由 2013 年《传染病防治法》第三十九条第三款修改而来。

本条规定的是对乙类、丙类传染病患者的治疗和控制传播措施。

本条变化主要体现在两个方面：

一是第一款将"传染病病人"修改为"传染病患者"。详见本书对本法第十六条的解析。

二是第二款专门增加对乙类传染病中的肺结核患者、密切接触者依法应当采取的措施，这主要是出于对肺结核疾病特殊性质和防控需要的考虑。肺结核是呼吸道传染病，具有较强的传染性，并可能因耐多药而导致治愈困难。

近年来，尽管我国肺结核发病率持续下降，但若不能对具有传染性的肺结核患者进行规范隔离治疗，则无法有效减少传播。不过，肺结核作为一种乙类传染病，其本不具备甲类或者乙类甲管传染病应当进行规范隔离治疗的资格条件，本条明确规定对其进行规范隔离治疗具有十分重要的意义。

本条第二款主要包含四个方面内容：

一是明确肺结核继续实行定点治疗，由县级以上疾病预防控制部门指定定点医疗机构。

二是明确对具有传染性的肺结核患者应当进行耐药检查和规范隔离治疗，即鉴于其传染性和危害性，对其患者应当采取甲类传染病才实施的规范隔离治疗措施，同时要求对其密切接触者进行筛查。

三是对肺结核患者进行健康管理是基层医疗卫生机构的职责，根据国家基本公共卫生服务项目要求，基层医疗卫生机构应当为辖区内确诊的常住肺结核患者提供筛查及推介转诊、随访、督导服药等服务。

四是明确要求对肺结核防控制定具体办法，细化相关规定，并授权由国务院疾病预防控制部门拟订，报国务院卫生健康主管部门审核、发布。

【相关法律法规】

《结核病防治管理办法》

第六十一条　【消毒和无害化处置】医疗机构对本机构内被传染病病原体污染的场所、物品以及医疗废物、医疗污水，应当依照有关法律、行政法规的规定实施消毒和无害化处置。

【新旧对照】

修订后	修订前
第六十一条　医疗机构对本机构内被传染病病原体污染的场所、物品以及医疗废物、医疗污水，应当依照有关法律、行政法规的规定实施消毒和无害化处置。	第三十九条第四款　医疗机构对本单位内被传染病病原体污染的场所、物品以及医疗废物，必须依照法律、法规的规定实施消毒和无害化处置。

【适用精解】

本条由 2013 年《传染病防治法》第三十九条第四款修改而来。

本条规定的是医疗机构的消毒和无害化处置。

本条变化主要体现在增加"医疗污水"，因 2013 年《传染病防治法》对应条款提及的"场所、物品以及医疗废物"难以包括"医疗污水"。因此，本次修法将其予以补充，以便更全面、更规范、更科学。

【相关法律法规】

《中华人民共和国水污染防治法》《医疗废物管理条例》《消毒管理办法》

第六十二条　【疾控机构采取的措施】 疾病预防控制机构发现传染病疫情或者接到传染病疫情报告时，应当及时采取下列措施：

（一）对传染病疫情进行流行病学调查，根据调查情况提出对受影响的相关区域的防控建议，对被污染的场所进行卫生处理，判定密切接触者，指导做好对密切接触者的管理，并向疾病预防控制部门提出传染病疫情防控方案；

（二）传染病暴发、流行时，对受影响的相关区域进行卫生处理，向疾病预防控制部门提出传染病疫情防控方案，并按照传染病疫情防控相关要求采取措施；

（三）指导下级疾病预防控制机构、医疗机构实施传染病预防、控制措施，组织、指导有关单位对传染病疫情的处理。

有关单位和个人应当接受和配合疾病预防控制机构开展流行病学调查，如实提供信息。疾病预防控制机构开展流行病学调查，需要有关部门和单位协助的，有关部门和单位应当予以协助。

发生传染病疫情时，疾病预防控制机构和省级以上人民政府疾病预防控

> 制部门指派的其他与传染病有关的专业技术机构，可以进入受影响的相关区域进行调查、采集样本、技术分析和检验检测。被调查单位和个人应当如实提供信息；任何单位或者个人不得隐瞒信息、阻碍调查。

【新旧对照】

修订后	修订前
第六十二条　疾病预防控制机构发现传染病疫情或者接到传染病疫情报告时，应当及时采取下列措施： （一）对传染病疫情进行流行病学调查，根据调查情况提出对**受影响的相关区域的防控**建议，对被污染的场所进行卫生处理，**判定**密切接触者，**指导做好**对密切接触**者的管理**，并向**疾病预防控制**部门提出传染病疫情**防控**方案； （二）传染病暴发、流行时，对**受影响的相关区域**进行卫生处理，向**疾病预防控制**部门提出**传染病疫情防控**方案，并按照**传染病疫情防控相关**要求采取措施； （三）指导下级疾病预防控制机构、**医疗机构**实施传染病预防、控制措施，组织、指导有关单位对传染病疫情的处理。 **有关单位和个人应当接受和配合疾病预防控制机构开展流行病学调查，如实提供信息。疾病预防控制机构开展流行病学调查，需要有关部门和单位协助的，有关部门和单位应当予以协助。** 发生传染病疫情时，疾病预防控制机构和省级以上人民政府**疾病预防控制**部门指派的其他与传染病有关的专业技术机构，可以进入**受影响的相关区域**进行调查、采集样本、技术分析和检验**检测**。**被调查单位和个人应当如实提供信息；任何单位或者个人不得隐瞒信息、阻碍调查。**	第四十条　疾病预防控制机构发现传染病疫情或者接到传染病疫情报告时，应当及时采取下列措施： （一）对传染病疫情进行流行病学调查，根据调查情况提出划定疫点、疫区的建议，对被污染的场所进行卫生处理，对密切接触者，在指定场所进行医学观察和采取其他必要的预防措施，并向卫生行政部门提出疫情控制方案； （二）传染病暴发、流行时，对疫点、疫区进行卫生处理，向卫生行政部门提出疫情控制方案，并按照卫生行政部门的要求采取措施； （三）指导下级疾病预防控制机构实施传染病预防、控制措施，组织、指导有关单位对传染病疫情的处理。 第四十八条　发生传染病疫情时，疾病预防控制机构和省级以上人民政府卫生行政部门指派的其他与传染病有关的专业技术机构，可以进入传染病疫点、疫区进行调查、采集样本、技术分析和检验。

【适用精解】

本条由 2013 年《传染病防治法》第四十条、第四十八条修改而来。

本条规定的是疾控机构采取的措施。

本条变化主要体现在三个方面：

一是不再使用"疫点、疫区"称谓。"疫点、疫区"是我国传染病防控立法和实践中的习惯性称谓，但随着时代变迁和防控理念更新，需要在用语上进行适当调整。**本条修订将"疫点、疫区"修改为"受影响的相关区域"**。2024年修订的《国际卫生条例》使用"受染地区"的表述，因此这一称谓与国际法律规范实现了较好衔接。

二是主管部门由卫生行政部门变更为疾病预防控制部门。本次修订将接收疾病预防控制机构提出的防控方案、指派专业技术机构进入受影响的相关区域调查等主体，由卫生行政部门调整为疾病预防控制部门，以明确疾病预防控制部门作为主管部门的职责。

三是强调单位和个人配合义务。本次修法强调政府、部门、单位、个人的四方责任。因此，本法在传染病预防、控制等多处均明确增加对于单位和个人履行义务的要求，以强化责任主体意识，推动社会共治效果实现。本条主要强调的是单位和个人在接受流行病学调查、现场调查、采样检验检测方面的配合义务。

【相关法律法规】

《中华人民共和国突发事件应对法》《国际卫生条例》

第六十三条　【传染病暴发、流行时的紧急措施】 传染病暴发、流行时，县级以上地方人民政府应当立即组织力量，按照传染病预防控制应急预案进行防治，控制传染源，切断传染病的传播途径；发生重大传染病疫情，经评估必要时，可以采取下列紧急措施：

（一）限制或者停止集市、影剧院演出或者其他人群聚集的活动；

（二）停工、停业、停课；

（三）封闭或者封存被传染病病原体污染的公共饮用水源、食品以及相关物品；

（四）控制或者扑杀、无害化处理染疫动物；

（五）封闭可能造成传染病扩散的场所；

（六）防止传染病传播的其他必要措施。

县级以上地方人民政府采取前款规定的紧急措施，应当同时向上一级人民政府报告。接到报告的上级人民政府认为采取的紧急措施不适当的，应当立即调整或者撤销。

必要时，国务院或者国务院授权的部门可以决定在全国或者部分区域采取本条第一款规定的紧急措施。

【新旧对照】

修订后	修订前
第六十三条　传染病暴发、流行时，县级以上地方人民政府应当立即组织力量，按照传染病预防控制**应急**预案进行防治，**控制传染源**，切断传染病的传播途径；**发生重大传染病疫情，经评估必要时，可以采取下列紧急措施：** （一）限制或者停止集市、影剧院演出或者其他人群聚集的活动； （二）停工、停业、停课； （三）封闭或者封存被传染病病原体污染的公共饮用水源、食品以及相关物品； （四）控制或者扑杀、**无害化处理**染疫动物； （五）封闭可能造成传染病扩散的场所； （六）**防止传染病传播的其他必要措施。** **县级以上地方人民政府采取前款规定的紧急措施，应当同时向上一级人民政府报告。接到报告的上级人民政府**认为采取的紧急措施不适当的，应当立即调整或者撤销。 **必要时，国务院或者国务院授权的部门可以决定在全国或者部分区域采取本条第一款规定的紧急措施。**	第四十二条　传染病暴发、流行时，县级以上地方人民政府应当立即组织力量，按照预防、控制预案进行防治，切断传染病的传播途径，必要时，报经上一级人民政府决定，可以采取下列紧急措施并予以公告： （一）限制或者停止集市、影剧院演出或者其他人群聚集的活动； （二）停工、停业、停课； （三）封闭或者封存被传染病病原体污染的公共饮用水源、食品以及相关物品； （四）控制或者扑杀染疫野生动物、家畜家禽； （五）封闭可能造成传染病扩散的场所。 上级人民政府接到下级人民政府关于采取前款所列紧急措施的报告时，应当即时作出决定。 紧急措施的解除，由原决定机关决定并宣布。

【适用精解】

本条由2013年《传染病防治法》第四十二条修改而来。

本条规定的是传染病暴发、流行时的紧急措施。

本条变化主要体现在三个方面：

一是完善紧急措施决定程序。根据 2013 年《传染病防治法》的规定，需要采取紧急措施时，应当由县级以上地方人民政府报经上一级人民政府决定。而本条修订后，为充分体现采取紧急措施的紧迫性，规定由县级以上地方人民政府组织评估，根据评估结果可以决定采取相关措施，在采取紧急措施的同时报上一级人民政府，后者发现不适当的，应当立即调整或者撤销。由此可见，本法从事前审批修改为采取措施的同时上报，这样既可突出地方人民政府的主体责任，满足紧急措施的紧迫需求，又能兼顾上级政府的纠错监督职能。

二是明确在全国或者部分区域采取紧急措施的决定主体。本条明确规定需要在全国或者部分区域采取紧急措施时，应当由国务院或者国务院授权的部门决定。此类紧急措施影响范围较大，因此在决定程序上需要更加严格，具有更高的权威性。

三是紧急措施内容增加兜底条款。关于紧急措施的内容，2013 年《传染病防治法》采取了明确列举形式，而随着社会发展和时代变迁，应对重大传染病防控中会出现对更多种类紧急措施的需要。因此，本条在具体列举几类紧急措施内容后增加兜底条款，旨在应对现实中一些必要紧急措施的需求性和合法性问题，同时提高本条法律适用的灵活性和前瞻性。

【相关法律法规】

《中华人民共和国突发事件应对法》

第六十四条 【隔离措施】 对已经发生甲类传染病病例的场所或者该场所内的特定区域的人员，所在地县级以上地方人民政府可以实施隔离措施，同时向上一级人民政府报告。接到报告的上级人民政府认为实施的隔离措施不适当的，应当立即调整或者撤销。

被实施隔离措施的人员应当予以配合；拒绝执行隔离措施的，由公安机关协助疾病预防控制机构采取强制隔离措施。

【新旧对照】

修订后	修订前
第六十四条　对已经发生甲类传染病病例的场所或者该场所内的特定区域的人员，**所在地**县级以上地方人民政府可以实施隔离措施，同时向上一级人民政府报告。**接到报告的上级人民政府认为实施**隔离措施**不适当的，应当立即调整或者撤销。** **被实施隔离措施的人员应当予以配合；拒绝执行隔离措施的，由公安机关协助疾病预防控制机构采取强制隔离措施。**	第四十一条　对已经发生甲类传染病病例的场所或者该场所内的特定区域的人员，所在地的县级以上地方人民政府可以实施隔离措施，并同时向上一级人民政府报告；接到报告的上级人民政府应当即时作出是否批准的决定。上级人民政府作出不予批准决定的，实施隔离措施的人民政府应当立即解除隔离措施。 在隔离期间，实施隔离措施的人民政府应当对被隔离人员提供生活保障；被隔离人员有工作单位的，所在单位不得停止支付其隔离期间的工作报酬。 隔离措施的解除，由原决定机关决定并宣布。

【适用精解】

本条由 2013 年《传染病防治法》第四十一条修改而来。

本条规定的是隔离措施。

本次修订本条的变化是**增加了被实施隔离措施人员的配合义务和公安机关协助采取强制隔离**的规定。

本条突出了个人积极配合防控措施的义务，要求**被采取隔离措施的人员应当积极配合**，并明确若拒绝配合，公安机关将协助疾病预防控制机构采取强制隔离措施。

医疗卫生机构的性质属于专业技术机构，一般不具有行政强制的权力，因此在传染病防控中有些措施需要公安机关协助。2013 年《传染病防治法》对公安机关协助仅见于第三十九条第二款对于不接受隔离治疗或者擅自脱离隔离治疗的患者的情形，**本次修法使公安机关的协助范围有所扩展**，既增加了对病原携带者拒绝或者脱离医学观察时的协助强制，也增加了本条中所提及的对被采取隔离措施人员的协助强制。

2013 年《传染病防治法》第四十一条中有关隔离期间生活保障、用人单位义务的内容，移至本法第六十七条进行统一规定。

【相关法律法规】

《中华人民共和国突发事件应对法》

> **第六十五条　【对新发传染病、突发原因不明传染病的防控措施】**发生新发传染病、突发原因不明的传染病，县级以上地方人民政府经评估认为确有必要的，可以预先采取本法规定的甲类传染病预防、控制措施，同时向上一级人民政府报告。接到报告的上级人民政府认为预先采取的预防、控制措施不适当的，应当立即调整或者撤销。

【新旧对照】

修订后	修订前
第六十五条　发生新发传染病、突发原因不明的传染病，县级以上地方人民政府经评估认为确有必要的，可以预先采取本法规定的甲类传染病预防、控制措施，同时向上一级人民政府报告。接到报告的上级人民政府认为预先采取的预防、控制措施不适当的，应当立即调整或者撤销。	无对应条款

【适用精解】

本条为新增条款。

本条规定的是对新发传染病、突发原因不明的传染病的防控措施。

新发传染病、突发原因不明传染病发生之初通常一时难以定性，但若不立即采取控制措施，则有可能引发更大范围的危害，因此规定由县级以上人民政府对情况进行评估，认为确有必要的，可预先按照甲类传染病的级别采取防控措施，同时报上一级人民政府。接到报告的上级人民政府认为不适当的，应当及时纠正。

> **第六十六条　【卫生检疫和区域封锁】**因甲类、乙类传染病发生重大传染病疫情时，县级以上地方人民政府报经上一级人民政府决定，可以对进入

或者离开本行政区域受影响的相关区域的人员、物资和交通工具实施卫生检疫。

因甲类传染病发生重大传染病疫情时，省级人民政府可以决定对本行政区域受影响的相关区域实施封锁；封锁大、中城市或者跨省级行政区域的受影响的相关区域，以及因封锁导致中断干线交通或者封锁国境的，由国务院决定。

【新旧对照】

修订后	修订前
第六十六条　因甲类、乙类传染病**发生重大传染病疫情**时，县级以上地方人民政府报经上一级人民政府决定，可以**对进入或者离开本行政区域受影响的相关区域的人员、物资和交通工具实施卫生检疫。** 因甲类传染病发生重大传染病疫情时，省级人民政府可以决定对本行政区域受影响的相关区域**实施封锁；封锁大、中城市或者跨省级行政区域的受影响的相关区域，以及因封锁导致中断干线交通或者封锁国境的，由国务院决定。**	第四十三条　甲类、乙类传染病暴发、流行时，县级以上地方人民政府报经上一级人民政府决定，可以宣布本行政区域部分或者全部为疫区；国务院可以决定并宣布跨省、自治区、直辖市的疫区。县级以上地方人民政府可以在疫区内采取本法第四十二条规定的紧急措施，并可以对出入疫区的人员、物资和交通工具实施卫生检疫。 省、自治区、直辖市人民政府可以决定对本行政区域内的甲类传染病疫区实施封锁；但是，封锁大、中城市的疫区或者封锁跨省、自治区、直辖市的疫区，以及封锁疫区导致中断干线交通或者封锁国境的，由国务院决定。 疫区封锁的解除，由原决定机关决定并宣布。

【适用精解】

本条由 2013 年《传染病防治法》第四十三条修改而来。

本条规定的是卫生检疫和区域封锁。

本条变化主要是删除了宣布疫区的相关规定，将 2013 年《传染病防治法》规定的"在疫区内"实施紧急措施、封锁等，修改为在"受影响的相关区域"内实施卫生检疫、封锁等措施。详见本书对本法第六十二条的解析。

【相关法律法规】

《中华人民共和国突发事件应对法》《中华人民共和国刑法》《中华人民共和国国境口岸卫生监督办法》

第六十七条 【疫情防控措施的程序及相关保障】依照本法第六十三条至第六十六条规定采取传染病疫情防控措施时,决定采取措施的机关应当向社会发布公告,明确措施的具体内容、实施范围和实施期限,并进行必要的解释说明。相关疫情防控措施的解除,由原决定机关决定并宣布。

采取前款规定的措施期间,当地人民政府应当保障食品、饮用水等基本生活必需品的供应,提供基本医疗服务,维护社会稳定;对未成年人、老年人、残疾人、孕产期和哺乳期的妇女以及需要及时救治的伤病人员等群体给予特殊照顾和安排,并确保相关人员获得医疗救治。当地人民政府应当公布求助电话等,畅通求助途径,及时向有需求的人员提供帮助。

因采取本法第五十八条、第六十三条至第六十六条规定的措施导致劳动者不能工作的,用人单位应当保留其工作,按照规定支付其在此期间的工资、发放生活费。用人单位可以按照规定享受有关帮扶政策。

【新旧对照】

修订后	修订前
第六十七条 依照本法第六十三条至第六十六条规定采取传染病疫情防控措施时,决定采取措施的机关应当向社会发布公告,明确措施的具体内容、实施范围和实施期限,并进行必要的解释说明。相关疫情防控措施的解除,由原决定机关决定并宣布。 采取前款规定的措施期间,当地人民政府应当保障食品、饮用水等基本生活必需品的供应,提供基本医疗服务,维护社会稳定;对未成年人、老年人、残疾人、孕产期和哺乳期的妇女以及需要及时救治的伤病人员等群体给予特殊照顾和安排,并确保相关人员获得医疗救治。当地人民政府应当公布求助电话等,畅通求助途径,及时向有需求的人员提供帮助。 因采取本法第五十八条、第六十三条至第六十六条规定的措施导致劳动者不能工作的,用人单位应当保留其工作,按照规定支付其在此期间的工资、发放生活费。用人单位可以按照规定享受有关帮扶政策。	第四十一条 对已经发生甲类传染病病例的场所或者该场所内的特定区域的人员,所在地的县级以上地方人民政府可以实施隔离措施,并同时向上一级人民政府报告;接到报告的上级人民政府应当即时作出是否批准的决定。上级人民政府作出不予批准决定的,实施隔离措施的人民政府应当立即解除隔离措施。 在隔离期间,实施隔离措施的人民政府应当对被隔离人员提供生活保障;被隔离人员有工作单位的,所在单位不得停止支付其隔离期间的工作报酬。 隔离措施的解除,由原决定机关决定并宣布。 第四十二条第二款、第三款 上级人民政府接到下级人民政府关于采取前款所列紧急措施的报告时,应当即时作出决定。 紧急措施的解除,由原决定机关决定并宣布。

【适用精解】

本条由 2013 年《传染病防治法》第四十一条和第四十二条第二款、第三款修改而来。

本条规定的是疫情防控措施的实施流程与保障。

《中华人民共和国基本医疗卫生和健康促进法》第二十条和本法第十四条规定，一切组织和个人应当接受、配合传染病防控所依法采取的措施。《中华人民共和国突发事件应对法》第七条、第十条、第三十三条规定，人民政府及其部门作出的采取疫情防控措施的决定、命令和应急处置信息，应当及时向社会公布，并且坚持科学防控，所采取的措施应当与传染病可能造成的社会危害的性质、程度和范围相适应。因此，**本次修订在原县级以上地方人民政府实施疫情控制措施的基础上增加了发布公告、解释说明的流程要求。**同时明确了公示内容，包括措施的具体内容、实施范围和实施期限。

本次修订还对实施疫情控制措施期间的保障措施进行细化，加强民生保障，特别是针对老幼病残孕等重点人群应给予特殊照顾和安排，确保相关人员获得医疗救治，畅通求助途径。

此外，本次修订对疫情控制措施期间劳动者的权益保障进行相应的补充完善。**在原发放工资和提供生活保障之外，增加了保留工作的规定，**避免劳动者因传染病防控措施不能或者耽误工作而被用人单位解除劳动合同。

【相关法律法规】

《中华人民共和国宪法》《中华人民共和国基本医疗卫生与健康促进法》《中华人民共和国突发事件应对法》《中华人民共和国劳动法》《中华人民共和国劳动合同法》《国内交通卫生检疫条例》

第六十八条 【交通卫生检疫】发生甲类传染病时，为了防止该传染病通过交通工具及其乘运的人员、物资传播，省级人民政府可以决定实施交通卫生检疫。具体办法由国务院制定。

【新旧对照】

修订后	修订前
第六十八条　发生甲类传染病时，为了防止该传染病通过交通工具及其乘运的人员、物资传播，**省级人民政府**可以**决定**实施交通卫生检疫。具体办法由国务院制定。	第四十四条　发生甲类传染病时，为了防止该传染病通过交通工具及其乘运的人员、物资传播，可以实施交通卫生检疫。具体办法由国务院制定。

【适用精解】

本条由 2013 年《传染病防治法》第四十四条修改而来。

本条规定的是交通卫生检疫。

本条结合《国内交通卫生检疫条例》第五条、《国内交通卫生检疫条例实施方案》第三条，对权力主体进行明确，赋权给省级人民政府，避免因权力主体不明产生不良影响。

【相关法律法规】

《中华人民共和国基本医疗卫生与健康促进法》《国内交通卫生检疫条例》《国内交通卫生检疫条例实施方案》

第六十九条　【紧急调集、调用和临时征用】发生重大传染病疫情时，根据传染病疫情防控的需要，国务院及其有关部门有权在全国或者跨省级行政区域范围内，县级以上地方人民政府及其有关部门有权在本行政区域内，紧急调集人员或者调用储备物资，临时征用房屋、交通工具以及相关设施、设备、场地和其他物资，要求有关单位和个人提供技术支持。

紧急调集人员的，应当按照规定给予合理报酬。临时征用房屋、交通工具以及相关设施、设备、场地和其他物资，要求有关单位和个人提供技术支持的，应当依法给予公平、合理的补偿；能返还的，应当及时返还。

【新旧对照】

修订后	修订前
第六十九条 发生重大传染病疫情时，根据传染病疫情**防控**的需要，国务院**及其有关部门**有权在全国或者跨省**级行政区域**范围内，县级以上地方人民政府**及其有关部门**有权在本行政区域内，紧急调集人员或者调用储备物资，临时征用房屋、交通工具以及相关设施、设备、**场地和其他物资，要求有关单位和个人提供技术支持**。 紧急调集人员的，应当按照规定给予合理报酬。临时征用房屋、交通工具以及相关设施、设备、**场地和其他物资，要求有关单位和个人提供技术支持的**，应当依法给予**公平、合理的**补偿；能返还的，应当及时返还。	第四十五条 传染病暴发、流行时，根据传染病疫情控制的需要，国务院有权在全国范围或者跨省、自治区、直辖市范围内，县级以上地方人民政府有权在本行政区域内紧急调集人员或者调用储备物资，临时征用房屋、交通工具以及相关设施、设备。 紧急调集人员的，应当按照规定给予合理报酬。临时征用房屋、交通工具以及相关设施、设备的，应当依法给予补偿；能返还的，应当及时返还。

【适用精解】

本条由 2013 年《传染病防治法》第四十五条修改而来。

本条规定的是紧急调集、调用和临时征用。

本条变化主要体现在三个方面：

一是本次修订明确了紧急资源调配的启动条件为重大传染病疫情，与《中华人民共和国突发事件应对法》中突发事件分级保持一致，更有利于标准的统一把控。

二是本条依据《中华人民共和国突发事件应对法》第十二条和第六十七条、《突发公共卫生事件应急条例》第三十二条和第三十三条对原条款进行补充完善，明确履行统一领导职责或者组织处置重大传染病疫情等突发事件的人民政府，必要时可以向单位和个人征用应急所需设备、设施、场地、交通工具和其他物资，请求人力、物力、财力或者技术支援。

三是本条对善后处置中补偿的公平性、合理性进行明确，实践中可参考《中华人民共和国突发事件应对法》第十二条的规定，以及《国家突发事件总体应急预案》的相关规定，即地方党委和政府应当及时组织对突发事件造成的影响和损失进行调查与评估，相关结论作为灾害救助、损害赔偿、恢复重建的依据。

【相关法律法规】

《中华人民共和国突发事件应对法》《突发公共卫生事件应急条例》《国家突发事件总体应急预案》

> **第七十条　【检验检测要求】** 医疗机构、疾病预防控制机构、检验检测机构应当按照传染病检验检测技术规范和标准开展检验检测活动，加强检验检测质量控制。

【新旧对照】

修订后	修订前
第七十条　医疗机构、疾病预防控制机构、检验检测机构应当按照传染病检验检测技术规范和标准开展检验检测活动，加强检验检测质量控制。	无对应条款

【适用精解】

本条为新增条款。

本条规定的是检验检测要求。

疫情防控期间，执行传染病检验检测的机构包括医疗机构、疾病预防控制机构和检验检测机构。所有开展传染病检验检测的机构均应严格执行检验检测技术规范和标准，目的是加强检验检测质量控制，避免出现漏检、误检、迟检等对疫情控制工作措施的决策、实施与解除产生不良影响。

【相关法律法规】

《医疗质量管理办法》《医疗机构临床实验室管理办法》《临床检验室间质量评价》《无室间质量评价时的临床检验质量评价》

> **第七十一条　【传染病患者尸体处理】** 患甲类传染病、炭疽死亡的，应当将其尸体立即进行卫生处理，就近火化；患其他传染病死亡的，必要时应当将其尸体进行卫生处理后火化或者按照规定深埋。对尸体进行火化或者深

> 埋应当及时告知死者家属。
> 为了查找传染病病因，医疗机构在必要时可以按照国务院卫生健康主管部门、疾病预防控制部门的规定，对传染病患者尸体或者疑似传染病患者尸体进行解剖查验，并应当及时告知死者家属。对尸体进行解剖查验应当在符合生物安全条件的场所进行。

【新旧对照】

修订后	修订前
第七十一条 患甲类传染病、炭疽死亡的，应当将其尸体立即进行卫生处理，就近火化；患其他传染病死亡的，必要时应当将其尸体进行卫生处理后火化或者按照规定深埋。**对尸体进行火化或者深埋应当及时告知死者家属。** 为了查找传染病病因，医疗机构在必要时可以按照国务院卫生**健康主管部门、疾病预防控制部门**的规定，对**传染病患者**尸体或者疑似**传染病患者**尸体进行解剖查验，并应当**及时**告知死者家属。**对尸体进行解剖查验应当在符合生物安全条件的场所进行。**	第四十六条 患甲类传染病、炭疽死亡的，应当将尸体立即进行卫生处理，就近火化。患其他传染病死亡的，必要时，应当将尸体进行卫生处理后火化或者按照规定深埋。 为了查找传染病病因，医疗机构在必要时可以按照国务院卫生行政部门的规定，对传染病病人尸体或者疑似传染病病人尸体进行解剖查验，并应当告知死者家属。

【适用精解】

本条由 2013 年《传染病防治法》第四十六条修改而来。

本条规定的是传染病患者的尸体处理。

本条变化主要体现在两个方面：

一是为了防止传染病传播，传染病患者尸体应根据其传染病传播风险不同而分别进行火化或按照规定深埋。**本条增加了尸体处理事宜向死者家属告知的义务，尊重死者家属的知情权**，但不以死者家属是否同意为前提条件。

二是依据《传染病病人或疑似传染病病人尸体解剖查验规定》，**本条增加了对传染病患者尸体进行解剖查验应当在符合生物安全条件的场所进行的要求。**解剖查验全程应当严格遵守有关技术操作规范和常规，并符合传染病预防控制的规定。

【相关法律法规】

《医疗纠纷预防和处理条例》《医疗废物管理条例》《传染病病人或疑似传染病病人尸体解剖查验规定》

> **第七十二条　【被污染物品再使用的消毒处理】**本法第六十六条规定的受影响的相关区域中被传染病病原体污染或者可能被传染病病原体污染的物品，经消毒可以使用的，应当在疾病预防控制机构的指导下，进行消毒处理后，方可使用、出售和运输。

【新旧对照】

修订后	修订前
第七十二条　本法第六十六条规定的**受影响的相关区域**中被传染病病原体污染或者可能被传染病病原体污染的物品，经消毒可以使用的，应当在疾病预防控制机构的指导下，进行消毒处理后，方可使用、出售和运输。	第四十七条　疫区中被传染病病原体污染或者可能被传染病病原体污染的物品，经消毒可以使用的，应当在当地疾病预防控制机构的指导下，进行消毒处理后，方可使用、出售和运输。

【适用精解】

本条由2013年《传染病防治法》第四十七条修改而来。

本条规定的是被污染物品再使用的消毒处理。

对传染病病原体污染物品的消毒和检疫，目的是防止物品的使用、出售和运输导致传染病传播。**本条将原条款中"疫区"的表述修改为"受疫情影响的相关区域"，修改后更加准确全面。**详见本书对本法第六十二条的解析。

【相关法律法规】

《消毒管理办法》《国内交通卫生检疫条例》

第七十三条 【疫情防控所需物资的生产、供应和运输】 传染病暴发、流行时，有关生产、供应单位应当及时生产、供应传染病疫情防控所需的药品、医疗器械和其他应急物资。交通运输、邮政、快递经营单位应当优先运送参与传染病疫情防控的人员以及传染病疫情防控所需的药品、医疗器械和其他应急物资。县级以上人民政府有关部门应当做好组织协调工作。

【新旧对照】

修订后	修订前
第七十三条 传染病暴发、流行时，有关生产、供应单位应当及时生产、供应**传染病疫情防控所需的**药品、医疗器械和**其他应急物资**。交通**运输、邮政、快递**经营单位应当优先运送**参与传染病疫情防控的**人员以及**传染病疫情防控所需的**药品、医疗器械和**其他应急物资**。县级以上人民政府有关部门应当做好组织协调工作。	第四十九条 传染病暴发、流行时，药品和医疗器械生产、供应单位应当及时生产、供应防治传染病的药品和医疗器械。铁路、交通、民用航空经营单位必须优先运送处理传染病疫情的人员以及防治传染病的药品和医疗器械。县级以上人民政府有关部门应当做好组织协调工作。

【适用精解】

本条由2013年《传染病防治法》第四十九条修改而来。

本条规定的是疫情防控所需物资的生产、供应与运输。

本次修订针对原条款的表述进行了补充和完善。疫情防控资源包括人力资源、物品资源等，用于传染病疫情的预防、治疗和控制。

依据《中华人民共和国突发事件应对法》第四十七条的规定，国家建立健全应急运输保障体系，统筹铁路、公路、水运、民航、邮政、快递等运输和服务方式，制定应急运输保障方案，保障应急物资、装备和人员及时运输。县级以上地方人民政府和有关主管部门应当根据国家应急运输保障方案，结合本地区实际做好应急调度和运力保障，确保运输通道和客货运枢纽畅通。国家发挥社会力量在应急运输保障中的积极作用。社会力量参与突发事件应急运输保障，应当服从突发事件应急指挥机构的统一指挥。

【相关法律法规】

《中华人民共和国突发事件应对法》

> **第七十四条　【疫情防控措施的救济途径】**单位和个人认为采取本法第五十八条、第六十三条至第六十六条规定的传染病疫情防控措施侵犯其合法权益的，可以向县级以上地方人民政府或者其指定的部门提出申诉，申诉期间相关措施不停止执行。县级以上地方人民政府应当畅通申诉渠道，完善处理程序，确保有关申诉及时处理。

【新旧对照】

修订后	修订前
第七十四条　单位和个人认为采取本法第五十八条、第六十三条至第六十六条规定的传染病疫情防控措施侵犯其合法权益的，可以向县级以上地方人民政府或者其指定的部门提出申诉，申诉期间相关措施不停止执行。县级以上地方人民政府应当畅通申诉渠道，完善处理程序，确保有关申诉及时处理。	无对应条款

【适用精解】

本条为新增条款。

本条规定的是疫情防控措施的救济途径。

依据《中华人民共和国突发事件应对法》第十条的规定，疫情防控措施，应当与疫情可能造成的社会危害的性质、程度和范围相适应；有多种措施可供选择的，应当选择有利于最大程度地保护公民、法人和其他组织权益的措施。依据《中华人民共和国宪法》第四十一条的规定，公民对于任何国家机关和国家工作人员的违法失职行为，有向有关国家机关提出申诉、控告或者检举的权利。

由此可见，单位和个人认为传染病疫情防控措施侵犯其合法权益的，可以进行申诉。但出于疫情防控措施保障公共利益的需要，申诉期间相关措施不停止执行。

【相关法律法规】

《中华人民共和国宪法》《中华人民共和国突发事件应对法》

第五章 医疗救治

> **第七十五条　【救治服务网络建设】** 县级以上人民政府应当加强和完善常态与应急相结合的传染病医疗救治服务网络建设，指定具备传染病救治条件和能力的医疗机构承担传染病救治任务，根据传染病救治需要设置传染病专科医院。

【新旧对照】

修订后	修订前
第七十五条　县级以上人民政府应当加强和完善**常态与应急相结合的**传染病医疗救治服务**网络**建设，指定具备传染病救治条件和能力的医疗机构承担传染病救治任务，根据传染病救治需要设置传染病**专科**医院。	第五十条　县级以上人民政府应当加强和完善传染病医疗救治服务网络的建设，指定具备传染病救治条件和能力的医疗机构承担传染病救治任务，或者根据传染病救治需要设置传染病医院。

【适用精解】

本条由 2013 年《传染病防治法》第五十条修改而来。

本条规定的是传染病医疗救治服务网络建设。

本条从 2013 年《传染病防治法》建立的"常态化"传染病医疗救治服务网络到本法"常态与应急相结合"的传染病医疗救治网络，**体现"平急结合"的思想和理念，是本法的一大亮点**，其将传染病防控的成功经验上升为法律条款。

传染病危重症患者往往需要多学科救治，为提高救治成功率，降低病死率，本条提出要指定具备传染病救治条件和能力的医疗机构承担传染病救治任务。同时，**本条将"根据传染病救治需要设置传染病医院"修订为"设置传染病专科医院"**，强调进一步强化专科救治能力。

> **第七十六条　【重大传染病疫情医疗救治体系】** 国家建立健全重大传染病疫情医疗救治体系，建立由传染病专科医院、综合医院、中医医院、院前急救机构、临时性救治场所、基层医疗卫生机构、血站等构成的综合医疗救

治体系，对传染病患者进行分类救治，加强重症患者医疗救治，提高重大传染病疫情医疗救治能力。

【新旧对照】

修订后	修订前
第七十六条　国家建立健全重大传染病疫情医疗救治体系，建立由传染病专科医院、综合医院、中医医院、院前急救机构、临时性救治场所、基层医疗卫生机构、血站等构成的综合医疗救治体系，对传染病患者进行分类救治，加强重症患者医疗救治，提高重大传染病疫情医疗救治能力。	无对应条款

【适用精解】

本条为新增条款。

本条规定的是重大传染病疫情医疗救治体系。

本条强调医疗救治需要体系化，明确构建由"传染病专科医院、综合医院、中医医院……基层医疗卫生机构、血站"等组成的综合医疗救治体系，包括从院前急救、基层医疗到各级各类医院的多层级、多维度救治网络，要求基层医疗机构与三级医院形成救治联动网络，对传染病患者进行分类救治，加强对重症患者的医疗救治。

同时，**本条将应对重大传染病疫情的成功经验如"临时性救治场所"纳入规范体系**，确保在发生重大疫情时能够快速扩容医疗资源，缓解定点医院隔离、收治压力。

第七十七条　**【医疗救护、现场救援和接诊治疗】** 医疗机构应当对传染病患者、疑似患者提供医疗救护、现场救援和接诊治疗，按照规定填写并妥善保管病历记录以及其他有关资料。

医疗机构应当按照国务院卫生健康主管部门的规定设置发热门诊，加强发热门诊标准化建设，优化服务流程，提高服务能力。

医疗机构应当实行传染病预检、分诊制度；对传染病患者、疑似患者，应当引导至相对隔离的分诊点进行初诊。医疗机构不具备相应救治能力的，应当将传染病患者、疑似患者及其病历记录一并转至具备相应救治能力的医疗机构。转诊过程中，对传染病患者、疑似患者应当采取必要的防护措施。

【新旧对照】

修订后	修订前
第七十七条　医疗机构应当对**传染病患者、疑似患者**提供医疗救护、现场救援和接诊治疗，**按照规定填写**并妥善保管病历记录以及其他有关资料。 **医疗机构应当按照国务院卫生健康主管部门的规定设置发热门诊，加强发热门诊标准化建设，优化服务流程，提高服务能力。** 医疗机构应当实行传染病预检、分诊制度；对**传染病患者、疑似患者**，应当引导至相对隔离的分诊点进行初诊。医疗机构不具备相应救治能力的，应当将**传染病患者、疑似患者**及其病历记录一并转至具备相应救治能力的医疗机构。**转诊过程中，对传染病患者、疑似患者应当采取必要的防护措施。**	第五十二条　医疗机构应当对传染病病人或者疑似传染病病人提供医疗救护、现场救援和接诊治疗，书写病历记录以及其他有关资料，并妥善保管。 医疗机构应当实行传染病预检、分诊制度；对传染病病人、疑似传染病病人，应当引导至相对隔离的分诊点进行初诊。医疗机构不具备相应救治能力的，应当将患者及其病历记录复印件一并转至具备相应救治能力的医疗机构。具体办法由国务院卫生行政部门规定。

【适用精解】

本条由 2013 年《传染病防治法》第五十二条修改而来。

本条规定的是医疗救护、现场救援和接诊治疗。

本条变化主要体现在三个方面：

一是第一款将"传染病病人或者疑似传染病病人"修改为"传染病患者、疑似患者"。详见本书对本法第十六条的解析。

二是第二款将医疗机构按照国务院卫生健康主管部门的规定设置发热门诊、建设标准化作为强制要求，而且要求要在方便患者就医、缩短候诊时间，避免就医过程中发生交叉感染、确保患者医疗安全等方面优化服务流程，提高服务能力。

三是第三款进一步完善诊疗制度，将医疗机构落实传染病预检、分诊制度作为强制要求，明确医疗机构在预检分诊中的主体责任，同时对传染病患者、疑似患者的预检分诊流程进行细化,结合本条第二款发热门诊相关要求,对传染病患者、疑似患者的诊治形成全流程操作规范,具备可操作性。同时强调,医疗机构在对传染病患者、疑似患者进行预检分诊和转诊时,不仅要考虑患者的医疗安全,而且要对其采取必要的防护措施,避免传染他人。

> **第七十八条 【传染病诊断和救治】**医疗机构应当按照传染病诊断标准和治疗要求采取相应措施,充分发挥中西医各自优势,加强中西医结合,提高传染病诊断和救治能力。
> 国家支持和鼓励医疗机构结合自身特色,加强传染病诊断和救治研究。

【新旧对照】

修订后	修订前
第七十八条 医疗机构应当按照传染病诊断标准和治疗要求采取相应措施,**充分发挥中西医各自优势,加强中西医结合**,提高传染病诊断和救治能力。 **国家支持和鼓励**医疗机构**结合自身特色,**加强传染病**诊断**和救治**研究**。	第五十一条 医疗机构的基本标准、建筑设计和服务流程,应当符合预防传染病医院感染的要求。 医疗机构应当按照规定对使用的医疗器械进行消毒;对按照规定一次使用的医疗器具,应当在使用后予以销毁。 医疗机构应当按照国务院卫生行政部门规定的传染病诊断标准和治疗要求,采取相应措施,提高传染病医疗救治能力。

【适用精解】

本条由 2013 年《传染病防治法》第五十一条修改而来。

本条规定的是传染病诊断和救治。

本条变化主要体现在两个方面:

一是不仅要求医疗机构应当按照国家发布的传染病诊断标准和治疗要求对传染病患者进行诊疗,而且鼓励医疗机构可以结合自身特色,开展传染病诊断和救治研究。

二是本条将"中西医结合"写入法律,对中医药在传染病应对中的价值予以充分肯定,将中医药历史积淀与现代创新相结合,持续为全球公共卫生事业提供独特解决方案。

自古以来,中医药是我国公共卫生应急体系不可或缺的组成部分,是中华民族健康守护的"瑰宝",更是人类应对传染病的智慧结晶。中医药在历次传染病防控中均发挥了重要作用,覆盖轻症患者干预、重症辅助治疗及康复阶段全过程。

【相关法律法规】

《中华人民共和国医师法》《中华人民共和国中医药法》《国务院办公厅关于提升中药质量促进中医药产业高质量发展的意见》

> 第七十九条 【药品、医疗器械的研制和创新】国家鼓励传染病防治用药品、医疗器械的研制和创新,对防治传染病急需的药品、医疗器械予以优先审评审批。
> 因重大传染病疫情医疗救治紧急需要,医师可以按照国家统一制定的诊疗方案,在一定范围和期限内采用药品说明书中未明确的药品用法进行救治。
> 发生重大传染病疫情,构成特别重大突发公共卫生事件的,国务院卫生健康主管部门根据传染病预防、控制和医疗救治需要提出紧急使用药物的建议,经国务院药品监督管理部门组织论证同意后可以在一定范围和期限内紧急使用。

【新旧对照】

修订后	修订前
第七十九条 国家鼓励传染病防治用药品、医疗器械的研制和创新,对防治传染病急需的药品、医疗器械予以优先审评审批。 因重大传染病疫情医疗救治紧急需要,医师可以按照国家统一制定的诊疗方案,在一定范围和期限内采用药品说明书中未明确的药品用法进行救治。 发生重大传染病疫情,构成特别重大突发公共卫生事件的,国务院卫生健康主管部门根据传染病预防、控制和医疗救治	无对应条款

续表

修订后	修订前
需要提出紧急使用药物的建议，经国务院药品监督管理部门组织论证同意后可以在一定范围和期限内紧急使用。	

【适用精解】

本条为新增条文。

本条规定的是药品、医疗器械的研制和创新。

传染病防治离不开科技创新，本条鼓励开展传染病防治药品、器械科技创新，强调对急需的药品、器械（尤其是对新发传染病所需的特异性抗病原药物和疫苗）在确保安全性和有效性的前提下，优先审评审批，以缩短审评审批时间。

发生重大传染病疫情时，降低发病率和病死率是首要目标，本条明确了两项制度：一是允许医师超说明书用药制度，二是**药物紧急使用授权制度**。这两项制度是近年来应对传染病经过实践检验的成功做法。同时，**本条还细化了适用条件，确保在法治轨道内运行**。允许医师超说明用药的前提是按照国家统一制定的诊疗方案在一定范围和期限内使用。药物紧急使用授权的前提是发生特别重大突发公共卫生事件，程序上由国务院卫生健康主管部门提出建议，经国务院药品监督管理部门组织论证同意后方可紧急使用。

本条与《中华人民共和国药品管理法》和《中华人民共和国医师法》形成互补、衔接，是对人民生命健康权的切实保障。

第八十条　【重大传染病疫情心理援助制度】国家建立重大传染病疫情心理援助制度。县级以上地方人民政府应当组织专业力量，定期开展培训和演练；发生重大传染病疫情时，对传染病患者、接受医学观察的人员、病亡者家属、相关工作人员等重点人群以及社会公众及时提供心理疏导和心理干预等服务。

【新旧对照】

修订后	修订前
第八十条 国家建立重大传染病疫情心理援助制度。县级以上地方人民政府应当组织专业力量，定期开展培训和演练；发生重大传染病疫情时，对传染病患者、接受医学观察的人员、病亡者家属、相关工作人员等重点人群以及社会公众及时提供心理疏导和心理干预等服务。	无对应条款

【适用精解】

本条为新增条文。

本条规定的是重大传染病疫情心理援助制度。

发生重大传染病疫情时，无论是普通民众、传染病患者或疑似患者，还是专业医务人员，都会面临各种各样的心理问题，如对传染病疫情持续时间等不确定性而产生焦虑，因长期隔离导致社交中断的孤独感和无助感，一线工作者因长期超负荷工作、暴露于传染源的感染风险或因感染后的自责等所表现的心理负荷等，需要从全社会层面建立重大疫情心理危机干预体系。

本条新增重大疫情心理援助制度，要求为患者提供心理支持和康复服务，体现了人文关怀，强调心理援助与社会关怀，关注医务人员权益和患者心理需求，体现社会治理的温度，有助于构建更具韧性的公共卫生体系。

第六章 保障措施

> **第八十一条 【传染病防治工作纳入规划】** 国家将传染病防治工作纳入国民经济和社会发展规划，县级以上地方人民政府将传染病防治工作纳入本行政区域的国民经济和社会发展规划。

【新旧对照】

修订后	修订前
第八十一条　国家将传染病防治工作纳入国民经济和社会发展**规划**，县级以上地方人民政府将传染病防治工作纳入本行政区域的国民经济和社会发展**规划**。	第五十九条　国家将传染病防治工作纳入国民经济和社会发展计划，县级以上地方人民政府将传染病防治工作纳入本行政区域的国民经济和社会发展计划。

【适用精解】

本条由 2013 年《传染病防治法》第五十九条修改而来。

本条规定的是传染病防治工作纳入国民经济和社会发展规划。

本条变化主要体现在**将国民经济和社会发展"计划"改为国民经济和社会发展"规划"**。

本条将"计划"修改为"规划"，力图从中短期、微观、具体的发展计划向长期、宏观、全局性的国民经济和社会发展规划转变。其中，加强公共卫生和公共安全，就是规划重要内容之一。此外，规划侧重愿景导向，灵活性较高，而计划侧重执行导向，灵活性较低。由此可见，国家十分重视传染病防控工作，将其作为一项长期任务常抓不懈。

【相关法律法规】

《中华人民共和国基本医疗卫生与健康促进法》《中华人民共和国突发事件应对法》

> **第八十二条　【传染病防治的财政经费保障】**县级以上地方人民政府按照本级政府职责，负责本行政区域传染病预防、控制工作经费。
>
> 国务院卫生健康主管部门、疾病预防控制部门会同国务院有关部门，根据传染病流行趋势，确定全国传染病预防、监测、预测、预警、控制、救治、监督检查等项目。各级财政按照事权划分做好经费保障。
>
> 省级人民政府根据本行政区域传染病流行趋势，在国务院卫生健康主管部门、疾病预防控制部门确定的项目基础上，确定传染病预防、监测、检测、风险评估、预测、预警、控制、救治、监督检查等项目，并保障项目的实施经费。

【新旧对照】

修订后	修订前
第八十二条　县级以上地方人民政府按照本级政府职责，负责本行政区**域**传染病预防、控制**工作**经费。 国务院卫生**健康主管**部门、**疾病预防控制**部门会同国务院有关部门，根据传染病流行趋势，确定全国传染病预防、监测、预测、预警、控制、救治、监督检查等项目。**各级财政按照事权划分做好经费保障。** 省级人民政府根据本行政区**域**传染病流行趋势，在国务院卫生**健康主管**部门、**疾病预防控制**部门确定的项目**基础**上，确定传染病预防、**监测、检测、风险评估、预测、预警**、控制、**救治**、监督检查等项目，并保障项目的实施经费。	第六十条　县级以上地方人民政府按照本级政府职责负责本行政区域内传染病预防、控制、监督工作的日常经费。 国务院卫生行政部门会同国务院有关部门，根据传染病流行趋势，确定全国传染病预防、控制、救治、监测、预测、预警、监督检查等项目。中央财政对困难地区实施重大传染病防治项目给予补助。 省、自治区、直辖市人民政府根据本行政区域内传染病流行趋势，在国务院卫生行政部门确定的项目范围内，确定传染病预防、控制、监督等项目，并保障项目的实施经费。

【适用精解】

本条由 2013 年《传染病防治法》第六十条修改而来。

本条规定的是传染病防治的财政经费保障。

本条变化主要体现在四个方面：

一是保障范围描述发生变化，将"传染病预防、控制、监督工作的日常经费"修改为"传染病预防、控制工作经费"，删除"监督"和"日常"的表述。随着国家卫生监督体系的改革，传染病防控监督本就是传染病预防、控制工作的组成部分，因此删除"监督"。本条之所以删除"日常"，主要是表明对经费保障范围不局限于日常工作，应急等特殊情况所需经费亦包括在内。

二是主体机构的名称由"卫生行政部门"修改为"卫生健康主管部门、疾病预防控制部门"，与本法第三条等条文保持一致。

三是删除原条文中"中央财政对困难地区实施重大传染病防治项目给予补助"，修改为"各级财政按照事权划分做好经费保障"。2018年发布的《国务院办公厅关于印发医疗卫生领域中央与地方财政事权和支出责任划分改革方案的通知》明确中央与地方在公共卫生、医疗保障等领域的财政事权划分，基本公共卫生服务由中央与地方分档按比例分担。

四是细化省级政府在传染病防控中应承担的项目经费范围，将原文中笼统的"传染病预防、控制、监督等项目"，明确细化为"传染病预防、监测、检测、风险评估、预测、预警、控制、救治、监督检查等项目"，使传染病防控各项工作经费有了更明确的法治保障。

【相关法律法规】

《中华人民共和国基本医疗卫生与健康促进法》《中华人民共和国突发事件应对法》

第八十三条　【疾控机构、医疗卫生机构经费保障】 县级以上人民政府应当按照规定落实疾病预防控制机构基本建设、设备购置、学科建设、人才培养等相关经费；对其他医疗卫生机构承担疾病预防控制任务所需经费按照规定予以保障。

【新旧对照】

修订后	修订前
第八十三条　县级以上人民政府应当按照规定落实疾病预防控制机构基本建设、设备购置、学科建设、人才培养等相关经费；对其他医疗卫生机构承担疾病预防控制任务所需经费按照规定予以保障。	无对应条款

【适用精解】

本条为新增条款。

本条规定的是疾控机构、医疗卫生机构的经费保障。

本法第二十五条明确规定各级疾病预防控制机构在传染病防控中的专业性职能及对相关行政决策的咨询支撑,以及对公众的健康教育与宣传作用。各级疾病预防控制机构在维护和促进公众健康方面发挥着不可替代的作用。**政府有责任保障其基本建设、设备购置、学科建设、人才培养等相关经费。**

本条所称的"其他医疗卫生机构"是传染病防控体系的重要组成部分,是早期发现、早期防控和早期治疗的第一防线。《中华人民共和国基本医疗卫生与健康促进法》第十五条、第十八条和第八十条的规定,基本公共卫生服务由国家免费提供,提供方式是县级以上人民政府通过举办专业公共卫生机构、基层医疗卫生机构和医院,或者从其他医疗卫生机构购买服务的方式。**其承担疾病预防控制任务所需经费属于公共卫生经费,应由政府按照规定予以保障。**

【相关法律法规】

《中华人民共和国基本医疗卫生与健康促进法》

第八十四条　【基层传染病防治体系建设】 国家加强基层传染病防治体系建设,扶持欠发达地区、民族地区和边境地区的传染病防治工作。

地方各级人民政府应当保障基层传染病预防、控制工作的必要经费。

【新旧对照】

修订后	修订前
第八十四条　国家加强基层传染病防治体系建设,扶持**欠发达**地区、**民族**地区**和边境地区**的传染病防治工作。 地方各级人民政府应当保障**基层**传染病预防、**控制**工作的**必要**经费。	第六十一条　国家加强基层传染病防治体系建设,扶持贫困地区和少数民族地区的传染病防治工作。 地方各级人民政府应当保障城市社区、农村基层传染病预防工作的经费。

【适用精解】

本条由 2013 年《传染病防治法》第六十一条修改而来。

本条规定的是基层传染病防治体系建设与经费保障。

本条变化主要体现在两个方面：

一是第一款修订国家扶持的地区范围，将 2013 年《传染病防治法》规定的"贫困地区和少数民族地区"修改为"欠发达地区、民族地区和边境地区"，扩大了财政的扶持区域。《中华人民共和国基本医疗卫生与健康促进法》第十一条规定，国家加大对医疗卫生与健康事业的财政投入，通过增加转移支付等方式重点扶持革命老区、民族地区、边疆地区和经济欠发达地区发展医疗卫生与健康事业。本法第八十四条是《中华人民共和国基本医疗卫生与健康促进法》第十一条在传染病防控方面的具体化规定，两部法律协调一致。

欠发达地区通常指的是经济发展水平较低，但具有一定的经济基础、社会条件和发展潜力的地区。

本条修订中增加对边境地区的扶持，这是一个亮点。 在全球化的背景下，传染病防控的跨境传播防控是一个需要关注的重要工作。国家扶持边境地区传染病防控，提高其防控能力，能够防控该地区的传染病流行，是建立跨境传播防控的第一道防线，成为国家卫生安全的重要屏障。2024 年修订的《中华人民共和国国境卫生检疫法》，进一步加强对传染病跨境传播的防控。本法第四十三条特别提出对境内已消除以及境外发生、境内尚未发生的传染病监测。

二是本条第二款删除了"城市社区、农村"的表述，与我国当前城乡一体化发展相适应，同时增加关于经费的"必要"性限定。基层承担着大量最贴近公众的细致而烦琐的工作。在群防群控、患者排查、康复服务、健康教育宣传、流行病学调查等方面发挥的作用越来越凸显，越来越重要。然而基层经费可能较为薄弱，基层自身可能难以承担传染病防控的经费支出，各级地方财政应当给予支持与保障。本条是对本法第十五条内容的进一步保障和强化。

【相关法律法规】

《中华人民共和国基本医疗卫生与健康促进法》《中华人民共和国国境卫生检疫法》

> **第八十五条 【医疗机构疾病防控能力建设】** 国家加强医疗机构疾病预防控制能力建设，持续提升传染病专科医院、综合医院的传染病监测、检验检测、诊断和救治、科学研究等能力和水平。
>
> 国家创新医防协同、医防融合机制，推进医疗机构与疾病预防控制机构深度协作。

【新旧对照】

修订后	修订前
第八十五条 国家加强医疗机构疾病预防控制能力建设，持续提升传染病专科医院、综合医院的传染病监测、检验检测、诊断和救治、科学研究等能力和水平。 国家创新医防协同、医防融合机制，推进医疗机构与疾病预防控制机构深度协作。	无对应条款

【适用精解】

本条为新增条款。

本条规定的是医疗机构疾病预防控制能力建设。

本条第一款明确规定，"国家加强医疗机构疾病预防控制能力建设，持续提升传染病专科医院、综合医院的传染病监测、检验检测、诊断和救治、科学研究等能力和水平"。**各类医疗机构是传染病早发现、早报告、早处置的前沿阵地，是疾病预防控制的中坚力量，也是开展医防协同、医防融合工作的平台和纽带。** 本法第二十六条明确规定医疗机构应当承担传染病防控工作。**本款为国家增加相关投入和推进措施提供法治保障。**

本条第二款规定了国家在推进医防协同、医防融合机制方面的保障责任。具体包括两个方面的内容：**一是要创新医防协同、医防融合机制，二是要推进医防深度协作。** 创新医防协同、医防融合机制，是党的二十大部署的重点任务。

对本条第二款的理解，应注意四个方面：

一是医防协同、医防融合并不是新概念，其理念与"防治结合"一脉相承。 由 2013 年《传染病防治法》第二条和本法第二条表述的变化可见，从原来预防为主是方针、防治结合是原则修改为"坚持预防为主、防治结合的方针",进一步提升防治结合的重要地位。

二是将本款内容置于对医疗机构防控能力建设的条文之中,更加强调医疗机构在疾病预防控制工作中的责任和作用。

三是医防协同和医防融合在理念上高度统一,但两者侧重点有所不同。医防融合从医疗机构履行疾病预防控制责任出发,从丰富服务内容、优化服务模式、督促责任落实等方面进行推进。医防协同则从医疗机构和疾控机构共同协作完成的工作考虑,在加强协作意愿、优化协作模式、提升协作成效等方面进行推进。

四是做好医防协同、医防融合,需要从实施路径、工作机制等多方面进行机制创新,充分发挥协同、融合的积极效应。

【相关法律法规】

《中华人民共和国基本医疗卫生与健康促进法》

> **第八十六条 【人才队伍和学科建设】**国家加强传染病防治人才队伍建设,推动传染病防治相关学科建设。
>
> 开设医学专业的院校应当加强预防医学教育和科学研究,对在校医学专业学生以及其他与传染病防治相关的人员进行预防医学教育和培训,为传染病防治工作提供专业技术支持。
>
> 疾病预防控制机构、医疗机构等应当定期对其工作人员进行传染病防治知识、技能的培训。

【新旧对照】

修订后	修订前
第八十六条 国家加强传染病防治人才队伍建设,推动传染病防治相关学科建设。 开设医学专业的院校应当加强预防医学教育和科学研究,对在校医学专业学生以及其他与传染病防治相关的人员进行预防医学教育和培训,为传染病防治工作提供专业技术支持。	第十条 国家开展预防传染病的健康教育。新闻媒体应当无偿开展传染病防治和公共卫生教育的公益宣传。 各级各类学校应当对学生进行健康知识和传染病预防知识的教育。 医学院校应当加强预防医学教育和科学研究,对在校学生以及其他与传染病防

续表

修订后	修订前
疾病预防控制机构、医疗机构**等**应当定期对其工作人员进行传染病防治知识、技能的培训。	治相关人员进行预防医学教育和培训,为传染病防治工作提供技术支持。 疾病预防控制机构、医疗机构应当定期对其工作人员进行传染病防治知识、技能的培训。

【适用精解】

本条由2013年《传染病防治法》第十条修改而来。

本条规定的是人才队伍和学科建设。

本条变化主要体现在三个方面:

一是本条修订对2013年《传染病防治法》第十条规定的对公众健康教育和专业人员教育两方面进行拆分,本法第十八条保留对公众健康教育的内容,而本条则是关于专业人员教育内容的修订。

二是本条新增国家对传染病防治人才队伍和学科建设的保障责任方面的内容,使专业学科和人员队伍建设得到法治保障。

三是对学校的表述从"医学院校"修改为"开设医学专业的院校",从"在校学生"修改为"在校医学专业学生"。这一改变顺应了我国教育体制改革的变化。

根据《关于进一步调整国务院部门(单位)所属学校管理体制和布局结构的决定》和《国务院办公厅转发教育部等部门关于调整国务院部门(单位)所属学校管理体制和布局结构实施意见的通知》的相关规定,国家对高校的管理体制及布局结构进行调整和改革,许多医学院校已并入综合性大学。这次修改对目前高校医学专业设置而言更为准确和全面。

【相关法律法规】

《中华人民共和国基本医疗卫生与健康促进法》《中华人民共和国医师法》

第八十七条 【信息化建设】 县级以上人民政府应当加强疾病预防控制信息化建设,将其纳入全民健康信息化建设。

县级以上人民政府应当建立传染病预防控制信息共享机制,利用全民健康信息平台、政务数据共享平台、应急管理信息系统等,共享并综合应用相关数据。

国家加强传染病防治相关网络安全和数据安全管理工作,提高技术防范水平。

【新旧对照】

修订后	修订前
第八十七条 县级以上人民政府应当加强疾病预防控制信息化建设,将其纳入全民健康信息化建设。 县级以上人民政府应当建立传染病预防控制信息共享机制,利用全民健康信息平台、政务数据共享平台、应急管理信息系统等,共享并综合应用相关数据。 国家加强传染病防治相关网络安全和数据安全管理工作,提高技术防范水平。	无对应条款

【适用精解】

本条为新增条款。

本条规定的是疾病预防控制信息化建设。

本条是针对本法第十三条在具体实施保障方面提出的具体要求。实践证明,通过信息化技术手段构建较为健全的传染病防控体系,对我国传染病防控具有重大意义。

县级以上各级人民政府应发挥"领航员"作用,将疾病预防控制信息化纳入全民健康信息化建设。 2019年11月,《中共中央关于坚持和完善中国特色社会主义制度推进国家治理体系和治理能力现代化若干重大问题的决定》将"数据"列为生产要素。政府部门应加大资金、技术投入,进一步优化完善公共卫生体系信息化。

打破"信息孤岛",构建共享平台和共享机制。 本法第四十四条和第五十六条明确提出要建立跨部门、跨地域、跨机构的传染病防控信息互通、共享的平台、机制和制度,推进互联互通。只有利用大数据、互联网、人工智能等技术精准分析、预测传染病信息,才能为传染病精准管控提供科学依据。

加强网络安全和数据安全管理。网络安全主要涉及网络信息系统的硬件、软件及其系统中的数据保护,确保系统连续可靠运行,网络服务不中断。数据安全侧重于保护数据本身的安全,包括数据的保密性、完整性、可用性等。网络安全和数据安全不仅是传染病防控信息体系正常运转的基础,对维护个人权益、社会稳定和国家安全也具有重要意义。

【相关法律法规】

《中华人民共和国基本医疗卫生与健康促进法》《中华人民共和国突发事件应对法》《中华人民共和国个人信息保护法》《全国人民代表大会常务委员会关于加强网络信息保护的决定》

第八十八条 【医疗费用保障】对符合国家规定的传染病医疗费用,基本医疗保险按照规定予以支付。

对患者、疑似患者治疗甲类传染病以及依照本法规定采取甲类传染病预防、控制措施的传染病的医疗费用,基本医疗保险、大病保险、医疗救助等按照规定支付后,其个人负担部分,政府按照规定予以补助。

国家对患有特定传染病的困难人群实行医疗救助,减免医疗费用。

国家鼓励商业保险机构开发传染病防治相关保险产品。

【新旧对照】

修订后	修订前
第八十八条 对符合国家规定的传染病医疗费用,基本医疗保险按照规定予以支付。 对患者、疑似患者治疗甲类传染病以及依照本法规定采取甲类传染病预防、控制措施的传染病的医疗费用,基本医疗保险、大病保险、医疗救助等按照规定支付后,其个人负担部分,政府按照规定予以补助。	第六十二条 国家对患有特定传染病的困难人群实行医疗救助,减免医疗费用。具体办法由国务院卫生行政部门会同国务院财政部门等部门制定。

续表

修订后	修订前
国家对患有特定传染病的困难人群实行医疗救助，减免医疗费用。 **国家鼓励商业保险机构开发传染病防治相关保险产品。**	

【适用精解】

本条由 2013 年《传染病防治法》第六十二条修改而来。

本条规定的是医疗费用保障。

本条是本次修订中的一个亮点。 2013 年《传染病防治法》，主要规定了对患有特定传染病的困难人群实行医疗救助制度。

本次修订后，本条规定国家将从四个方面系统、全面、多维度地构建传染病医疗救治费用支付保障体系。

一是将基础性治疗费用纳入基本医疗保险体系。

二是重大传染病包括甲类和按甲类管理的传染病，其医疗费在基本医疗保险、大病保险、医疗救助等按照规定支付后，其个人负担部分，政府按照规定予以补助。

三是对患有特定传染病的困难人群实行医疗救助，减免医疗费用，延续了 2013 年《传染病防治法》第六十二条的规定。

四是鼓励和发展商业保险，激发社会和个人的投入，建立和完善国家、社会、个人的多维度保障制度。

【相关法律法规】

《中华人民共和国基本医疗卫生与健康促进法》《中华人民共和国社会保险法》《医疗保障基金使用监督管理条例》

第八十九条　【公共卫生应急物资保障】国家建立健全公共卫生应急物资保障体系，提高传染病疫情防控应急物资保障水平，县级以上人民政府发展改革部门统筹防控应急物资保障工作。

> 国家加强医药储备，将传染病防治相关药品、医疗器械、卫生防护用品等物资纳入公共卫生应急物资保障体系，实行中央和地方两级储备。
>
> 国务院工业和信息化部门会同国务院有关部门，根据传染病预防、控制和公共卫生应急准备的需要，加强医药实物储备、产能储备、技术储备，指导地方开展医药储备工作，完善储备调整、调用和轮换机制。

【新旧对照】

修订后	修订前
第八十九条　国家建立健全公共卫生应急物资保障体系，提高传染病疫情防控应急物资保障水平，县级以上人民政府发展改革部门统筹防控应急物资保障工作。 国家加强医药储备，将传染病防治相关药品、医疗器械、卫生防护用品等物资纳入公共卫生应急物资保障体系，实行中央和地方两级储备。 国务院工业和信息化部门会同国务院有关部门，根据传染病预防、控制和公共卫生应急准备的需要，加强医药实物储备、产能储备、技术储备，指导地方开展医药储备工作，完善储备调整、调用和轮换机制。	第六十三条　县级以上人民政府负责储备防治传染病的药品、医疗器械和其他物资，以备调用。

【适用精解】

本条由 2013 年《传染病防治法》第六十三条修改而来。

本条规定的是公共卫生应急物资保障。

本条变化主要体现在三个方面：

一是将原来简单的物资储备制度扩展为建立健全公共卫生应急物资保障体系，并明确规定县级以上人民政府发展改革部门统筹防控应急物资保障工作。

二是将原来的地方储备制度扩展为中央和地方两级储备制度。

三是建立实物储备、产能储备、技术储备三类储备制度，实现全面升级。

【相关法律法规】

《中华人民共和国基本医疗卫生与健康促进法》《中华人民共和国突发事件应

对法》《中华人民共和国药品管理法》《中华人民共和国疫苗管理法》

> **第九十条　【传染病防治能力储备机制】**国家建立少见罕见传染病和境内已消除的传染病防治能力储备机制，支持相关疾病预防控制机构、医疗机构、科研机构持续开展相关培训、基础性和应用性研究、现场防治等工作，支持相关专家参与国际防控工作，持续保持对上述传染病进行识别、检验检测、诊断和救治的能力。

【新旧对照】

修订后	修订前
第九十条　国家建立少见罕见传染病和境内已消除的传染病防治能力储备机制，支持相关疾病预防控制机构、医疗机构、科研机构持续开展相关培训、基础性和应用性研究、现场防治等工作，支持相关专家参与国际防控工作，持续保持对上述传染病进行识别、检验检测、诊断和救治的能力。	无对应条款

【适用精解】

本条为新增条款。

本条规定的是传染病防治能力储备机制。

少见罕见传染病一般指发病率极低但可能引发严重公共卫生风险的疾病。由于少见罕见传染病和境内已消除的传染病一般难以见到，医务人员和公众对其了解相对较少，具有传播链隐蔽、早期诊断困难和缺乏特效疗法等特点。对于少见罕见传染病和境内已消除的传染病，预防和控制措施非常重要，需提升识别、检验检测、诊断和救治的能力，加强早期监测、国际合作和科学防控。

【相关法律法规】

《中华人民共和国基本医疗卫生与健康促进法》《中华人民共和国药品管理法》

第九十一条 【人员防护和医疗保健】对从事传染病预防、医疗、科研、教学和现场处理疫情的人员，以及在生产、工作中接触传染病病原体的其他人员，按照国家规定采取有效的卫生防护措施和医疗保健措施，并给予适当的津贴。

【新旧对照】

修订后	修订前
第九十一条　对从事传染病预防、医疗、科研、教学和现场处理疫情的人员，以及在生产、工作中接触传染病病原体的其他人员，按照国家规定采取有效的卫生防护措施和医疗保健措施，并给予适当的津贴。	第六十四条　对从事传染病预防、医疗、科研、教学、现场处理疫情的人员，以及在生产、工作中接触传染病病原体的其他人员，有关单位应当按国家规定，采取有效的卫生防护措施和医疗保健措施，并给予适当的津贴。

【适用精解】

本条由 2013 年《传染病防治法》第六十四条修改而来。

本条规定的是对传染病防控人员的防护和医疗保健。

本条变化主要是删除了"有关单位"的表述。因此，本条在适用中必须注意联系本法其他条款中规定的有关单位责任，否则会因为本条中缺乏保护义务主体的规定而难以落实，进而无法实现法律制定的初衷和实效。

相关法律法规

《中华人民共和国基本医疗卫生与健康促进法》《中华人民共和国医师法》

第七章 监督管理

> **第九十二条 【政府防控工作监督】** 县级以上人民政府应当定期研究部署重大传染病疫情防控等疾病预防控制工作，定期向社会发布传染病防治工作报告，向本级人民代表大会常务委员会报告传染病防治工作，依法接受监督。
>
> 县级以上人民政府对下级人民政府履行传染病防治职责进行监督。地方人民政府未履行传染病防治职责的，上级人民政府可以对其主要负责人进行约谈。被约谈的地方人民政府应当立即采取措施进行整改，约谈和整改情况应当纳入地方人民政府工作评议、考核记录。履行传染病防治职责不力、失职失责，造成严重后果或者恶劣影响的，依法进行问责。

【新旧对照】

修订后	修订前
第九十二条 县级以上人民政府应当定期研究部署重大传染病疫情防控等疾病预防控制工作，定期向社会发布传染病防治工作报告，向本级人民代表大会常务委员会报告传染病防治工作，依法接受监督。 县级以上人民政府对下级人民政府履行传染病防治职责进行监督。地方人民政府未履行传染病防治职责的，上级人民政府可以对其主要负责人进行约谈。被约谈的地方人民政府应当立即采取措施进行整改，约谈和整改情况应当纳入地方人民政府工作评议、考核记录。履行传染病防治职责不力、失职失责，造成严重后果或者恶劣影响的，依法进行问责。	无对应条款

【适用精解】

本条为新增条文。

本条规定的是政府防控工作监督。

本条重点内容主要体现在三个方面：

一是在"监督管理"一章中对政府责任加以明确。这既与本法第七条"各级人民政府加强对传染病防治工作的领导"的规定内容前后承接，也是法律监督体系在维护法律权威、推动法治进步和提升国家治理水平发挥保障作用的重要体现。

二是第一款规定政府应定期研究部署疾控工作、定期向社会发布工作报告、向本级人大常委会报告并接受人大监督的法定职责。

三是第二款规定政府履职的监督机制，包括约谈制度、立即整改、纳入考核及问责机制。

本条进一步明确政府在传染病防控中的责任，有利于保证各级人民政府高效、及时地应对传染病防控，保障公众健康和安全。

【相关法律法规】

《中华人民共和国基本医疗卫生与健康促进法》

第九十三条　【疾控部门监督检查职责】 县级以上人民政府疾病预防控制部门对传染病防治工作履行下列监督检查职责：

（一）对下级人民政府疾病预防控制部门履行本法规定的职责进行监督检查；

（二）对疾病预防控制机构、医疗机构、采供血机构的传染病预防、控制工作进行监督检查；

（三）对用于传染病防治的消毒产品及其生产企业、饮用水供水单位以及涉及饮用水卫生安全的产品进行监督检查；

（四）对公共场所、学校、托育机构的卫生条件和传染病预防、控制措施进行监督检查。

县级以上人民政府卫生健康、疾病预防控制等部门依据职责对病原微生物菌（毒）种和传染病检测样本的采集、保藏、提供、携带、运输、使用进行监督检查。

【新旧对照】

修订后	修订前
第九十三条 县级以上人民政府**疾病预防控制部门**对传染病防治工作履行下列监督检查职责： （一）对下级人民政府**疾病预防控制部门**履行本法规定的职责进行监督检查； （二）对疾病预防控制机构、医疗机构、**采供血机构**的**传染病**预防、控制工作进行监督检查； （三）对用于传染病防治的消毒产品及其生产企业、**饮用水供水单位**以及涉及饮用水卫生安全的产品进行监督检查； （四）对公共场所、**学校、托育机构**的卫生条件和传染病预防、控制措施进行监督检查。 **县级以上人民政府卫生健康、疾病预防控制等部门依据职责对病原微生物菌（毒）种和传染病检测样本的采集、保藏、提供、携带、运输、使用进行监督检查。**	第五十三条 县级以上人民政府卫生行政部门对传染病防治工作履行下列监督检查职责： （一）对下级人民政府卫生行政部门履行本法规定的传染病防治职责进行监督检查； （二）对疾病预防控制机构、医疗机构的传染病防治工作进行监督检查； （三）对采供血机构的采供血活动进行监督检查； （四）对用于传染病防治的消毒产品及其生产单位进行监督检查，并对饮用水供水单位从事生产或者供应活动以及涉及饮用水卫生安全的产品进行监督检查； （五）对传染病菌种、毒种和传染病检测样本的采集、保藏、携带、运输、使用进行监督检查； （六）对公共场所和有关单位的卫生条件和传染病预防、控制措施进行监督检查。 省级以上人民政府卫生行政部门负责组织对传染病防治重大事项的处理。

【适用精解】

本条由 2013 年《传染病防治法》第五十三条修改而来。

本条规定的是疾控部门监督检查职责。

本条变化主要体现在四个方面：

一是本条将"学校、托育机构"作为监督检查对象进行单列，这是修法的一大亮点。学校和托育机构是传染病防控的重要环节，具有人员密集、传染病易发、自身防控意识不足、社会影响大等特点。《学校卫生工作条例》作为行政法规，规定了"对学校内传染病防治工作实行卫生监督"的法定职责。本次修订在法律层面将学校、托育机构纳入监督检查范围，有利于学校、托育机构有效落实各项防控措施，进而保障学生和幼儿身体健康。

二是将第一款"采供血机构的采供血活动"修改为"采供血机构"，将"饮

用水供水单位从事生产或者供应活动"修改为"饮用水供水单位"。检查对象从着眼于某一活动（行为）修改为单位主体，这不仅是检查范围的扩大，更是对被检查单位所有活动意义和价值进行全面评估。

三是第二款增加"提供"病原微生物菌（毒）种这一环节，即病原微生物菌（毒）种或样本依照法定程序提供给其他实验室或机构使用。将此过程纳入监督检查，是对病原微生物菌（毒）种各操作环节进行严格管控的继续完善，进一步强化病原微生物安全防范，防止造成危害。

四是本条根据机构改革职能调整，将履职机构由卫生行政部门修改为疾病预防控制部门，同时删除"省级以上人民政府卫生行政部门负责组织对传染病防治重大事项的处理"的规定。本条修改后与本法第八条关于卫健、疾控和其他部门职责划分相呼应，体现了立法的统一性和协调性。

【相关法律法规】

《中华人民共和国刑法》《学校卫生工作条例》《病原微生物实验室生物安全管理条例》

第九十四条 【监督检查措施】 县级以上人民政府卫生健康主管部门、疾病预防控制部门在履行监督检查职责时，有权进入传染病疫情发生现场及相关单位，开展查阅或者复制有关资料、采集样本、制作现场笔录等调查取证工作。被检查单位应当予以配合，不得拒绝、阻挠。

【新旧对照】

修订后	修订前
第九十四条 县级以上人民政府卫生**健康主管**部门、**疾病预防控制**部门在履行监督检查职责时，有权进入传染病疫情发生现场**及相关单位，开展**查阅或者复制**有**关资料、采集样本、**制作现场笔录等**调查取证**工作**。被检查单位应当予以配合，不得拒绝、阻挠。	第五十四条 县级以上人民政府卫生行政部门在履行监督检查职责时，有权进入被检查单位和传染病疫情发生现场调查取证，查阅或者复制有关的资料和采集样本。被检查单位应当予以配合，不得拒绝、阻挠。

【适用精解】

本条由2013年《传染病防治法》第五十四条修改而来。

本条规定的是监督检查措施。

本条变化主要体现在两个方面：

一是完善卫生健康主管部门和疾病预防控制部门调查取证的权力。本条在对行政机关名称表述调整的基础上，将"进入被检查单位和传染病疫情发生现场"修改为"进入传染病疫情发生现场及相关单位"。增加"相关"二字，是对检查地点的限定，既保障执法部门可以进入疫情现场调查取证，又为其增加相关性的制约。

二是本条增加调查取证方式。在原有"查阅或者复制有关资料和采集样本"两项调查取证方式的基础上增加"制作现场笔录等"工作方式。现场调查在传染病防治调查取证中发挥着不可替代的作用，通过收集病例报告和现有材料，了解疾病发生的情况，确定调查范围和方向，进而为制定公共卫生政策提供科学依据。在调查取证中增加"制作现场笔录"，既能客观记录当时疫情现场的环境、设施、人员等关键信息，同时又兼具法律文书效力。

根据《中华人民共和国行政处罚法》《中华人民共和国行政强制法》的有关规定，现场笔录具有法律效力，可以作为处罚依据。现场笔录与现场拍照、录像、提取材料等其他证据相互印证，形成完整证据链条，可以规避因程序违法而导致的法律风险。

【相关法律法规】

《中华人民共和国行政处罚法》《中华人民共和国行政强制法》

第九十五条 【封闭水源、封存食品和暂停销售等措施】 县级以上地方人民政府疾病预防控制部门在履行监督检查职责时，发现可能被传染病病原体污染的公共饮用水源、食品以及相关物品，如不及时采取控制措施可能导致传染病传播、暴发、流行的，应当采取封闭公共饮用水源、封存食品以及相关物品或者暂停销售的临时控制措施，并予以检验或者进行消毒处理。经检验，对被污染的食品，应当予以销毁；对未被污染的食品或者经消毒处理后可以使用的物品，应当及时解除控制措施。

> 根据县级以上地方人民政府采取的传染病预防、控制措施，市场监督管理部门可以采取封存或者暂停销售可能导致传染病传播、暴发、流行的食品以及相关物品等措施。

【新旧对照】

修订后	修订前
第九十五条　县级以上地方人民政府**疾病预防控制部门**在履行监督检查职责时，发现可能被传染病病原体污染的公共饮用水源、食品以及相关物品，如不及时采取控制措施可能导致传染病传播、**暴发**、流行的，**应当**采取封闭公共饮用水源、封存食品以及相关物品或者暂停销售的临时控制措施，并予以检验或者进行消毒**处理**。经检验，**对**被污染的食品，应当予以销毁；对未被污染的食品或者经消毒**处理**后可以使用的物品，应当**及时**解除控制措施。**根据县级以上地方人民政府采取的传染病预防、控制措施，市场监督管理部门可以采取封存或者暂停销售可能导致传染病传播、暴发、流行的食品以及相关物品等措施。**	第五十五条　县级以上地方人民政府卫生行政部门在履行监督检查职责时，发现被传染病病原体污染的公共饮用水源、食品以及相关物品，如不及时采取控制措施可能导致传染病传播、流行的，可以采取封闭公共饮用水源、封存食品以及相关物品或者暂停销售的临时控制措施，并予以检验或者进行消毒。经检验，属于被污染的食品，应当予以销毁；对未被污染的食品或者经消毒后可以使用的物品，应当解除控制措施。

【适用精解】

本条由 2013 年《传染病防治法》第五十五条修改而来。

本条规定的是封闭公共饮用水源、封存食品以及相关物品或者暂停销售等措施。

本条变化主要体现在四个方面：

一是第一款将"可以"采取临时控制措施修改为"应当"采取控制措施。"可以"缺乏强制性，赋予执行者自由裁量权，有较大的随意性和选择性，不利于传染病防控工作的有效实施。而本条改为"应当"后，突出了强制性，促使履行主体严格执行临时控制措施这一法律义务，确保本条规定得到严格遵循和全面落实。

二是第一款增加"应当及时"解除控制措施，体现了行政法中的"比例原则"，即选择对当事人影响最小的方式，达到行政目的。在保护公民基本权利的同时，有利于维护社会秩序的稳定和谐。

三是第一款对一些称谓进行优化和完善。首先，依据机构职能将卫生行政部门修改为疾控部门；其次，根据传染病在人群中扩散和影响范围的不同，在可能导致传染病传播、流行的基础上增加"暴发"；最后，将"消毒"修改为"消毒处理"，进而涵盖更广泛的清洁和消毒步骤，使法律条文表述更加严谨和准确。

四是第二款增加市场监督管理部门可以在特定情况下"采取封存或者暂停销售可能导致传染病传播、暴发、流行的食品以及相关物品等措施"的规定，可以有效阻止这些物品的进一步流通，减少传染病的传播风险，降低公众接触这些物品的可能，避免传染病进一步扩散，从而保护公众的生命安全和身体健康。

第九十六条　【执法规范要求】县级以上人民政府卫生健康主管部门、疾病预防控制部门工作人员依法执行职务时，应当不少于两人，并出示执法证件，填写执法文书。

执法文书经核对无误后，应当由执法人员和当事人签名。当事人拒绝签名的，执法人员应当注明情况。

【新旧对照】

修订后	修订前
第九十六条　**县级以上人民政府**卫生**健康主管**部门、**疾病预防控制**部门工作人员依法执行职务时，应当不少于两人，并出示执法证件，填写执法文书。 执法文书经核对无误后，应当由执法人员和当事人签名。当事人拒绝签名的，执法人员应当注明情况。	第五十六条　卫生行政部门工作人员依法执行职务时，应当不少于两人，并出示执法证件，填写卫生执法文书。 卫生执法文书经核对无误后，应当由卫生执法人员和当事人签名。当事人拒绝签名的，卫生执法人员应当注明情况。

【适用精解】

本条由2013年《传染病防治法》第五十六条修改而来。

本条规定的是执法规范要求。

本条变化主要是将2013年《传染病防治法》规定的卫生行政部门修改为卫生健康主管部门和疾病预防控制部门，之所以限定在县级以上，主要是考虑到乡镇人民政府无独立的卫生健康主管部门和疾病预防控制部门且其不具有执法权的现实。

第一款是关于执法程序的一般性规定，规定执法人数不少于两人、应出示执法证件、应填写执法文书。此规定与《中华人民共和国行政处罚法》《中华人民共和国行政强制法》《卫生健康行政处罚程序规定》规定执法人数及"亮证"环节等内容一致。目的在于防止执法过程中可能出现误判或不当行为，在保障执法公正性、增强证据效力的同时，有利于互相监督、减少争议、保障执法安全。

第二款是关于执法文书签字的规定。2025年4月29日，司法部发布了《行政检查文书基本格式公文（试行）》对检查文书进行规范。《卫生行政执法文书规范》中规定了各类执法文书的制作要求，例如，当场制作的现场笔录、询问笔录、陈述和申辩笔录、听证笔录等文书，当场交由当事人签字确认。当事人认为记录有遗漏或者有差错的，提出补充和修改，在改动处签字或者用指纹、印鉴覆盖。当事人认为笔录所记录的内容真实无误的，应当在笔录上注明"以上笔录属实"并签名。当事人拒不签名的，应当注明情况。

【相关法律法规】

《中华人民共和国行政处罚法》《中华人民共和国行政强制法》《卫生健康行政处罚程序规定》《行政检查文书基本格式公文（试行）》《卫生行政执法文书规范》

第九十七条　【内部监督和层级监督】 县级以上人民政府卫生健康主管部门、疾病预防控制部门应当依法建立健全内部监督制度，对其工作人员依据法定职权和程序履行职责的情况进行监督。

上级人民政府卫生健康主管部门、疾病预防控制部门发现下级人民政府卫生健康主管部门、疾病预防控制部门不及时处理职责范围内的事项或者不履行职责的，应当责令纠正或者直接予以处理。

【新旧对照】

修订后	修订前
第九十七条 **县级以上人民政府**卫生**健康主管**部门、**疾病预防控制**部门应当依法建立健全内部监督制度，对其工作人员依据法定职权和程序履行职责的情况进行监督。 上级**人民政府**卫生**健康主管**部门、**疾病预防控制**部门发现下级**人民政府**卫生**健康主管**部门、**疾病预防控制**部门不及时处理职责范围内的事项或者不履行职责的，应当责令纠正或者直接予以处理。	第五十七条 卫生行政部门应当依法建立健全内部监督制度，对其工作人员依据法定职权和程序履行职责的情况进行监督。 上级卫生行政部门发现下级卫生行政部门不及时处理职责范围内的事项或者不履行职责的，应当责令纠正或者直接予以处理。

【适用精解】

本条由 2013 年《传染病防治法》第五十七条修改而来。

本条规定的是内部监督和层级监督。

本条变化主要体现在**将 2013 年《传染病防治法》第五十七条规定的卫生行政部门修改为卫生健康主管部门和疾病预防控制部门，同时限定在县级以上**，详见本书对本法第九十六条的解析。

行政监督体系作为国家行政机关内部相互监督而组成的有机统一体系。根据主体不同，可分为内部监督和外部监督。本条规定的是内部监督，包括卫健、疾控部门对其工作人员依据法定内容和法定程序履职行为的监督，也包括上级部门对下级部门产生的自上而下的内部监督和纠错机制。内部监督和层级监督的建立，有利于在时间紧迫的情况下及时进行决策纠偏或优化调整。

第九十八条 【社会监督】县级以上人民政府卫生健康主管部门、疾病预防控制部门和其他有关部门应当依法履行职责，自觉接受社会监督。

任何单位和个人对违反本法规定的行为，有权向县级以上人民政府及其卫生健康主管部门、疾病预防控制部门和有关机关举报。接到举报的机关应当及时调查、处理。对查证属实的举报，按照规定给予举报人奖励。县级以上人民政府及其卫生健康主管部门、疾病预防控制部门和有关机关应当对举报人的信息予以保密，保护举报人的合法权益。

【新旧对照】

修订后	修订前
第九十八条　县级以上人民政府卫生健康主管部门、疾病预防控制部门和其他有关部门应当依法履行职责，自觉接受社会监督。 任何单位和个人对违反本法规定的行为，有权向县级以上人民政府及其卫生健康主管部门、疾病预防控制部门和有关机关举报。接到举报的机关应当及时调查、处理。对查证属实的举报，按照规定给予举报人奖励。县级以上人民政府及其卫生健康主管部门、疾病预防控制部门和有关机关应当对举报人的信息予以保密，保护举报人的合法权益。	第五十八条　卫生行政部门及其工作人员履行职责，应当自觉接受社会和公民的监督。单位和个人有权向上级人民政府及其卫生行政部门举报违反本法的行为。接到举报的有关人民政府或者其卫生行政部门，应当及时调查处理。

【适用精解】

本条由 2013 年《传染病防治法》第五十八条修改而来。

本条规定的是社会监督。

本条变化主要体现在三个方面：

一是第一款在对行政机关名称表述调整的基础上，增加"其他有关部门"应当接受社会监督，拓展了接受社会监督的范围。 要求相关部门应按照法律法规要求，履行传染病防治、公共卫生管理方面的法定职责，并应主动接受社会监督，确保其行为的透明度和合法性。

二是本条第二款扩展举报主体范围， 明确"任何单位和个人"均有举报权利，同时增加可向"有关部门"举报的途径。

三是建立举报奖励制度，这是本条新增的亮点。 对查证属实的举报给予奖励，同时保护举报人的合法权益。这一制度的建立旨在激励公众积极参与传染病报告和防控工作，提高传染病报告的及时性和准确性，并进行适当的纠偏，从而更好地预防和控制传染病的发生与流行。该做法不仅是对既往传染病防控实践的科学提炼，而且是有益的经验总结。

本条规定的社会监督，与本法第九十七条规定的"内部监督"相呼应。社会监督作为"外部监督"的重要组成部分，与"人大监督""司法监督"等共同成为外部监督的方式。同时，社会监督具有广泛性、直接性、及时性、引发其他监督机制运行等特点。

【相关法律法规】

《中华人民共和国宪法》

> **第九十九条　【行刑衔接与执法协作】** 卫生健康、疾病预防控制等部门发现涉嫌传染病防治相关犯罪的，应当按照有关规定及时将案件移送公安机关。对移送的案件，公安机关应当及时审查处理。
>
> 对依法不需要追究刑事责任或者免予刑事处罚，但依法应当追究行政责任的，公安机关、人民检察院、人民法院应当及时将案件移送卫生健康、疾病预防控制等部门，有关部门应当依法处理。
>
> 公安机关、人民检察院、人民法院商请卫生健康、疾病预防控制等部门提供检验检测结论、认定意见以及对涉案物品进行无害化处置等协助的，有关部门应当及时予以协助。

【新旧对照】

修订后	修订前
第九十九条　卫生健康、疾病预防控制等部门发现涉嫌传染病防治相关犯罪的，应当按照有关规定及时将案件移送公安机关。对移送的案件，公安机关应当及时审查处理。 对依法不需要追究刑事责任或者免予刑事处罚，但依法应当追究行政责任的，公安机关、人民检察院、人民法院应当及时将案件移送卫生健康、疾病预防控制等部门，有关部门应当依法处理。 公安机关、人民检察院、人民法院商请卫生健康、疾病预防控制等部门提供检验检测结论、认定意见以及对涉案物品进行无害化处置等协助的，有关部门应当及时予以协助。	无对应条款

【适用精解】

本条为新增条文。

本条规定的是行刑衔接与执法协作。

本条重点内容主要体现在三个方面：

一是第一款规定的涉嫌犯罪移送制度同《中华人民共和国行政处罚法》规定的内容相一致，同《中华人民共和国刑法》《中华人民共和国刑事诉讼法》进行衔接，可使涉嫌传染病防治犯罪的行为能够及时受到法律追究，对于打击犯罪行为起到强大的震慑作用。

二是第二款规定公安机关、人民检察院、人民法院对免予刑事处罚但应追究行政责任的须移送卫生健康、疾控等部门。具备刑事违法性的行为已然具备行政违法性，但具备行政违法性的行为并不必然具备刑事违法性。对未构成犯罪但应追究行政责任的违法行为移送相关部门，有利于行政机关与司法机关加强部门配合，促进协同治理。

三是第三款体现了部门间协作与支持。本条明确卫生健康、疾病预防控制等部门在公检法机关需要时有"提供检验检测结论、认定意见以及对涉案物品进行无害化处置等协助"的法定义务。

【相关法律法规】

《中华人民共和国行政处罚法》《中华人民共和国刑法》《中华人民共和国刑事诉讼法》

第八章 法律责任

> **第一百条　【地方人民政府责任】** 违反本法规定，地方各级人民政府未依法履行报告职责，隐瞒、谎报、缓报、漏报传染病疫情，干预传染病疫情报告，或者在传染病暴发、流行时未依法组织救治、采取控制措施的，由上级人民政府责令改正，通报批评；情节严重的，对负有责任的领导人员和直接责任人员依法给予处分。

【新旧对照】

修订后	修订前
第一百条　**违反本法规定**，地方各级人民政府**未依法**履行报告职责，隐瞒、谎报、缓报、**漏报**传染病疫情，**干预传染病疫情报告**，或者在传染病暴发、流行时未**依法**组织救治、采取控制措施的，由上级人民政府责令改正，通报批评；**情节严重的**，对负有责任的**领导人员**和**直接责任人员依法给予处分**。	第六十五条　地方各级人民政府未依照本法的规定履行报告职责，或者隐瞒、谎报、缓报传染病疫情，或者在传染病暴发、流行时，未及时组织救治、采取控制措施的，由上级人民政府责令改正，通报批评；造成传染病传播、流行或者其他严重后果的，对负有责任的主管人员，依法给予行政处分；构成犯罪的，依法追究刑事责任。

【适用精解】

本条由2013年《传染病防治法》第六十五条修改而来。

本条规定的是地方人民政府的法律责任。

本条变化主要体现在四个方面：

一是增加了"违反本法规定"，这与本法第三章"监测、报告和预警"中赋予地方各级人民政府传染病疫情报告义务相对应，违反该义务，就会产生相应的法律责任。

二是增加"漏报""干预传染病疫情报告"等违反传染病报告的情形，弥补了之前立法上的不足，亦与《中华人民共和国突发事件应对法》《中华人民共和国生物安全法》相对应、协调和衔接。详见本书对本法第五十条的解析。

三是更加明确地指出法律责任主体，即领导人员和直接责任人员，更加强调领导责任和直接责任。

四是删除"构成犯罪的，依法追究刑事责任"的表述，统一被本法第一百一十二条所吸收，行文更为简洁，避免不必要的重复。

【相关法律法规】

《中华人民共和国国境卫生检疫法》《中华人民共和国动物防疫法》《中华人民共和国生物安全法》

第一百零一条　【卫生健康主管部门和疾控部门的责任】违反本法规定，县级以上人民政府卫生健康主管部门、疾病预防控制部门有下列情形之一的，由本级人民政府或者上级人民政府卫生健康主管部门、疾病预防控制部门责令改正，通报批评；情节严重的，对负有责任的领导人员和直接责任人员依法给予处分：

（一）未依法履行传染病疫情通报、报告或者公布职责，隐瞒、谎报、缓报、漏报传染病疫情，或者干预传染病疫情报告；

（二）发生或者可能发生传染病传播时未依法采取预防、控制措施；

（三）未依法履行监督检查职责，或者发现违法行为不及时查处；

（四）未及时调查、处理对下级人民政府卫生健康主管部门、疾病预防控制部门不履行传染病防治职责的举报；

（五）违反本法规定的其他失职、渎职行为。

【新旧对照】

修订后	修订前
第一百零一条　违反本法规定，县级以上人民政府**卫生健康主管**部门、**疾病预防控制**部门有下列情形之一的，由本级人民政府或者上级人民政府**卫生健康主管部门、疾病预防控制**部门责令改正，通报批评；**情节严重的，对负有责任的领导人员和直接责任人员依法给予处分：**（一）未依法履行传染病疫情通报、报告或者公布职责，隐瞒、谎报、缓报、**漏报传染病疫情，或者干预传染病疫情报告；**	第六十六条　县级以上人民政府卫生行政部门违反本法规定，有下列情形之一的，由本级人民政府、上级人民政府卫生行政部门责令改正，通报批评；造成传染病传播、流行或者其他严重后果的，对负有责任的主管人员和其他直接责任人员，依法给予行政处分；构成犯罪的，依法追究刑事责任：（一）未依法履行传染病疫情通报、报告或者公布职责，或者隐瞒、谎报、缓报传

续表

修订后	修订前
（二）发生或者可能发生传染病传播时**未依法**采取预防、控制措施； （三）未依法履行监督检查职责，或者发现违法行为不及时查处； （四）未及时调查、处理对下级人民政府**卫生健康主管部门、疾病预防控制部门**不履行传染病防治职责的举报； （五）违反本法规定的其他失职、渎职行为。	染病疫情的； （二）发生或者可能发生传染病传播时未及时采取预防、控制措施的； （三）未依法履行监督检查职责，或者发现违法行为不及时查处的； （四）未及时调查、处理单位和个人对下级卫生行政部门不履行传染病防治职责的举报的； （五）违反本法的其他失职、渎职行为。

【适用精解】

本条由2013年《传染病防治法》第六十六条修改而来。

本条规定的是卫生健康主管部门和疾控部门的法律责任。

本条变化主要体现在三个方面：

一是将"卫生行政部门"修改为"卫生健康主管部门、疾病预防控制部门"，与国家机构改革相对应，在此基础上更加突出强调疾病预防控制部门对疾病预防控制工作的主管部门地位。详见本书对本法第三条的解析。

二是将"漏报传染病疫情，或者干预传染病疫情报告"增补为承担法律责任的法定情形之一，与本法第五十条、第一百条保持一致。详见本书对本法第五十条的解析。

三是修正表述。本条第二项增加"未依法"的限定语，表达更为精确。同时，强调卫生健康主管部门、疾病预防控制部门及其领导人员、工作人员的积极作为义务与法律责任。

【相关法律法规】

《中华人民共和国行政处罚法》《中华人民共和国刑法》

第一百零二条　【有关部门的责任】违反本法规定，县级以上人民政府有关部门未依法履行传染病防治、疫情通报和保障职责的，由本级人民政府或者上级人民政府有关部门责令改正，通报批评；情节严重的，对负有责任的领导人员和直接责任人员依法给予处分。

【新旧对照】

修订后	修订前
第一百零二条　违反本法规定，县级以上人民政府有关部门未依法履行传染病防治、**疫情通报**和保障职责的，由本级人民政府或者上级人民政府有关部门责令改正，通报批评；**情节严重的，对负有责任的领导人员和直接责任人员依法给予处分。**	第六十七条　县级以上人民政府有关部门未依照本法的规定履行传染病防治和保障职责的，由本级人民政府或者上级人民政府有关部门责令改正，通报批评；造成传染病传播、流行或者其他严重后果的，对负有责任的主管人员和其他直接责任人员，依法给予行政处分；构成犯罪的，依法追究刑事责任。

【适用精解】

本条由 2013 年《传染病防治法》第六十七条修改而来。

本条规定的是有关部门的法律责任。

本条变化主要体现在三个方面：

一是关于"**依法**"的表述，表明了行政处罚的法律依据包括但不限于现行的《传染病防治法》，还包括《中华人民共和国生物安全法》《中华人民共和国国境卫生检疫法》等，责任更为严格，适用更具张力，是原则性和灵活性的统一，也为未来相关立法提供预留空间。

二是新增未履行"**疫情通报**"的法律责任，以与本法第五十六条赋予县级以上人民政府有关部门疫情通报的法定义务相对应。

三是增加"**领导人员**"的法律责任，责任主体在"负有责任的主管人员和其他直接责任人员"的基础上有所扩大。

【相关法律法规】

《中华人民共和国突发事件应对法》《中华人民共和国生物安全法》《中华人民共和国国境卫生检疫法》《中华人民共和国基本医疗卫生与健康促进法》

第一百零三条　【疾控机构的责任】违反本法规定，疾病预防控制机构有下列情形之一的，由县级以上人民政府疾病预防控制部门责令改正，给予警告或者通报批评，对直接负责的主管人员和其他直接责任人员依法给予处分，并可以由原发证部门依法吊销有关责任人员的执业证书：

（一）未依法履行传染病监测、疫情风险评估职责；

（二）未依法履行传染病疫情报告职责，隐瞒、谎报、缓报、漏报传染病疫情，或者干预传染病疫情报告；

（三）未主动收集传染病疫情信息，或者对传染病疫情信息和疫情报告未及时进行分析、调查、核实；

（四）发现传染病疫情或者接到传染病疫情报告时，未依据职责及时采取本法规定的措施；

（五）未遵守国家有关规定，导致因使用血液制品引起经血液传播疾病的发生。

【新旧对照】

修订后	修订前
第一百零三条　违反本法规定，疾病预防控制机构有下列情形之一的，由县级以上人民政府**疾病预防控制部门责令改正**，给予警告或者通报批评，对**直接**负责的主管人员和其他直接责任人员**依法给予处分，并可以由原发证部门依法吊销有关责任人员的执业证书**： （一）未依法履行传染病监测、**疫情风险评估**职责； （二）未依法履行传染病疫情报告职责，隐瞒、谎报、缓报、**漏报**传染病疫情，**或者干预传染病疫情报告**； （三）未主动收集传染病疫情信息，或者对传染病疫情信息和疫情报告未及时进行分析、调查、核实； （四）发现传染病疫情**或者接到传染病疫情报告时**，未依据职责及时采取本法规定的措施； （五）**未遵守国家有关规定，导致因使用血液制品引起经血液传播疾病的发生。**	第六十八条　疾病预防控制机构违反本法规定，有下列情形之一的，由县级以上人民政府卫生行政部门责令限期改正，通报批评，给予警告；对负有责任的主管人员和其他直接责任人员，依法给予降级、撤职、开除的处分，并可以依法吊销有关责任人员的执业证书；构成犯罪的，依法追究刑事责任： （一）未依法履行传染病监测职责的； （二）未依法履行传染病疫情报告、通报职责，或者隐瞒、谎报、缓报传染病疫情的； （三）未主动收集传染病疫情信息，或者对传染病疫情信息和疫情报告未及时进行分析、调查、核实的； （四）发现传染病疫情时，未依据职责及时采取本法规定的措施的； （五）故意泄露传染病病人、病原携带者、疑似传染病病人、密切接触者涉及个人隐私的有关信息、资料的。

【适用精解】

本条由 2013 年《传染病防治法》第六十八条修改而来。

本条规定的是疾控机构的法律责任。

本条变化主要体现在三个方面：

一是明确疾病预防控制部门的主管部门地位和行政处罚地位，进一步理顺监督管理关系。

二是对行政处罚的主管人员范围进行限缩，强调只处罚负有"直接"管理职责的主管人员，避免行政处罚人员范围的不当扩大。

三是增加违法行为类型，如未履行疫情风险评估职责、"漏报传染病疫情"、"干预传染病疫情报告"、"接到传染病疫情报告时，未依据职责及时采取本法规定的措施"、"未遵守国家有关规定，导致因使用血液制品引起经血液传播疾病的发生"等，与本法对疾病预防控制机构义务的规定相对应，使法律规定更加完善。

第一百零四条　【医疗机构责任】违反本法规定，医疗机构有下列情形之一的，由县级以上人民政府疾病预防控制部门责令改正，给予警告或者通报批评，可以并处十万元以下罚款；情节严重的，可以由原发证部门或者原备案部门依法吊销医疗机构执业许可证或者责令停止执业活动，对直接负责的主管人员和其他直接责任人员依法给予处分，并可以由原发证部门责令有关责任人员暂停六个月以上一年以下执业活动直至依法吊销执业证书：

（一）未按照规定承担本机构的传染病预防、控制工作，医疗机构感染控制任务或者责任区域内的传染病预防工作；

（二）未按照规定报告传染病疫情，隐瞒、谎报、缓报、漏报传染病疫情，或者干预传染病疫情报告；

（三）未按照规定对本机构内被传染病病原体污染的场所、物品以及医疗废物、医疗污水实施消毒或者无害化处置。

违反本法规定，医疗机构有下列情形之一的，由县级以上人民政府卫生健康主管部门依照前款规定给予行政处罚，对直接负责的主管人员和其他直接责任人员依法给予处分：

（一）发现传染病疫情时，未按照规定对传染病患者、疑似患者提供医疗救护、现场救援、接诊治疗、转诊，或者拒绝接受转诊；

（二）未遵守国家有关规定，导致因输入血液、使用血液制品引起经血液传播疾病的发生。

医疗机构未按照规定对使用的医疗器械进行消毒或者灭菌，或者对按照规定一次性使用的医疗器械使用后未予以销毁、再次使用的，依照有关医疗器械管理的法律、行政法规规定追究法律责任。

【新旧对照】

修订后	修订前
第一百零四条 违反本法规定，**医疗机构有下列情形之一的，由县级以上人民政府疾病预防控制部门责令改正，给予警告或者通报批评，可以并处十万元以下罚款**；情节严重的，**可以由原发证部门或者原备案部门依法吊销医疗机构执业许可证或者责令停止执业活动，对直接负责的主管人员和其他直接责任人员依法给予处分，并可以由原发证部门责令有关责任人员暂停六个月以上一年以下执业活动直至依法吊销执业证书**： （一）未按照规定承担**本机构**的传染病预防、控制工作，**医疗机构**感染控制任务或者责任区域内的传染病预防工作**；** （二）未按照规定报告传染病疫情，隐瞒、谎报、缓报**、漏报传染病疫情，或者干预传染病疫情报告；** （三）未按照规定对**本机构**内被传染病病原体污染的场所、物品以及医疗废物**、医疗污水实施消毒或者无害化处置。** **违反本法规定，医疗机构有下列情形之一的，由县级以上人民政府卫生健康主管部门依照前款规定给予行政处罚，对直接负责的主管人员和其他直接责任人员依法给予处分：** **（一）发现传染病疫情时，未按照规定对传染病患者、疑似患者提供医疗救护、现场救援、接诊治疗、转诊，或者拒绝接受转诊；** **（二）未遵守国家有关规定，导致因输入血液、使用血液制品引起经血液传播疾病的发生。** **医疗机构未按照规定对使用的医疗器械进行消毒或者灭菌，或者对按照规定一次性使用的医疗器械使用后未予以销毁、再次使用的，依照有关医疗器械管理的法律、行政法规规定追究法律责任。**	第六十九条 医疗机构违反本法规定，有下列情形之一的，由县级以上人民政府卫生行政部门责令改正，通报批评，给予警告；造成传染病传播、流行或者其他严重后果的，对负有责任的主管人员和其他直接责任人员，依法给予降级、撤职、开除的处分，并可以依法吊销有关责任人员的执业证书；构成犯罪的，依法追究刑事责任： （一）未按照规定承担本单位的传染病预防、控制工作、医院感染控制任务和责任区域内的传染病预防工作的； （二）未按照规定报告传染病疫情，或者隐瞒、谎报、缓报传染病疫情的； （三）发现传染病疫情时，未按照规定对传染病病人、疑似传染病病人提供医疗救护、现场救援、接诊、转诊的，或者拒绝接受转诊的； （四）未按照规定对本单位内被传染病病原体污染的场所、物品以及医疗废物实施消毒或者无害化处置的； （五）未按照规定对医疗器械进行消毒，或者对按照规定一次使用的医疗器具未予销毁，再次使用的； （六）在医疗救治过程中未按照规定保管医学记录资料的； （七）故意泄露传染病病人、病原携带者、疑似传染病病人、密切接触者涉及个人隐私的有关信息、资料的。

【适用精解】

本条由 2013 年《传染病防治法》第六十九条修改而来。

本条规定的是医疗机构的法律责任。

本条变化主要体现在四个方面：

一是在原卫生行政部门的基础上更加突出疾病预防控制部门对医疗机构的行政处罚地位，对医疗机构和业务主管人员、医务人员实行"双罚"。对医疗机构而言，不仅可以罚款，还可以在情节严重时依法吊销医疗机构执业许可证或者责令停止执业活动。对于直接负责的主管人员和医务人员而言，不仅可以给予处分，而且可以由原发证部门责令有关责任人员暂停六个月以上一年以下执业活动直至依法吊销执业证书。

二是增加"漏报传染病疫情"、"干预传染病疫情报告"、未按照规定对医疗污水实施消毒或者无害化处置等法定违法情形。关于"漏报传染病疫情"详见本书对本法第五十条的解析。

三是强调卫生健康主管部门对医疗机构及其相关责任人员的行政处罚，且在违法行为类型中，增加两种法定情形，即"未遵守国家有关规定，导致因输入血液、使用血液制品引起经血液传播疾病的发生"和发现传染病疫情时，未按照规定对传染病患者接诊治疗。

四是明确本法与《医疗器械监督管理条例》有关医疗器械管理的法律、行政法规的法律适用关系，如"医疗机构未按照规定对使用的医疗器械进行消毒或者灭菌""对按照规定一次性使用的医疗器械使用后未予以销毁、再次使用"，强调后者作为特别法的优先适用原则。

【相关法律法规】

《中华人民共和国刑法》《中华人民共和国行政处罚法》《医疗器械监督管理条例》

第一百零五条　【采供血机构责任】违反本法规定，采供血机构未按照规定报告传染病疫情，隐瞒、谎报、缓报、漏报传染病疫情，或者干预传染病疫情报告的，由县级以上人民政府疾病预防控制部门责令改正，给予警告或者通报批评，可以并处十万元以下罚款；情节严重的，可以由原发证部门

依法吊销采供血机构的执业许可证,对直接负责的主管人员和其他直接责任人员依法给予处分,并可以由原发证部门责令有关责任人员暂停六个月以上一年以下执业活动直至依法吊销执业证书。

采供血机构未执行国家有关规定,导致因输入血液引起经血液传播疾病发生的,由县级以上人民政府卫生健康主管部门依照前款规定给予行政处罚,对直接负责的主管人员和其他直接责任人员依法给予处分。

非法采集血液或者组织他人出卖血液的,由县级以上人民政府卫生健康主管部门责令停止违法行为,没收违法所得,并处五万元以上五十万元以下罚款。

【新旧对照】

修订后	修订前
第一百零五条　**违反本法规定,采供血机构未按照规定报告传染病疫情,隐瞒、谎报、缓报、漏报传染病疫情,或者干预传染病疫情报告的,由县级以上人民政府疾病预防控制部门责令改正,给予警告或者通报批评,可以并处十万元以下罚款;情节严重的,可以由原发证部门依法吊销采供血机构的执业许可证,对直接负责的主管人员和其他直接责任人员依法给予处分,并可以由原发证部门责令有关责任人员暂停六个月以上一年以下执业活动直至依法吊销执业证书。** 采供血机构未执行国家有关规定,导致因输入血液引起经血液传播疾病发生的,由县级以上人民政府卫生健康主管部门依照前款规定给予行政处罚,对直接负责的主管人员和其他直接责任人员依法给予处分。 非法采集血液或者组织他人出卖血液的,由县级以上人民政府卫生健康主管部门责令停止违法行为,没收违法所得,并处五万元以上五十万元以下罚款。	第七十条　采供血机构未按照规定报告传染病疫情,或者隐瞒、谎报、缓报传染病疫情,或者未执行国家有关规定,导致因输入血液引起经血液传播疾病发生的,由县级以上人民政府卫生行政部门责令改正,通报批评,给予警告;造成传染病传播、流行或者其他严重后果的,对负有责任的主管人员和其他直接责任人员,依法给予降级、撤职、开除的处分,并可以依法吊销采供血机构的执业许可证;构成犯罪的,依法追究刑事责任。 非法采集血液或者组织他人出卖血液的,由县级以上人民政府卫生行政部门予以取缔,没收违法所得,可以并处十万元以下的罚款;构成犯罪的,依法追究刑事责任。

【适用精解】

本条由 2013 年《传染病防治法》第七十条修改而来。

本条规定的是采供血机构的法律责任。

本条变化主要体现在四个方面：

一是在原卫生行政部门的基础上，**增补并突出了疾病预防控制部门作为主管部门和行政处罚部门的法律地位**。

二是明确对采供血机构"未按照规定报告传染病疫情，隐瞒、谎报、缓报、**漏报传染病疫情，或者干预传染病疫情报告**"的违法行为实行"双罚"，同时进一步细化了采供血机构和相关责任人员的法律责任内容，执法上更具统一性和可操作性。

三是本条增加"**采供血机构未执行国家有关规定，导致因输入血液引起经血液传播疾病发生**"的行政处罚和对相关责任人员处分的规定。

四是对"**非法采集血液或者组织他人出卖血液**"的行为加大行政处罚力度。具体而言，由之前的"十万元以下"罚款调整为"五万元以上五十万元以下"的罚款，处罚额度大为提高，增强对违法行为的惩处和威慑力度。

第一百零六条　【交通运输、邮政、快递经营单位责任】违反本法规定，交通运输、邮政、快递经营单位未优先运送参与传染病疫情防控的人员以及传染病疫情防控所需的药品、医疗器械和其他应急物资的，由交通运输、铁路、民用航空、邮政管理部门依据职责责令改正，给予警告；造成严重后果的，并处一万元以上十万元以下罚款，对直接负责的主管人员和其他直接责任人员依法给予处分。

【新旧对照】

修订后	修订前
第一百零六条　违反本法规定，交通运输、邮政、快递经营单位未优先运送**参与传染病疫情防控的人员以及传染病疫情**	第七十二条　铁路、交通、民用航空经营单位未依照本法的规定优先运送处理传染病疫情的人员以及防治传染病的药品

续表

修订后	修订前
防控所需的**药品**、医疗器械和**其他应急物资的**，**由**交通**运输、铁路、民用航空、邮政管理部门依据职责责令**改正，给予警告；造成严重后果的，**并处一万元以上十万元以下罚款**，对**直接**负责的主管人员和其他直接责任人员依法**给予处分**。	和医疗器械的，由有关部门责令限期改正，给予警告；造成严重后果的，对负有责任的主管人员和其他直接责任人员，依法给予降级、撤职、开除的处分。

【适用精解】

本条由 2013 年《传染病防治法》第七十二条修改而来。

本条规定的是交通运输、邮政、快递经营单位的法律责任。

本条变化主要体现在三个方面：

一是将"铁路、交通、民用航空"经营单位凝练为"交通运输"经营单位，并在此基础上增加了"邮政、快递"经营单位，不仅更加全面，而且契合当前的时代发展。

二是在相关主体优先运送的对象上增加"其他应急物资"，这一修改更加完整，凸显了应急物资在疫情防控中的重要地位。

三是增加对交通运输、邮政、快递经营单位进行罚款的行政处罚，并明确可处"一万元以上十万元以下罚款"。同时，对主管人员的责任人员进行限缩，强调"直接"负责，防止处罚人员范围的不当扩大。另外，修正了仅限于"降级、撤职、开除"的处分形式，统一使用"处分"这一包容性更广的表述，更能在现实中根据不同的违法程度给予不同的处分形式，如警告、记过、记大过、降级、撤职、开除等，构成原则性和灵活性的统一。

【相关法律法规】

《中华人民共和国疫苗管理法》

第一百零七条 【饮用水供水单位等责任】违反本法规定，有下列情形之一的，由县级以上人民政府疾病预防控制部门责令改正，给予警告，没收违法所得，可以并处二十万元以下罚款；情节严重的，可以由原发证部门依法吊销相关许可证，对直接负责的主管人员和其他直接责任人员可以禁止其五年内从事相应生产经营活动：

（一）饮用水供水单位未取得卫生许可擅自供水，或者供应的饮用水不符合国家卫生标准和卫生规范造成或者可能造成传染病传播、暴发、流行；

（二）生产、销售未取得卫生许可的涉及饮用水卫生安全的产品，或者生产、销售的涉及饮用水卫生安全的产品不符合国家卫生标准和卫生规范；

（三）未取得卫生许可生产用于传染病防治的消毒产品，或者生产、销售的用于传染病防治的消毒产品不符合国家卫生标准和卫生规范；

（四）生产、销售未取得卫生许可的利用新材料、新工艺技术和新杀菌原理生产的消毒剂和消毒器械；

（五）出售、运输本法第六十六条规定的受影响的相关区域中被传染病病原体污染或者可能被传染病病原体污染的物品，未进行消毒处理。

【新旧对照】

修订后	修订前
第一百零七条　违反本法规定，有下列情形之一的，由县级以上人民政府**疾病预防控制部门**责令改正，**给予警告**，没收违法所得，可以并处**二十万元**以下罚款；**情节严重的，可以由原发证部门依法吊销相关许可证，对直接负责的主管人员和其他直接责任人员可以禁止其五年内从事相应生产经营活动：** （一）饮用水供水单位**未取得卫生许可擅自供水，或者**供应的饮用水不符合国家卫生标准和卫生规范**造成或者可能造成传染病传播、暴发、流行**； （二）**生产、销售未取得卫生许可的**涉及饮用水卫生安全的产品**，或者生产、销售的涉及饮用水卫生安全的产品**不符合国家卫生标准和卫生规范； （三）**未取得卫生许可生产**用于传染病防治的消毒产品**，或者生产、销售的**用于传染病防治的消毒产品不符合国家卫生标准和卫生规范； （四）**生产、销售未取得卫生许可的利用新材料、新工艺技术和新杀菌原理生产**	第七十三条　违反本法规定，有下列情形之一，导致或者可能导致传染病传播、流行的，由县级以上人民政府卫生行政部门责令限期改正，没收违法所得，可以并处五万元以下的罚款；已取得许可证的，原发证部门可以依法暂扣或者吊销许可证；构成犯罪的，依法追究刑事责任： （一）饮用水供水单位供应的饮用水不符合国家卫生标准和卫生规范的； （二）涉及饮用水卫生安全的产品不符合国家卫生标准和卫生规范的； （三）用于传染病防治的消毒产品不符合国家卫生标准和卫生规范的； （四）出售、运输疫区中被传染病病原体污染或者可能被传染病病原体污染的物品，未进行消毒处理的； （五）生物制品生产单位生产的血液制品不符合国家质量标准的。

续表

修订后	修订前
的消毒剂和消毒器械； （五）出售、运输本法第六十六条规定的受影响的相关区域中被传染病病原体污染或者可能被传染病病原体污染的物品，未进行消毒处理。	

【适用精解】

本条由 2013 年《传染病防治法》第七十三条修改而来。

本条规定的是饮用水供水单位等主体的法律责任。

本条变化主要体现在四个方面：

一是行政处罚部门由"卫生行政部门"细化为"疾病预防控制部门"，明确其对传染病预防控制相关违法行为实施行政处罚的主体法律地位。

二是提高罚款额度，即由"五万元以下的罚款"提高至"二十万元以下罚款"，同时增加了限期禁业的规定，即"对直接负责的主管人员和其他直接责任人员可以禁止其五年内从事相应生产经营活动"。

三是增加违法行为类型。具体包括"未取得卫生许可擅自供水""生产、销售未取得卫生许可的涉及饮用水卫生安全的产品""未取得卫生许可生产用于传染病防治的消毒产品""生产、销售未取得卫生许可的利用新材料、新工艺技术和新杀菌原理生产的消毒剂和消毒器械"等。

四是本条在"供应的饮用水不符合国家卫生标准和卫生规范"增加关于后果的要求，即"造成或者可能造成传染病传播、暴发、流行"，提高了行政处罚的条件，以与危害后果的发生或者发生可能性相适应，是行政法比例原则的具体体现。

> 第一百零八条 【违反病原体管理秩序等责任】违反本法规定，有下列情形之一的，由县级以上人民政府卫生健康、疾病预防控制等部门依据职责责令改正，给予警告或者通报批评，没收违法所得，可以并处十万元以下罚款；情节严重的，可以由原发证部门依法吊销相关许可证，对直接负责的主管人员和其他直接责任人员依法给予处分，并可以由原发证部门责令有关责任人员暂停六个月以上一年以下执业活动直至依法吊销执业证书：

（一）疾病预防控制机构、医疗机构的实验室和从事病原微生物实验的单位，不符合国家规定的条件和技术标准，对传染病病原体和样本未按照规定的措施实行严格管理；

（二）违反国家有关规定，采集、保藏、提供、携带、运输、使用病原微生物菌（毒）种和传染病检测样本；

（三）医疗机构、疾病预防控制机构、检验检测机构未按照传染病检验检测技术规范和标准开展检验检测活动，或者出具虚假检验检测报告；

（四）生产、销售应当备案而未备案的消毒剂、消毒器械以及抗（抑）菌剂；

（五）公共场所、学校、托育机构的卫生条件和传染病预防、控制措施不符合国家卫生标准和卫生规范。

【新旧对照】

修订后	修订前
第一百零八条　违反本法规定，有下列情形之一的，由县级以上人民政府**卫生健康、疾病预防控制等**部门依据职责责令改正，给予警告或者通报批评，**没收违法所得，可以并处十万元以下罚款**；情节严重的，**可以由原发证部门依法**吊销相关许可证，对直接负责的主管人员和其他直接责任人员依法**给予处分，并可以由原发证部门责令有关责任人员暂停六个月以上一年以下执业活动直至依法吊销执业证书**： （一）疾病预防控制机构、医疗机构**的实验室**和从事病原微生物实验的单位，不符合国家规定的条件和技术标准，对传染病病原体和样本未按照规定**的措施**实行严格管理； （二）违反国家有关规定，采集、保藏、**提供**、携带、运输、使用**病原微生物菌（毒）**种和传染病检测样本； （三）医疗机构、疾病预防控制机构、**检验检测机构未按照传染病检验检测技术规范和标准开展检验检测活动，或者出具虚假检验检测报告**；	第七十四条　违反本法规定，有下列情形之一的，由县级以上地方人民政府卫生行政部门责令改正，通报批评，给予警告，已取得许可证的，可以依法暂扣或者吊销许可证；造成传染病传播、流行以及其他严重后果的，对负有责任的主管人员和其他直接责任人员，依法给予降级、撤职、开除的处分，并可以依法吊销有关责任人员的执业证书；构成犯罪的，依法追究刑事责任： （一）疾病预防控制机构、医疗机构和从事病原微生物实验的单位，不符合国家规定的条件和技术标准，对传染病病原体样本未按照规定进行严格管理，造成实验室感染和病原微生物扩散的； （二）违反国家有关规定，采集、保藏、携带、运输和使用传染病菌种、毒种和传染病检测样本的； （三）疾病预防控制机构、医疗机构未执行国家有关规定，导致因输入血液、使用血液制品引起经血液传播疾病发生的。

续表

修订后	修订前
（四）生产、销售应当备案而未备案的消毒剂、消毒器械以及抗（抑）菌剂； （五）公共场所、学校、托育机构的卫生条件和传染病预防、控制措施不符合国家卫生标准和卫生规范。	

【适用精解】

本条由 2013 年《传染病防治法》第七十四条修改而来。

本条规定的是违反病原体管理秩序等法律责任。

本条变化主要体现在三个方面：

一是将"县级以上地方人民政府卫生行政部门"**修改为**"县级以上人民政府**卫生健康、疾病预防控制等部门**"，突出国家机构改革后疾病预防控制部门作为实施行政处罚的主体法律地位。

二是细化了对单位和直接责任人员的行政处罚，如罚款的额度和暂停执业的期限等，更具可操作性。

三是在违法类型上进行完善。具体而言，增加"医疗机构的实验室……不符合国家规定的条件和技术标准，对传染病病原体和样本未按照规定的措施实行严格管理""提供……病原微生物菌（毒）种""检验检测机构未按照传染病检验检测技术规范和标准开展检验检测活动，或者出具虚假检验检测报告""生产、销售应当备案而未备案的消毒剂、消毒器械以及抗（抑）菌剂""公共场所、学校、托育机构的卫生条件和传染病预防、控制措施不符合国家卫生标准和卫生规范"等情形。

【相关法律法规】

《中华人民共和国刑法》《中华人民共和国固体废物污染环境防治法》《病原微生物实验室生物安全管理条例》

第一百零九条 【违反自然疫源地建设项目卫生管理的责任】违反本法规定,在国家确认的自然疫源地兴建水利、交通、旅游、能源等大型建设项目,未经卫生调查进行施工,或者未按照疾病预防控制机构的意见采取必要的传染病预防、控制措施的,由县级以上人民政府疾病预防控制部门责令限期改正,给予警告,并处十万元以上五十万元以下罚款;逾期不改正的,处五十万元以上一百万元以下罚款,提请有关人民政府依据职责权限责令停建、拆除,对直接负责的主管人员和其他直接责任人员依法给予处分。

【新旧对照】

修订后	修订前
第一百零九条 **违反本法规定**,在国家确认的自然疫源地兴建水利、交通、旅游、能源等大型建设项目,未经卫生调查进行施工,或者未按照疾病预防控制机构的意见采取必要的传染病预防、控制措施的,由县级以上人民政府**疾病预防控制部门**责令限期改正,给予警告,**并处十万元以上五十万元以下罚款;逾期不改正的,处五十万元以上一百万元以下罚款,提请有关人民政府依据职责权限责令停建、拆除,对直接负责的主管人员和其他直接责任人员依法给予处分。**	第七十六条 在国家确认的自然疫源地兴建水利、交通、旅游、能源等大型建设项目,未经卫生调查进行施工的,或者未按照疾病预防控制机构的意见采取必要的传染病预防、控制措施的,由县级以上人民政府卫生行政部门责令限期改正,给予警告,处五千元以上三万元以下的罚款;逾期不改正的,处三万元以上十万元以下的罚款,并可以提请有关人民政府依据职责权限,责令停建、关闭。

【适用精解】

本条由 2013 年《传染病防治法》第七十六条修改而来。

本条规定的是违反自然疫源地建设项目卫生管理的法律责任。

本条变化主要体现在五个方面:

一是增加"违反本法规定"的表述,更加强调行为违法性和本法的基础性法律地位。

二是对行使行政处罚的主体进行调整,由"县级以上人民政府卫生行政部门"细化为"县级以上人民政府疾病预防控制部门"。

三是大幅提高行政处罚的力度,增加违法成本和法律威慑力。

四是在处理方式上将"关闭"修改为"拆除"。拆除包含了"关闭",更加注重效果评价，修改后包容性更强，外延更广泛。

五是增加对直接负责的主管人员和其他直接责任人员的处分。

> **第一百一十条 【违反个人信息和隐私保护规定的责任】** 违反本法规定，县级以上人民政府卫生健康主管部门、疾病预防控制部门或者其他有关部门未依法履行个人信息保护义务的，由本级人民政府或者上级人民政府有关部门责令改正，通报批评；情节严重的，对负有责任的领导人员和直接责任人员依法给予处分。
>
> 医疗机构、疾病预防控制机构泄露传染病患者、病原携带者、疑似患者或者上述人员的密切接触者的个人隐私或者个人信息的，由县级以上人民政府卫生健康主管部门、疾病预防控制部门依据职责责令改正，给予警告或者通报批评，可以并处五万元以下罚款，对直接负责的主管人员和其他直接责任人员依法给予处分，对有关责任人员依照有关医师、护士管理等法律、行政法规规定追究法律责任。
>
> 传染病防治中其他未依法履行个人信息保护义务的，依照有关个人信息保护的法律、行政法规规定追究法律责任。

【新旧对照】

修订后	修订前
第一百一十条　违反本法规定，县级以上人民政府卫生健康主管部门、疾病预防控制部门或者其他有关部门未依法履行个人信息保护义务的，由本级人民政府或者上级人民政府有关部门责令改正，通报批评；情节严重的，对负有责任的领导人员和直接责任人员依法给予处分。 医疗机构、疾病预防控制机构泄露传染病患者、病原携带者、疑似患者或者上述人员的密切接触者的个人隐私或者个人信息的，由县级以上人民政府卫生健康主管部门、疾病预防控制部门依据职责责令改正，给予警告或者通报批评，可以并处五万元以下罚款，对直接负责的主管人员和其他直接责任人员依法给予处分，对有关责任人员依照有关医师、护士管理等法	无对应条款

续表

修订后	修订前
律、行政法规规定追究法律责任。 传染病防治中其他未依法履行个人信息保护义务的，依照有关个人信息保护的法律、行政法规规定追究法律责任。	

【适用精解】

本条属于新增条款。

本条规定的是违反个人信息和隐私保护规定的法律责任。

本条重点主要体现在两个方面：

一是实行双罚制。对于医疗机构、疾病预防控制机构泄露传染病患者、病原携带者、疑似患者或者上述人员的密切接触者的个人隐私或者个人信息的，**由县级以上人民政府卫生健康主管部门、疾病预防控制部门进行"双罚"**。其中，对人员的处罚，需要援引《中华人民共和国医师法》《护士条例》的相关规定。对于县级以上人民政府卫生健康主管部门、疾病预防控制部门或者其他有关部门未依法履行个人信息保护义务的情形，**由本级人民政府或者上级人民政府有关部门进行"双罚"**。

二是对于其他主体在传染病防治中未依法履行个人信息保护义务的情形，则主要依据《中华人民共和国个人信息保护法》《中华人民共和国民法典》等法律规范追究法律责任，法律适用保持了一定的开放性。

【相关法律法规】

《中华人民共和国医师法》《中华人民共和国个人信息保护法》《中华人民共和国民法典》《护士条例》《乡村医生从业管理条例》

> **第一百一十一条 【不配合传染病防治的责任】**违反本法规定，有下列情形之一的，由县级以上人民政府疾病预防控制部门责令改正，给予警告，对违法的单位可以并处二万元以下罚款，对违法的个人可以并处一千元以下罚款；情节严重的，由原发证部门依法吊销相关许可证或者营业执照：
> （一）拒不执行人民政府及其有关部门依法采取的传染病疫情防控措施；

（二）拒不接受和配合疾病预防控制机构依法采取的传染病疫情防控措施；

（三）拒不接受和配合疾病预防控制机构开展的流行病学调查，或者在流行病学调查中故意隐瞒传染病病情、传染病接触史或者传染病暴发、流行地区旅行史；

（四）甲类传染病患者、病原携带者、疑似患者或者上述人员的密切接触者拒绝接受和配合依法采取的隔离治疗、医学观察措施，或者隔离治疗、医学观察的期限未满擅自脱离；

（五）故意传播传染病；

（六）故意编造、散布虚假传染病疫情信息；

（七）其他妨害依法采取的传染病疫情防控措施的行为。

安排传染病患者、病原携带者、疑似患者从事法律、行政法规和国务院疾病预防控制部门规定禁止从事的易使该传染病扩散的工作的，由县级以上人民政府疾病预防控制部门责令改正，给予警告，可以并处二万元以下罚款；法律、行政法规另有规定的，依照其规定。

【新旧对照】

修订后	修订前
第一百一十一条　违反本法规定，有下列情形之一的，由县级以上人民政府疾病预防控制部门责令改正，给予警告，对违法的单位可以并处二万元以下罚款，对违法的个人可以并处一千元以下罚款；情节严重的，由原发证部门依法吊销相关许可证或者营业执照： （一）拒不执行人民政府及其有关部门依法采取的传染病疫情防控措施； （二）拒不接受和配合疾病预防控制机构依法采取的传染病疫情防控措施； （三）拒不接受和配合疾病预防控制机构开展的流行病学调查，或者在流行病学调查中故意隐瞒传染病病情、传染病接触史或者传染病暴发、流行地区旅行史； （四）甲类传染病患者、病原携带者、疑似患者或者上述人员的密切接触者拒绝接受和配合依法采取的隔离治疗、医学观	无对应条款

续表

修订后	修订前
察措施，或者隔离治疗、医学观察的期限未满擅自脱离； （五）故意传播传染病； （六）故意编造、散布虚假传染病疫情信息； （七）其他妨害依法采取的传染病疫情防控措施的行为。 安排传染病患者、病原携带者、疑似患者从事法律、行政法规和国务院疾病预防控制部门规定禁止从事的易使该传染病扩散的工作的，由县级以上人民政府疾病预防控制部门责令改正，给予警告，可以并处二万元以下罚款；法律、行政法规另有规定的，依照其规定。	

【适用精解】

本条属于新增条款。

本条规定的是不配合传染病防治的法律责任。

本条重点内容主要体现在两个方面：

一是对违法的单位和个人进行统一规定，并进行不同性质和不同力度的行政处罚。

二是明确列举单位和个人的违法类型，这种类型化处理，提升了法律适用的统一性，增强了社会实效。

第一百一十二条 【法律责任衔接】 违反本法规定，造成人身、财产损害的，依法承担民事责任；构成违反治安管理行为的，依法给予治安管理处罚；构成犯罪的，依法追究刑事责任。

【新旧对照】

修订后	修订前
第一百一十二条 违反本法规定，造成人身、财产损害的，依法承担民事责任；	第七十七条 单位和个人违反本法规定，导致传染病传播、流行，给他人人身、

续表

修订后	修订前
构成违反治安管理行为的，依法给予治安管理处罚；构成犯罪的，依法追究刑事责任。	财产造成损害的，应当依法承担民事责任。

【适用精解】

本条由 2013 年《传染病防治法》第七十七条修改而来。

本条规定的是法律责任的衔接。

本条变化主要体现在两个方面：

一是本条重在民事责任和刑事责任的规定，保持法律责任的完整性，实现了传染病防治违法行为多元化规制目标。因为在本法第八章法律责任中，除本条外，其他均重在规定相关违法行为的行政责任。

二是本条属于引致条款，在追究相关主体民事责任和刑事责任中，需要援引《中华人民共和国民法典》《中华人民共和国刑法》等法律法规的规定才能完成，本身难以单独适用。

【相关法律法规】

《中华人民共和国民法典》《中华人民共和国刑法》

第九章 附　　则

第一百一十三条　【术语解释】 本法中下列用语的含义：

（一）重大传染病疫情，是指造成或者可能造成公众生命安全和身体健康严重损害的传染病疫情。

（二）传染病患者、疑似患者，是指根据国务院卫生健康主管部门、疾病预防控制部门发布的传染病诊断标准，符合传染病患者、疑似患者诊断标准的人。

（三）病原携带者，是指感染传染病病原体无临床症状但能排出病原体的人。

（四）流行病学调查，是指对人群中疾病或者健康状况的分布及其决定因素进行调查研究，提出疾病预防、控制措施及保健对策。

（五）人畜共患传染病，是指人与脊椎动物共同罹患的传染病，如鼠疫、狂犬病、血吸虫病、包虫病等。

（六）自然疫源地，是指某些可引起人类传染病的病原体在自然界的野生动物中长期存在和循环的地区。

（七）病媒生物，是指能够将传染病病原体从人或者其他动物传播给人的生物，如鼠、蚊、蝇、蚤类等。

（八）医疗机构感染，是指在医疗机构内获得的感染，包括在医疗机构内发生的感染和在医疗机构内获得、离开医疗机构后发生的感染，但不包括进入医疗机构前已开始或者已处于潜伏期的感染。医疗机构工作人员在医疗机构内获得的感染也属医疗机构感染。

（九）实验室感染，是指从事实验室工作时，因接触传染病病原体所致的感染。

（十）消毒，是指用化学、物理、生物的方法杀灭或者消除环境中的病原微生物。

（十一）疾病预防控制机构，是指从事疾病预防控制活动的疾病预防控制中心以及铁路疾病预防控制机构等与上述机构业务活动相同的单位。

（十二）医疗机构，是指依法取得医疗机构执业许可证或者进行备案，从事疾病诊断、治疗活动的机构。

（十三）暴发，是指在局部地区或者集体单位短时间内突然出现很多症状相同的患者。这些患者多有相同的传染源或者传播途径，大多数患者常同时出现在该病的最短和最长潜伏期之间。

（十四）流行，是指在某地区某病的发病率显著超过该病历年发病率水平。

【新旧对照】

修订后	修订前
第一百一十三条　本法中下列用语的含义： （一）**重大传染病疫情，是指造成或者可能造成公众生命安全和身体健康严重损害的传染病疫情。** （二）**传染病患者、疑似患者，是指**根据国务院卫生健康主管部门、疾病预防控制部门发布的传染病诊断标准，符合传染病患者、疑似患者诊断标准的人。 （三）病原携带者，是指感染传染病病原体无临床症状但能排出病原体的人。 （四）流行病学调查，是指对人群中疾病或者健康状况的分布及其决定因素进行调查研究，提出疾病预防、控制措施及保健对策。 （五）人畜共患传染病，是指人与脊椎动物共同罹患的传染病，如鼠疫、狂犬病、血吸虫病、**包虫病**等。 （六）自然疫源地，是指某些可引起人类传染病的病原体在自然界的野生动物中长期存在和循环的地区。 （七）病媒生物，是指能够将传染病病原体从人或者其他动物传播给人的生物，如鼠、蚊、蝇、蚤类等。 （八）**医疗机构感染，是指在医疗机构内获得的感染，包括在医疗机构内发生的感染和在医疗机构内获得、离开医疗机构后发生的感染，但不包括进入医疗机构前已开始或者已处于潜伏期的感染。医疗机构工作人员在医疗机构内获得的感染也属医疗机构感染。** （九）实验室感染，是指从事实验室工作时，因接触传染病病原体所致的感染。 （十）消毒，是指用化学、物理、生物的方法杀灭或者消除环境中的病原微生物。 （十一）疾病预防控制机构，是指从事疾病预防控制活动的疾病预防控制中心以**及铁路疾病预防控制机构等**与上述机构业	第七十八条　本法中下列用语的含义： （一）传染病病人、疑似传染病病人：指根据国务院卫生行政部门发布的《中华人民共和国传染病防治法规定管理的传染病诊断标准》，符合传染病病人和疑似传染病病人诊断标准的人。 （二）病原携带者：指感染病原体无临床症状但能排出病原体的人。 （三）流行病学调查：指对人群中疾病或者健康状况的分布及其决定因素进行调查研究，提出疾病预防控制措施及保健对策。 （四）疫点：指病原体从传染源向周围播散的范围较小或者单个疫源地。 （五）疫区：指传染病在人群中暴发、流行，其病原体向周围播散时所能波及的地区。 （六）人畜共患传染病：指人与脊椎动物共同罹患的传染病，如鼠疫、狂犬病、血吸虫病等。 （七）自然疫源地：指某些可引起人类传染病的病原体在自然界的野生动物中长期存在和循环的地区。 （八）病媒生物：指能够将病原体从人或者其他动物传播给人的生物，如蚊、蝇、蚤类等。 （九）医源性感染：指在医学服务中，因病原体传播引起的感染。 （十）医院感染：指住院病人在医院内获得的感染，包括在住院期间发生的感染和在医院内获得出院后发生的感染，但不包括入院前已开始或者入院时已处于潜伏期的感染。医院工作人员在医院内获得的感染也属医院感染。 （十一）实验室感染：指从事实验室工作时，因接触病原体所致的感染。 （十二）菌种、毒种：指可能引起本法规定的传染病发生的细菌菌种、病毒毒种。

续表

修订后	修订前
务活动相同的单位。 （十二）医疗机构，是指**依法**取得医疗机构执业许可证**或者进行备案**，从事疾病诊断、治疗活动的机构。 （十三）**暴发**，是指在局部地区或者集体单位短时间内突然出现很多症状相同的患者。这些患者多有相同的传染源或者传播途径，大多数患者常同时出现在该病的最短和最长潜伏期之间。 （十四）流行，是指在某地区某病的发病率显著超过该病历年发病率水平。	（十三）消毒：指用化学、物理、生物的方法杀灭或者消除环境中的病原微生物。 （十四）疾病预防控制机构：指从事疾病预防控制活动的疾病预防控制中心以及与上述机构业务活动相同的单位。 （十五）医疗机构：指按照《医疗机构管理条例》取得医疗机构执业许可证，从事疾病诊断、治疗活动的机构。

【适用精解】

本条由 2013 年《传染病防治法》第七十八条修改而来。

本条规定的是术语解释。

本条变化主要体现在八个方面：

一是本条明确了重大传染病疫情的概念。

二是将"传染病病人、疑似传染病病人"修改为"传染病患者、疑似患者"，更为中性和规范。详见本书对本法第十六条的解析。

三是将"国务院卫生行政部门"修改为"国务院卫生健康主管部门、疾病预防控制部门"，主要是适应国家机构改革的现实，更为准确。详见本书对本法第三条的解析。

四是在"人畜共患传染病"中增加包虫病。包虫病是一种由棘球绦虫引起的全球性寄生虫病，严重威胁人类健康。本条将包虫病明确列入人畜共患传染病，体现了国家对防治该病的重视。

五是将"医院感染"修改为"医疗机构感染"，用词更加精确，因为医疗机构除医院之外，还包括门诊部、诊所、卫生室等其他形式，更具全面性。

六是对疾病预防控制机构的界定增加了"以及铁路疾病预防控制机构等"表述，不仅重点突出，而且更加完整。

七是对医疗机构的界定有两处变化：一方面增加了"依法"的表述，强调合法性；另一方面为了适应医疗机构审批制改革，增加了"备案"，与《中华人民共和国中医药法》《诊所备案管理暂行办法》等法律法规相衔接，即单位或者个人设置诊所先报拟设置诊所所在地县级人民政府卫生健康行政部门或中医药主管部门备案，在取得诊所备案凭证后即可开展执业活动。

八是借鉴《中华人民共和国传染病防治法实施办法》的规定，新增"暴发""流行"的概念界定，有利于社会公众更好理解本法的内容和精神。

【相关法律法规】

《医疗机构管理条例》《医疗机构管理条例实施细则》《国务院关于深化"证照分离"改革进一步激发市场主体发展活力的通知》

> 第一百一十四条 【突发公共卫生事件应对的法律适用衔接】传染病防治中有关突发公共卫生事件的应对，本法未作规定的，适用有关突发公共卫生事件应对的法律、行政法规规定。

【新旧对照】

修订后	修订前
第一百一十四条 传染病防治中有关**突发公共卫生事件的应对**，本法未作规定的，适用**有关突发公共卫生事件应对的法律**、行政法规规定。	第七十九条 传染病防治中有关食品、药品、血液、水、医疗废物和病原微生物的管理以及动物防疫和国境卫生检疫，本法未规定的，分别适用其他有关法律、行政法规的规定。

【适用精解】

本条由2013年《传染病防治法》第七十九条修改而来。

本条规定的是突发公共卫生事件应对的法律适用衔接。

《中华人民共和国突发事件应对法》第二条规定："本法所称突发事件，是指突然发生，造成或者可能造成严重社会危害，需要采取应急处置措施予以应对的自然灾害、事故灾难、公共卫生事件和社会安全事件。突发事件的预防与应急准备、监测与预警、应急处置与救援、事后恢复与重建等应对活动，适用本法。《中华人民共和国传染病防治法》等有关法律对突发公共卫生事件应对作出规定的，适用其规定。有关法律没有规定的，适用本法。"

本条的规定有两点需要注意：

一是明确突发传染病事件仅是突发公共卫生事件的一种特殊类型，按照"特别法优先于一般法"的法律适用原则，本法有规定的，应当优先适用本法的规定。

二是与《中华人民共和国突发事件应对法》第二条的规定保持协调，为实务部门准确适用法律提供明确依据，有利于促进执法的统一。

鉴于《中华人民共和国国境卫生检疫法》《中华人民共和国食品安全法》《中华人民共和国药品管理法》《中华人民共和国动物防疫法》等法律已经对与本法的衔接和法律适用作出规定，本法精简了相关内容，以避免进行重复规定。

【相关法律法规】

《中华人民共和国突发事件应对法》《中华人民共和国国境卫生检疫法》《中华人民共和国食品安全法》《中华人民共和国药品管理法》《中华人民共和国动物防疫法》

第一百一十五条 【施行日期】本法自 2025 年 9 月 1 日起施行。

【新旧对照】

修订后	修订前
第一百一十五条　本法自 2025 年 9 月 1 日起施行。	第八十条　本法自 2004 年 12 月 1 日起施行。

【适用精解】

本条由 2013 年《传染病防治法》第八十条修改而来。

本条规定的是施行日期。

本法于 2025 年 4 月 30 日进行第二次修订和全文公布，相应地，实施日期由 2004 年 12 月 1 日调整为 2025 年 9 月 1 日。**既体现"法不溯及既往"的原则和精神，也有利于给予社会各界足够的适应和准备时间。**在公布后至施行前的这段时间内，相关部门可以完善相关配套措施，如制定实施细则、培训执法人员等，以确保法律能够顺利、有效地实施。

附录

中华人民共和国传染病防治法

（1989年2月21日第七届全国人民代表大会常务委员会第六次会议通过　2004年8月28日第十届全国人民代表大会常务委员会第十一次会议第一次修订　根据2013年6月29日第十二届全国人民代表大会常务委员会第三次会议《关于修改〈中华人民共和国文物保护法〉等十二部法律的决定》修正　2025年4月30日第十四届全国人民代表大会常务委员会第十五次会议第二次修订　2025年4月30日中华人民共和国主席令第47号公布　自2025年9月1日起施行）

目　　录

第一章　总　　则
第二章　预　　防
第三章　监测、报告和预警
第四章　疫情控制
第五章　医疗救治
第六章　保障措施
第七章　监督管理
第八章　法律责任
第九章　附　　则

第一章　总　　则

第一条　【立法目的】为了预防、控制和消除传染病的发生与流行，保障公众生命安全和身体健康，防范和化解公共卫生风险，维护国家安全和社会稳定，根据宪法，制定本法。

第二条　【指导方针和基本原则】传染病防治工作坚持中国共产党的领导，坚持人民至上、生命至上，坚持预防为主、防治结合的方针，坚持依法防控、科学防控的原则。

第三条　【传染病定义、分类和目录调整】本法所称传染病，分为甲类传染病、乙类传染病、丙类传染病，以及突发原因不明的传染病等其他传染病。

甲类传染病，是指对人体健康和生命安全危害特别严重，可能造成重大经济损失和社会影响,需要特别严格管理、控制疫情蔓延的传染病,包括鼠疫、霍乱。

乙类传染病,是指对人体健康和生命安全危害严重,可能造成较大经济损失和社会影响,需要严格管理、降低发病率、减少危害的传染病,包括新型冠状病毒感染、传染性非典型肺炎、艾滋病、病毒性肝炎、脊髓灰质炎、人感染新亚型流感、麻疹、流行性出血热、狂犬病、流行性乙型脑炎、登革热、猴痘、炭疽、细菌性和阿米巴性痢疾、肺结核、伤寒和副伤寒、流行性脑脊髓膜炎、百日咳、白喉、新生儿破伤风、猩红热、布鲁氏菌病、淋病、梅毒、钩端螺旋体病、血吸虫病、疟疾。

丙类传染病,是指常见多发,对人体健康和生命安全造成危害,可能造成一定程度的经济损失和社会影响,需要关注流行趋势、控制暴发和流行的传染病,包括流行性感冒、流行性腮腺炎、风疹、急性出血性结膜炎、麻风病、流行性和地方性斑疹伤寒、黑热病、包虫病、丝虫病、手足口病,除霍乱、细菌性和阿米巴性痢疾、伤寒和副伤寒以外的感染性腹泻病。

国务院疾病预防控制部门根据传染病暴发、流行情况和危害程度,及时提出调整各类传染病目录的建议。调整甲类传染病目录,由国务院卫生健康主管部门报经国务院批准后予以公布;调整乙类、丙类传染病目录,由国务院卫生健康主管部门批准、公布。

第四条 【采取预防、控制措施的权限和程序】突发原因不明的传染病需要采取本法规定的甲类传染病预防、控制措施的,国务院疾病预防控制部门及时提出建议,由国务院卫生健康主管部门报经国务院批准后予以公布。

对乙类传染病中的传染性非典型肺炎、炭疽中的肺炭疽,采取本法规定的甲类传染病预防、控制措施。其他乙类传染病需要采取本法规定的甲类传染病预防、控制措施的,依照前款规定的程序批准、公布。

需要解除依照本条规定采取的甲类传染病预防、控制措施的,国务院疾病预防控制部门及时提出建议,由国务院卫生健康主管部门报经国务院批准后予以公布。

依照本法规定采取甲类传染病预防、控制措施的传染病,适用本法有关甲类传染病的规定。

第五条 【常见多发的其他传染病管理】省级人民政府对本行政区域常见多发的其他传染病,可以根据情况决定按照乙类或者丙类传染病管理并予以公布,报国务院疾病预防控制部门备案。

第六条 【传染病防治的"四方责任"】国家建立健全传染病防治体制机制,明确属地、部门、单位和个人责任,实行联防联控、群防群控。

第七条 【传染病防治体系和能力建设】各级人民政府加强对传染病防治工作的领导。

县级以上人民政府建立健全传染病防治的疾病预防控制、医疗救治、应急处置、物资保障和监督管理体系，加强传染病防治能力建设。

第八条　【传染病防治工作体制】国务院卫生健康主管部门牵头组织协调全国传染病疫情应对工作，负责全国传染病医疗救治的组织指导工作。国务院疾病预防控制部门负责全国传染病预防、控制的组织指导工作，负责全国传染病疫情应对相关工作。国务院其他有关部门在各自职责范围内负责传染病防治有关工作。

县级以上地方人民政府卫生健康主管部门牵头组织协调本行政区域传染病疫情应对工作，负责本行政区域传染病医疗救治的组织指导工作。县级以上地方人民政府疾病预防控制部门负责本行政区域传染病预防、控制的组织指导工作，负责本行政区域传染病疫情应对相关工作。县级以上地方人民政府其他有关部门在各自职责范围内负责传染病防治有关工作。

中国人民解放军、中国人民武装警察部队的传染病防治工作，依照本法和中央军事委员会的有关规定办理，由中央军事委员会负责卫生工作的部门实施监督管理。

第九条　【联防联控机制和应急指挥机构】国务院和县级以上地方人民政府的重大传染病疫情联防联控机制开展疫情会商研判，组织协调、督促推进疫情防控工作。

发生重大传染病疫情，构成突发公共卫生事件的，国务院和县级以上地方人民政府依照有关突发公共卫生事件应对的法律、行政法规规定设立应急指挥机构、启动应急响应。

第十条　【疾病预防控制网络】国家建立健全城乡一体、上下联动、功能完备的疾病预防控制网络。

国务院疾病预防控制部门领导各级疾病预防控制机构业务工作，建立上下联动的分工协作机制。

国家、省级疾病预防控制机构成立疾病预防控制专家委员会，为传染病防治提供咨询、评估、论证等专业技术支持。

第十一条　【中西医结合】国家坚持中西医并重，加强中西医结合，充分发挥中医药在传染病防治中的作用。

第十二条　【传染病防治科学研究】国家支持和鼓励开展传染病防治的科学研究，组织开展传染病防治和公共卫生研究工作以及多学科联合攻关，提高传染病防治的科学技术水平。

第十三条　【现代信息技术运用和个人信息保护】国家支持和鼓励在传染病防治中运用现代信息技术。

传染病防治中开展个人信息收集、存储、使用、加工、传输、提供、公开、删除等个人信息处理活动，应当遵守《中华人民共和国民法典》、《中华人民共和国个人信息保护法》等法律、行政法规的规定，采取措施确保个人信息安全，保护个人隐私，不得过度收集个人信息；相关信息不得用于传染病防治以外的目的。

第十四条 【单位和个人义务】中华人民共和国领域内的一切单位和个人应当支持传染病防治工作，接受和配合为预防、控制、消除传染病危害依法采取的调查、采集样本、检验检测、隔离治疗、医学观察等措施，根据传染病预防、控制需要采取必要的防护措施。

国家支持和鼓励单位和个人参与传染病防治工作。各级人民政府应当完善有关制度，提供便利措施，引导单位和个人参与传染病防治的宣传教育、疫情报告、志愿服务和捐赠等活动。

第十五条 【基层传染病预防、控制工作】疾病预防控制部门、街道办事处和乡镇人民政府应当开展群防群控工作，指导居民委员会、村民委员会协助做好城乡社区的传染病预防、控制工作。

居民委员会、村民委员会应当协助县级以上人民政府及其有关部门、街道办事处和乡镇人民政府做好城乡社区传染病预防、控制的宣传教育、健康提示以及疫情防控工作，组织城乡居民参与城乡社区的传染病预防、控制活动。

县级以上人民政府及其有关部门、街道办事处和乡镇人民政府应当为居民委员会、村民委员会开展传染病预防、控制工作提供必要的支持和保障。

第十六条 【传染病患者等人群保护】国家和社会应当关心、帮助传染病患者、病原携带者和疑似患者，使其得到及时救治。

任何单位或者个人不得歧视传染病患者、病原携带者和疑似患者，不得泄露个人隐私、个人信息。

第十七条 【疫情防控措施的比例原则和救济途径】采取传染病预防、控制措施，应当依照法定权限和程序，与传染病暴发、流行和可能造成危害的程度、范围等相适应；有多种措施可供选择的，应当选择有利于最大程度保护单位和个人合法权益，且对他人权益损害和生产生活影响较小的措施，并根据情况变化及时调整。

单位和个人认为有关地方人民政府、卫生健康主管部门、疾病预防控制部门和其他有关部门，以及疾病预防控制机构、医疗机构等实施的相关行政行为或者传染病预防、控制措施，侵犯其合法权益的，可以依法申请行政复议、提起诉讼。

第十八条 【传染病防治健康教育】国家开展传染病防治健康教育工作，加强传染病防治法治宣传，提高公众传染病防治健康素养和法治意识。

学校、托育机构应当结合年龄特点对学生和幼儿进行健康知识和传染病防治知识的教育。

新闻媒体应当开展传染病防治和公共卫生知识的公益宣传。

个人应当学习传染病防治知识，养成良好的卫生习惯，培养健康的生活方式。

第十九条 【国际交流与合作】国家支持和鼓励开展传染病防治的国际交流与合作。

第二十条 【传染病防治工作的激励和保障】对在传染病防治工作中做出显

著成绩和贡献的单位和个人，按照国家有关规定给予表彰、奖励。

对因参与传染病防治工作致病、致残、死亡的人员，按照有关规定给予补助、抚恤和优待。

第二章 预　　防

第二十一条　【爱国卫生运动】各级人民政府组织开展爱国卫生运动，完善公共卫生设施，改善人居环境状况，加强社会健康管理，提升全民健康水平。

第二十二条　【公共卫生和医疗废物处置】地方各级人民政府应当有计划地建设和改造城乡公共卫生设施，改善饮用水卫生条件，对污水、污物、粪便进行无害化处置。城市应当按照国家和地方有关标准修建公共厕所、垃圾和粪便无害化处置场以及排水和污水处理系统等公共卫生设施。农村应当逐步改造厕所，建立必要的卫生管理制度。

县级以上地方人民政府应当加强医疗废物收集处置能力建设。设区的市级人民政府应当确定医疗废物协同应急处置设施，提高重大传染病疫情医疗废物应急处置能力。

第二十三条　【传播传染病动物和病媒生物的危害消除】县级以上人民政府农业农村、水利、林业草原等部门依据职责指导、组织控制和消除农田、湖区、河流、牧场、林区、草原地区的鼠害与血吸虫危害，以及其他传播传染病的动物和病媒生物的危害。

交通运输、铁路、民用航空等部门依据职责指导、监督交通运输经营单位以及车站、港口、机场等相关场所的运营单位消除鼠害和蚊、蝇等病媒生物的危害。

第二十四条　【免疫规划制度】国家实行免疫规划制度。政府免费向居民提供免疫规划疫苗。

国务院疾病预防控制部门制定国家免疫规划。省级人民政府在执行国家免疫规划时，可以根据本行政区域疾病预防、控制需要，增加免疫规划疫苗种类，加强重点地区、重点人群的预防接种，报国务院疾病预防控制部门备案并公布。

国家对儿童实行预防接种证制度。医疗机构、疾病预防控制机构与儿童的监护人、所在学校和托育机构应当相互配合，保证儿童及时接种免疫规划疫苗。

出现特别重大突发公共卫生事件或者其他严重威胁公众健康的紧急事件，可以依照《中华人民共和国疫苗管理法》的规定在一定范围和期限内紧急使用疫苗。

第二十五条　【疾控机构职责】各级疾病预防控制机构在传染病预防、控制中履行下列职责：

（一）实施传染病预防控制规划，制定传染病预防控制技术方案并组织实施；

（二）组织开展传染病监测，收集、分析和报告传染病监测信息，预测传染病

的发生、流行趋势;

(三)开展对传染病疫情和突发公共卫生事件的流行病学调查、风险评估、现场处理及其效果评价;

(四)开展传染病实验室检验检测、诊断、病原学鉴定;

(五)实施免疫规划,负责预防性生物制品的使用管理;

(六)开展健康教育、咨询,普及传染病防治知识;

(七)指导、培训下级疾病预防控制机构及其工作人员开展传染病预防、控制工作;

(八)指导医疗机构和学校、托育机构、养老机构、康复机构、福利机构、未成年人救助保护机构、救助管理机构、体育场馆、监管场所、车站、港口、机场等重点场所开展传染病预防、控制工作;

(九)开展传染病防治基础性研究、应用性研究和卫生评价,提供技术咨询。

国家、省级疾病预防控制机构主要负责对传染病发生、流行以及分布进行监测,对重点传染病流行趋势进行预测,提出预防、控制对策,参与并指导对暴发的传染病疫情进行调查处理,开展传染病病原学鉴定,建立检验检测质量控制体系,开展基础性研究、应用性研究、卫生评价以及标准规范制定。

设区的市级、县级疾病预防控制机构主要负责传染病预防控制规划、预防控制技术方案的落实,组织实施免疫、消毒,指导病媒生物危害控制,普及传染病防治知识,负责本地区传染病和突发公共卫生事件监测、报告,开展流行病学调查和常见病原微生物检测,开展应用性研究和卫生评价。

第二十六条 【医疗机构专门科室和指定人员职责】二级以上医疗机构应当有专门的科室并指定专门的人员,承担本机构的传染病预防、控制和传染病疫情报告以及责任区域内的传染病预防工作。

基层医疗卫生机构应当有专门的科室或者指定人员负责传染病预防、控制管理工作,在疾病预防控制机构指导下,承担本机构的传染病预防、控制和责任区域内的传染病防治健康教育、预防接种、传染病疫情报告、传染病患者健康监测以及城乡社区传染病疫情防控指导等工作。

第二十七条 【医疗机构内传染病的预防和防止传播】医疗机构的基本标准、建筑设计和服务流程应当符合预防医疗机构感染的要求,降低传染病在医疗机构内传播的风险。

医疗机构应当严格执行国家规定的管理制度、操作规范,加强与医疗机构感染有关的危险因素监测、安全防护、消毒、隔离和医疗废物、医疗污水处置工作,防止传染病在医疗机构内的传播。

医疗机构应当按照规定对使用的医疗器械进行消毒或者灭菌;对按照规定一次性使用的医疗器械,应当在使用后予以销毁。

第二十八条 【重点传染病和突发原因不明的传染病预防控制应急预案】国

务院疾病预防控制部门拟订国家重点传染病和突发原因不明的传染病预防控制应急预案，由国务院卫生健康主管部门批准、公布。

县级以上地方人民政府制定本行政区域重点传染病和突发原因不明的传染病预防控制应急预案，报上一级人民政府备案并予以公布。鼓励毗邻、相近地区的地方人民政府制定应对区域性传染病的联合预防控制应急预案。

传染病预防控制应急预案应当根据本法和其他有关法律、法规的规定，针对传染病暴发、流行情况和危害程度，具体规定传染病预防、控制工作的组织指挥体系和职责，传染病预防、监测、疫情报告和通报、疫情风险评估、预警、应急工作方案、人员调集以及物资和技术储备与调用等内容。

第二十九条 【医疗卫生机构和重点场所应急预案】医疗卫生机构和学校、托育机构、养老机构、康复机构、福利机构、未成年人救助保护机构、救助管理机构、体育场馆、监管场所、车站、港口、机场等重点场所，应当制定本单位传染病预防控制应急预案。

第三十条 【应急预案要求和演练】传染病预防控制应急预案应当增强科学性、针对性和可操作性，并根据实际需要和形势变化及时修订。

县级以上人民政府疾病预防控制部门应当根据有关传染病预防控制应急预案定期组织开展演练。医疗卫生机构和学校、托育机构、养老机构、康复机构、福利机构、未成年人救助保护机构、救助管理机构、体育场馆、监管场所、车站、港口、机场等重点场所应当根据本单位传染病预防控制应急预案开展演练。

第三十一条 【病原微生物实验室生物安全】疾病预防控制机构、医疗机构的实验室和从事病原微生物实验的单位，应当遵守有关病原微生物实验室生物安全的法律、行政法规规定，符合国家规定的条件和技术标准，建立严格的管理制度，对传染病病原体和样本按照规定的措施实行严格管理，严防传染病病原体的实验室感染和扩散。

第三十二条 【血液和血液制品有关要求】采供血机构、生物制品生产单位应当严格执行国家有关规定，保证血液、血液制品的质量和安全。

禁止非法采集血液或者组织他人出卖血液。

疾病预防控制机构、医疗机构使用血液和血液制品，应当遵守国家有关规定，防止因输入血液、使用血液制品引起经血液传播疾病的发生。

第三十三条 【艾滋病防治】各级人民政府应当加强艾滋病的防治工作，采取预防、控制措施，防止艾滋病的传播。具体办法由国务院制定。

第三十四条 【人畜共患传染病防治】国家建立健全人畜共患传染病防治的协作机制，统筹规划、协同推进预防、控制工作，做好重点人群健康教育、传染病监测、疫情调查处置和信息通报等工作。

县级以上人民政府农业农村、林业草原、卫生健康、疾病预防控制等部门依据职责负责与人畜共患传染病有关的动物传染病的防治管理工作，重点加强鼠疫、狂犬病、人感染新亚型流感、布鲁氏菌病、炭疽、血吸虫病、包虫病等人畜共患传染病的防治工作。

第三十五条　【病原微生物菌（毒）种管理】国家建立病原微生物菌（毒）种保藏库。

对病原微生物菌（毒）种和传染病检测样本的采集、保藏、提供、携带、运输、使用实行分类管理，建立健全严格的管理制度。从事相关活动应当遵守有关病原微生物实验室生物安全的法律、行政法规规定；依法需要经过批准或者进行备案的，应当取得批准或者进行备案。

第三十六条　【消毒处理】对被传染病病原体污染的水、物品和场所，有关单位和个人应当在疾病预防控制机构的指导下或者按照其提出的卫生要求，进行科学严格消毒处理；拒绝消毒处理的，由当地疾病预防控制部门组织进行强制消毒处理。

第三十七条　【自然疫源地建设项目管理】在国家确认的自然疫源地计划兴建水利、交通、旅游、能源等大型建设项目的，应当事先由省级以上疾病预防控制机构对施工环境进行卫生调查。建设单位应当根据疾病预防控制机构的意见，采取必要的传染病预防、控制措施。施工期间，建设单位应当设专人负责工地上的卫生防疫工作。施工期间和工程竣工后，疾病预防控制机构应当对可能发生的传染病进行监测。

第三十八条　【消毒产品和饮用水安全管理】用于传染病防治的消毒产品、饮用水供水单位供应的饮用水和涉及饮用水卫生安全的产品，应当符合国家卫生标准和卫生规范。

用于传染病防治的消毒产品的生产企业，应当经省级人民政府疾病预防控制部门批准，取得卫生许可。利用新材料、新工艺技术和新杀菌原理生产的消毒剂和消毒器械，应当经国务院疾病预防控制部门批准，取得卫生许可；其他消毒剂、消毒器械以及抗（抑）菌剂，应当报省级人民政府疾病预防控制部门备案。

饮用水供水单位应当经设区的市级或者县级人民政府疾病预防控制部门批准，取得卫生许可。涉及饮用水卫生安全的产品应当经省级以上人民政府疾病预防控制部门批准，取得卫生许可。

第三十九条　【传染病患者、病原携带者和疑似患者义务】传染病患者、病原携带者和疑似患者应当如实提供相关信息，在治愈前或者在排除传染病嫌疑前，不得从事法律、行政法规和国务院疾病预防控制部门规定禁止从事的易使该传染病扩散的工作。

传染病患者、病原携带者、疑似患者以及上述人员的密切接触者应当采取必要的防护措施。

任何单位或者个人不得以任何方式故意传播传染病。

第四十条　【重点场所主体责任】学校、托育机构、养老机构、康复机构、福利机构、未成年人救助保护机构、救助管理机构、体育场馆、监管场所、车站、港口、机场等重点场所应当落实主体责任，加强传染病预防、控制能力建设，在疾病预防控制机构指导下开展传染病预防、控制工作。

第三章 监测、报告和预警

第四十一条 【传染病监测预警体系】国家加强传染病监测预警工作，建设多点触发、反应快速、权威高效的传染病监测预警体系。

第四十二条 【传染病监测制度】国家建立健全传染病监测制度。

国务院疾病预防控制部门会同国务院有关部门制定国家传染病监测规划和方案。省级人民政府疾病预防控制部门会同同级人民政府有关部门，根据国家传染病监测规划和方案，制定本行政区域传染病监测计划和工作方案，报国务院疾病预防控制部门审核后实施。

国家加强传染病监测，依托传染病监测系统实行传染病疫情和突发公共卫生事件网络直报，建立重点传染病以及原因不明的传染病监测哨点，拓展传染病症状监测范围，收集传染病症候群、群体性不明原因疾病等信息，建立传染病病原学监测网络，多途径、多渠道开展多病原监测，建立智慧化多点触发机制，增强监测的敏感性和准确性，提高实时分析、集中研判能力，及时发现传染病疫情和突发公共卫生事件。

第四十三条 【传染病监测内容和重点】疾病预防控制机构对传染病的发生、流行以及影响其发生、流行的因素进行监测，及时掌握重点传染病流行强度、危害程度以及病原体变异情况。

疾病预防控制机构应当加强原因不明的传染病监测，提高快速发现和及时甄别能力；对新发传染病、境内已消除的传染病以及境外发生、境内尚未发生的传染病进行监测。

第四十四条 【信息共享】国家建立跨部门、跨地域的传染病监测信息共享机制，加强卫生健康、疾病预防控制、生态环境、农业农村、海关、市场监督管理、移民管理、林业草原等部门的联动监测和信息共享。

国家建立临床医疗、疾病预防控制信息的互通共享制度，加强医防协同，推动医疗机构等的信息系统与传染病监测系统互联互通，建立健全传染病诊断、病原体检测数据等的自动获取机制，规范信息共享流程，确保个人信息安全。

第四十五条 【传染病疫情报告制度】国家建立健全传染病疫情报告制度。

疾病预防控制机构、医疗机构和采供血机构及其执行职务的人员发现甲类传染病患者、病原携带者、疑似患者或者新发传染病、突发原因不明的传染病，以及其他传染病暴发、流行时，应当于两小时内进行网络直报；发现乙类传染病患者、疑似患者或者国务院疾病预防控制部门规定需要报告的乙类传染病病原携带者时，应当于二十四小时内进行网络直报；发现丙类传染病患者时，应当于二十四小时内进行网络直报。

中国人民解放军、中国人民武装警察部队的医疗机构向社会公众提供医疗服务的，应当依照前款规定报告传染病疫情。

传染病疫情报告遵循属地管理原则，具体办法由国务院疾病预防控制部门制定。

第四十六条 【传染病疫情报告管理制度】疾病预防控制机构、医疗机构和采供血机构应当建立健全传染病疫情报告管理制度，加强传染病疫情和相关信息报告的培训、日常管理和质量控制，定期对本机构报告的传染病疫情和相关信息以及报告质量进行分析、汇总和通报。

第四十七条 【重点场所、检验检测机构的报告义务】学校、托育机构、养老机构、康复机构、福利机构、未成年人救助保护机构、救助管理机构、体育场馆、监管场所、车站、港口、机场等重点场所发现传染病患者、疑似患者时，应当按照国务院疾病预防控制部门的规定，向所在地疾病预防控制机构报告有关信息。

检验检测机构等应当按照国务院疾病预防控制部门的规定，向所在地疾病预防控制机构报告与传染病防治有关的信息。

第四十八条 【单位和个人报告义务及途径】任何单位和个人发现传染病患者、疑似患者时，应当及时向附近的疾病预防控制机构、医疗机构或者疾病预防控制部门报告。

疾病预防控制部门应当公布热线电话等，畅通报告途径，确保及时接收、调查和处理相关报告信息。

第四十九条 【疾控机构和疾控部门报告职责】疾病预防控制机构应当设立或者指定专门的部门、人员负责传染病疫情信息管理工作，主动收集、分析、调查、核实传染病疫情信息。

疾病预防控制机构接到甲类传染病、新发传染病、突发原因不明的传染病报告或者发现传染病暴发、流行时，应当于两小时内完成传染病疫情信息核实以及向同级卫生健康主管部门、疾病预防控制部门和上级疾病预防控制机构报告的工作。疾病预防控制部门接到报告后应当立即报告同级人民政府，同时报告上一级人民政府卫生健康主管部门、疾病预防控制部门和国务院卫生健康主管部门、疾病预防控制部门。

第五十条 【疫情报告职责要求】任何单位或者个人不得干预传染病疫情报告。

依照本法规定负有传染病疫情报告职责的人民政府有关部门、疾病预防控制机构、医疗机构、采供血机构及其工作人员，不得隐瞒、谎报、缓报、漏报传染病疫情。

第五十一条 【疫情报告奖励和免责】对及时发现并报告新发传染病、突发原因不明的传染病的单位和个人，按照国家有关规定给予奖励。

对经调查排除传染病疫情的，报告的单位和个人不承担法律责任。

第五十二条 【传染病疫情风险评估制度】国家建立健全传染病疫情风险评估制度。

疾病预防控制机构应当及时分析传染病和健康危害因素相关信息，评估发生传染病疫情的风险、可能造成的影响以及疫情发展态势。

第五十三条 【传染病预警制度】国家建立健全传染病预警制度。

疾病预防控制机构根据传染病监测信息和传染病疫情风险评估结果，向社会发布健康风险提示；发现可能发生突发公共卫生事件，经评估认为需要发布预警的，向同级疾病预防控制部门提出发布预警的建议。疾病预防控制部门收到建议后应当及时组织专家进行分析研判，需要发布预警的，由卫生健康主管部门、疾病预防控制部门立即向同级人民政府报告。

县级以上人民政府依照有关突发公共卫生事件应对的法律、行政法规和国务院规定的权限和程序，决定向社会发布预警。

第五十四条 【向疾控机构和医疗机构通报】县级以上地方人民政府疾病预防控制部门应当及时向本行政区域的疾病预防控制机构和医疗机构通报传染病疫情以及监测、预警的相关信息。接到通报的疾病预防控制机构和医疗机构应当及时报告本机构的主要负责人，并告知本机构的有关人员。

第五十五条 【疾控部门间通报机制】国务院疾病预防控制部门应当及时向省级人民政府疾病预防控制部门和中央军事委员会负责卫生工作的部门通报全国传染病疫情以及监测、预警的相关信息。中央军事委员会负责卫生工作的部门发现传染病疫情时，应当向国务院疾病预防控制部门通报。

毗邻或者相关地区的地方人民政府疾病预防控制部门，应当及时相互通报本行政区域的传染病疫情以及监测、预警的相关信息。

第五十六条 【部门间通报机制和传染病暴发、流行时的工作机制】县级以上人民政府疾病预防控制部门与同级人民政府教育、公安、民政、司法行政、生态环境、农业农村、市场监督管理、林业草原、中医药等部门建立传染病疫情通报机制，及时共享传染病疫情信息。

传染病暴发、流行时，国务院卫生健康、疾病预防控制、外交、工业和信息化、公安、交通运输、铁路、民用航空、海关、移民管理等部门以及中国人民解放军、中国人民武装警察部队的有关单位和部门等建立工作机制，及时共享传染病疫情信息。

第五十七条 【传染病疫情信息公布制度】国家建立健全传染病疫情信息公布制度。

国务院疾病预防控制部门定期向社会公布全国传染病疫情信息。县级以上地方人民政府疾病预防控制部门定期向社会公布本行政区域的传染病疫情信息。

传染病暴发、流行时，县级以上地方人民政府疾病预防控制部门应当及时、准确地向社会公布本行政区域传染病名称、流行传播范围以及确诊病例、疑似病例、死亡病例数量等传染病疫情信息。传染病跨省级行政区域暴发、流行时，国务院疾病预防控制部门应当及时、准确地向社会公布上述信息。

县级以上人民政府疾病预防控制部门发现虚假或者不完整传染病疫情信息的，应当及时发布准确的信息予以澄清。

传染病疫情信息公布的具体办法由国务院疾病预防控制部门制定。

第四章　疫情控制

第五十八条　【隔离治疗和医学观察措施】医疗机构、疾病预防控制机构发现甲类传染病时，应当立即采取下列措施，并向县级以上地方人民政府疾病预防控制部门报告：

（一）对甲类传染病患者、病原携带者，予以隔离治疗、医学观察；

（二）对甲类传染病疑似患者，确诊前单独隔离治疗；

（三）对甲类传染病患者、病原携带者、疑似患者的密切接触者，予以医学观察，并采取其他必要的预防措施。

医疗机构、疾病预防控制机构对甲类传染病患者、病原携带者、疑似患者以及上述人员的密切接触者采取隔离治疗、医学观察措施，应当根据国家有关规定和医学检查结果科学合理确定具体人员范围和期限，并根据情况变化及时调整。采取隔离治疗、医学观察措施，不得超出规定的范围和期限。

医疗机构、疾病预防控制机构应当向甲类传染病患者、病原携带者、疑似患者以及上述人员的密切接触者书面告知诊断或者判定结果和依法应当采取的措施。

甲类传染病患者、病原携带者、疑似患者以及上述人员的密切接触者应当主动接受和配合医学检查、隔离治疗、医学观察等措施。

拒绝隔离治疗、医学观察或者隔离治疗、医学观察的期限未满擅自脱离的，由公安机关协助医疗机构、疾病预防控制机构采取强制隔离治疗、医学观察措施。

第五十九条　【甲类传染病患者、疑似患者移交】医疗机构、疾病预防控制机构接到其他单位和个人报告甲类传染病的，有关甲类传染病患者、疑似患者的移交按照国务院疾病预防控制部门的规定执行。

第六十条　【乙类、丙类传染病患者的治疗和控制传播措施】医疗机构发现乙类或者丙类传染病患者时，应当根据病情采取必要的治疗和控制传播措施。

县级以上地方人民政府疾病预防控制部门指定的医疗机构对肺结核患者进行

治疗；对具有传染性的肺结核患者进行耐药检查和规范隔离治疗，对其密切接触者进行筛查。基层医疗卫生机构对肺结核患者进行健康管理。具体办法由国务院疾病预防控制部门拟订，报国务院卫生健康主管部门审核、发布。

第六十一条 【消毒和无害化处置】医疗机构对本机构内被传染病病原体污染的场所、物品以及医疗废物、医疗污水，应当依照有关法律、行政法规的规定实施消毒和无害化处置。

第六十二条 【疾控机构采取的措施】疾病预防控制机构发现传染病疫情或者接到传染病疫情报告时，应当及时采取下列措施：

（一）对传染病疫情进行流行病学调查，根据调查情况提出对受影响的相关区域的防控建议，对被污染的场所进行卫生处理，判定密切接触者，指导做好对密切接触者的管理，并向疾病预防控制部门提出传染病疫情防控方案；

（二）传染病暴发、流行时，对受影响的相关区域进行卫生处理，向疾病预防控制部门提出传染病疫情防控方案，并按照传染病疫情防控相关要求采取措施；

（三）指导下级疾病预防控制机构、医疗机构实施传染病预防、控制措施，组织、指导有关单位对传染病疫情的处理。

有关单位和个人应当接受和配合疾病预防控制机构开展流行病学调查，如实提供信息。疾病预防控制机构开展流行病学调查，需要有关部门和单位协助的，有关部门和单位应当予以协助。

发生传染病疫情时，疾病预防控制机构和省级以上人民政府疾病预防控制部门指派的其他与传染病有关的专业技术机构，可以进入受影响的相关区域进行调查、采集样本、技术分析和检验检测。被调查单位和个人应当如实提供信息；任何单位或者个人不得隐瞒信息、阻碍调查。

第六十三条 【传染病暴发、流行时的紧急措施】传染病暴发、流行时，县级以上地方人民政府应当立即组织力量，按照传染病预防控制应急预案进行防治，控制传染源，切断传染病的传播途径；发生重大传染病疫情，经评估必要时，可以采取下列紧急措施：

（一）限制或者停止集市、影剧院演出或者其他人群聚集的活动；

（二）停工、停业、停课；

（三）封闭或者封存被传染病病原体污染的公共饮用水源、食品以及相关物品；

（四）控制或者扑杀、无害化处理染疫动物；

（五）封闭可能造成传染病扩散的场所；

（六）防止传染病传播的其他必要措施。

县级以上地方人民政府采取前款规定的紧急措施，应当同时向上一级人民政府报告。接到报告的上级人民政府认为采取的紧急措施不适当的，应当立即调整或者撤销。

必要时，国务院或者国务院授权的部门可以决定在全国或者部分区域采取本条第一款规定的紧急措施。

第六十四条　【隔离措施】对已经发生甲类传染病病例的场所或者该场所内的特定区域的人员，所在地县级以上地方人民政府可以实施隔离措施，同时向上一级人民政府报告。接到报告的上级人民政府认为实施的隔离措施不适当的，应当立即调整或者撤销。

被实施隔离措施的人员应当予以配合；拒绝执行隔离措施的，由公安机关协助疾病预防控制机构采取强制隔离措施。

第六十五条　【对新发传染病、突发原因不明传染病的防控措施】发生新发传染病、突发原因不明的传染病，县级以上地方人民政府经评估认为确有必要的，可以预先采取本法规定的甲类传染病预防、控制措施，同时向上一级人民政府报告。接到报告的上级人民政府认为预先采取的预防、控制措施不适当的，应当立即调整或者撤销。

第六十六条　【卫生检疫和区域封锁】因甲类、乙类传染病发生重大传染病疫情时，县级以上地方人民政府报经上一级人民政府决定，可以对进入或者离开本行政区域受影响的相关区域的人员、物资和交通工具实施卫生检疫。

因甲类传染病发生重大传染病疫情时，省级人民政府可以决定对本行政区域受影响的相关区域实施封锁；封锁大、中城市或者跨省级行政区域的受影响的相关区域，以及因封锁导致中断干线交通或者封锁国境的，由国务院决定。

第六十七条　【疫情防控措施的程序及相关保障】依照本法第六十三条至第六十六条规定采取传染病疫情防控措施时，决定采取措施的机关应当向社会发布公告，明确措施的具体内容、实施范围和实施期限，并进行必要的解释说明。相关疫情防控措施的解除，由原决定机关决定并宣布。

采取前款规定的措施期间，当地人民政府应当保障食品、饮用水等基本生活必需品的供应，提供基本医疗服务，维护社会稳定；对未成年人、老年人、残疾人、孕产期和哺乳期的妇女以及需要及时救治的伤病人员等群体给予特殊照顾和安排，并确保相关人员获得医疗救治。当地人民政府应当公布求助电话等，畅通求助途径，及时向有需求的人员提供帮助。

因采取本法第五十八条、第六十三条至第六十六条规定的措施导致劳动者不能工作的，用人单位应当保留其工作，按照规定支付其在此期间的工资、发放生活费。用人单位可以按照规定享受有关帮扶政策。

第六十八条　【交通卫生检疫】发生甲类传染病时，为了防止该传染病通过交通工具及其乘运的人员、物资传播，省级人民政府可以决定实施交通卫生检疫。具体办法由国务院制定。

第六十九条　【紧急调集、调用和临时征用】发生重大传染病疫情时，根据传染病疫情防控的需要，国务院及其有关部门有权在全国或者跨省级行政区域范围内,县级以上地方人民政府及其有关部门有权在本行政区域内,紧急调集人员或者调用储备物资,临时征用房屋、交通工具以及相关设施、设备、场地和其他物资,要求有关单位和个人提供技术支持。

紧急调集人员的,应当按照规定给予合理报酬。临时征用房屋、交通工具以及相关设施、设备、场地和其他物资,要求有关单位和个人提供技术支持的,应当依法给予公平、合理的补偿;能返还的,应当及时返还。

第七十条　【检验检测要求】医疗机构、疾病预防控制机构、检验检测机构应当按照传染病检验检测技术规范和标准开展检验检测活动,加强检验检测质量控制。

第七十一条　【传染病患者尸体处理】患甲类传染病、炭疽死亡的,应当将其尸体立即进行卫生处理,就近火化;患其他传染病死亡的,必要时应当将其尸体进行卫生处理后火化或者按照规定深埋。对尸体进行火化或者深埋应当及时告知死者家属。

为了查找传染病病因,医疗机构在必要时可以按照国务院卫生健康主管部门、疾病预防控制部门的规定,对传染病患者尸体或者疑似传染病患者尸体进行解剖查验,并应当及时告知死者家属。对尸体进行解剖查验应当在符合生物安全条件的场所进行。

第七十二条　【被污染物品再使用的消毒处理】本法第六十六条规定的受影响的相关区域中被传染病病原体污染或者可能被传染病病原体污染的物品,经消毒可以使用的,应当在疾病预防控制机构的指导下,进行消毒处理后,方可使用、出售和运输。

第七十三条　【疫情防控所需物资的生产、供应和运输】传染病暴发、流行时,有关生产、供应单位应当及时生产、供应传染病疫情防控所需的药品、医疗器械和其他应急物资。交通运输、邮政、快递经营单位应当优先运送参与传染病疫情防控的人员以及传染病疫情防控所需的药品、医疗器械和其他应急物资。县级以上人民政府有关部门应当做好组织协调工作。

第七十四条　【疫情防控措施的救济途径】单位和个人认为采取本法第五十八条、第六十三条至第六十六条规定的传染病疫情防控措施侵犯其合法权益的,可以向县级以上地方人民政府或者其指定的部门提出申诉,申诉期间相关措施不停止执行。县级以上地方人民政府应当畅通申诉渠道,完善处理程序,确保有关申诉及时处理。

第五章　医疗救治

第七十五条　【救治服务网络建设】县级以上人民政府应当加强和完善常态

与应急相结合的传染病医疗救治服务网络建设,指定具备传染病救治条件和能力的医疗机构承担传染病救治任务,根据传染病救治需要设置传染病专科医院。

第七十六条　【重大传染病疫情医疗救治体系】国家建立健全重大传染病疫情医疗救治体系,建立由传染病专科医院、综合医院、中医医院、院前急救机构、临时性救治场所、基层医疗卫生机构、血站等构成的综合医疗救治体系,对传染病患者进行分类救治,加强重症患者医疗救治,提高重大传染病疫情医疗救治能力。

第七十七条　【医疗救护、现场救援和接诊治疗】医疗机构应当对传染病患者、疑似患者提供医疗救护、现场救援和接诊治疗,按照规定填写并妥善保管病历记录以及其他有关资料。

医疗机构应当按照国务院卫生健康主管部门的规定设置发热门诊,加强发热门诊标准化建设,优化服务流程,提高服务能力。

医疗机构应当实行传染病预检、分诊制度;对传染病患者、疑似患者,应当引导至相对隔离的分诊点进行初诊。医疗机构不具备相应救治能力的,应当将传染病患者、疑似患者及其病历记录一并转至具备相应救治能力的医疗机构。转诊过程中,对传染病患者、疑似患者应当采取必要的防护措施。

第七十八条　【传染病诊断和救治】医疗机构应当按照传染病诊断标准和治疗要求采取相应措施,充分发挥中西医各自优势,加强中西医结合,提高传染病诊断和救治能力。

国家支持和鼓励医疗机构结合自身特色,加强传染病诊断和救治研究。

第七十九条　【药品、医疗器械的研制和创新】国家鼓励传染病防治用药品、医疗器械的研制和创新,对防治传染病急需的药品、医疗器械予以优先审评审批。

因重大传染病疫情医疗救治紧急需要,医师可以按照国家统一制定的诊疗方案,在一定范围和期限内采用药品说明书中未明确的药品用法进行救治。

发生重大传染病疫情,构成特别重大突发公共卫生事件的,国务院卫生健康主管部门根据传染病预防、控制和医疗救治需要提出紧急使用药物的建议,经国务院药品监督管理部门组织论证同意后可以在一定范围和期限内紧急使用。

第八十条　【重大传染病疫情心理援助制度】国家建立重大传染病疫情心理援助制度。县级以上地方人民政府应当组织专业力量,定期开展培训和演练;发生重大传染病疫情时,对传染病患者、接受医学观察的人员、病亡者家属、相关工作人员等重点人群以及社会公众及时提供心理疏导和心理干预等服务。

第六章　保障措施

第八十一条　【传染病防治工作纳入规划】国家将传染病防治工作纳入国民

经济和社会发展规划，县级以上地方人民政府将传染病防治工作纳入本行政区域的国民经济和社会发展规划。

第八十二条 【传染病防治的财政经费保障】县级以上地方人民政府按照本级政府职责，负责本行政区域传染病预防、控制工作经费。

国务院卫生健康主管部门、疾病预防控制部门会同国务院有关部门，根据传染病流行趋势，确定全国传染病预防、监测、预测、预警、控制、救治、监督检查等项目。各级财政按照事权划分做好经费保障。

省级人民政府根据本行政区域传染病流行趋势，在国务院卫生健康主管部门、疾病预防控制部门确定的项目基础上，确定传染病预防、监测、检测、风险评估、预测、预警、控制、救治、监督检查等项目，并保障项目的实施经费。

第八十三条 【疾控机构、医疗卫生机构经费保障】县级以上人民政府应当按照规定落实疾病预防控制机构基本建设、设备购置、学科建设、人才培养等相关经费；对其他医疗卫生机构承担疾病预防控制任务所需经费按照规定予以保障。

第八十四条 【基层传染病防治体系建设】国家加强基层传染病防治体系建设，扶持欠发达地区、民族地区和边境地区的传染病防治工作。

地方各级人民政府应当保障基层传染病预防、控制工作的必要经费。

第八十五条 【医疗机构疾病防控能力建设】国家加强医疗机构疾病预防控制能力建设，持续提升传染病专科医院、综合医院的传染病监测、检验检测、诊断和救治、科学研究等能力和水平。

国家创新医防协同、医防融合机制，推进医疗机构与疾病预防控制机构深度协作。

第八十六条 【人才队伍和学科建设】国家加强传染病防治人才队伍建设，推动传染病防治相关学科建设。

开设医学专业的院校应当加强预防医学教育和科学研究，对在校医学专业学生以及其他与传染病防治相关的人员进行预防医学教育和培训，为传染病防治工作提供专业技术支持。

疾病预防控制机构、医疗机构等应当定期对其工作人员进行传染病防治知识、技能的培训。

第八十七条 【信息化建设】县级以上人民政府应当加强疾病预防控制信息化建设，将其纳入全民健康信息化建设。

县级以上人民政府应当建立传染病预防控制信息共享机制，利用全民健康信息平台、政务数据共享平台、应急管理信息系统等，共享并综合应用相关数据。

国家加强传染病防治相关网络安全和数据安全管理工作，提高技术防范水平。

第八十八条 【医疗费用保障】对符合国家规定的传染病医疗费用，基本医疗保险按照规定予以支付。

对患者、疑似患者治疗甲类传染病以及依照本法规定采取甲类传染病预防、控制措施的传染病的医疗费用，基本医疗保险、大病保险、医疗救助等按照规定支付后，其个人负担部分，政府按照规定予以补助。

国家对患有特定传染病的困难人群实行医疗救助，减免医疗费用。

国家鼓励商业保险机构开发传染病防治相关保险产品。

第八十九条　【公共卫生应急物资保障】国家建立健全公共卫生应急物资保障体系，提高传染病疫情防控应急物资保障水平，县级以上人民政府发展改革部门统筹防控应急物资保障工作。

国家加强医药储备，将传染病防治相关药品、医疗器械、卫生防护用品等物资纳入公共卫生应急物资保障体系，实行中央和地方两级储备。

国务院工业和信息化部门会同国务院有关部门，根据传染病预防、控制和公共卫生应急准备的需要，加强医药实物储备、产能储备、技术储备，指导地方开展医药储备工作，完善储备调整、调用和轮换机制。

第九十条　【传染病防治能力储备机制】国家建立少见罕见传染病和境内已消除的传染病防治能力储备机制，支持相关疾病预防控制机构、医疗机构、科研机构持续开展相关培训、基础性和应用性研究、现场防治等工作，支持相关专家参与国际防控工作，持续保持对上述传染病进行识别、检验检测、诊断和救治的能力。

第九十一条　【人员防护和医疗保健】对从事传染病预防、医疗、科研、教学和现场处理疫情的人员，以及在生产、工作中接触传染病病原体的其他人员，按照国家规定采取有效的卫生防护措施和医疗保健措施，并给予适当的津贴。

第七章　监督管理

第九十二条　【政府防控工作监督】县级以上人民政府应当定期研究部署重大传染病疫情防控等疾病预防控制工作，定期向社会发布传染病防治工作报告，向本级人民代表大会常务委员会报告传染病防治工作，依法接受监督。

县级以上人民政府对下级人民政府履行传染病防治职责进行监督。地方人民政府未履行传染病防治职责的，上级人民政府可以对其主要负责人进行约谈。被约谈的地方人民政府应当立即采取措施进行整改，约谈和整改情况应当纳入地方人民政府工作评议、考核记录。履行传染病防治职责不力、失职失责，造成严重后果或者恶劣影响的，依法进行问责。

第九十三条　【疾控部门监督检查职责】县级以上人民政府疾病预防控制部门对传染病防治工作履行下列监督检查职责：

（一）对下级人民政府疾病预防控制部门履行本法规定的职责进行监督检查；

（二）对疾病预防控制机构、医疗机构、采供血机构的传染病预防、控制工作进行监督检查；

（三）对用于传染病防治的消毒产品及其生产企业、饮用水供水单位以及涉及饮用水卫生安全的产品进行监督检查；

（四）对公共场所、学校、托育机构的卫生条件和传染病预防、控制措施进行监督检查。

县级以上人民政府卫生健康、疾病预防控制等部门依据职责对病原微生物菌（毒）种和传染病检测样本的采集、保藏、提供、携带、运输、使用进行监督检查。

第九十四条　【监督检查措施】县级以上人民政府卫生健康主管部门、疾病预防控制部门在履行监督检查职责时，有权进入传染病疫情发生现场及相关单位，开展查阅或者复制有关资料、采集样本、制作现场笔录等调查取证工作。被检查单位应当予以配合，不得拒绝、阻挠。

第九十五条　【封闭水源、封存食品和暂停销售等措施】县级以上地方人民政府疾病预防控制部门在履行监督检查职责时，发现可能被传染病病原体污染的公共饮用水源、食品以及相关物品，如不及时采取控制措施可能导致传染病传播、暴发、流行的，应当采取封闭公共饮用水源、封存食品以及相关物品或者暂停销售的临时控制措施，并予以检验或者进行消毒处理。经检验，对被污染的食品，应当予以销毁；对未被污染的食品或者经消毒处理后可以使用的物品，应当及时解除控制措施。

根据县级以上地方人民政府采取的传染病预防、控制措施，市场监督管理部门可以采取封存或者暂停销售可能导致传染病传播、暴发、流行的食品以及相关物品等措施。

第九十六条　【执法规范要求】县级以上人民政府卫生健康主管部门、疾病预防控制部门工作人员依法执行职务时，应当不少于两人，并出示执法证件，填写执法文书。

执法文书经核对无误后，应当由执法人员和当事人签名。当事人拒绝签名的，执法人员应当注明情况。

第九十七条　【内部监督和层级监督】县级以上人民政府卫生健康主管部门、疾病预防控制部门应当依法建立健全内部监督制度，对其工作人员依据法定职权和程序履行职责的情况进行监督。

上级人民政府卫生健康主管部门、疾病预防控制部门发现下级人民政府卫生健康主管部门、疾病预防控制部门不及时处理职责范围内的事项或者不履行职责的，应当责令纠正或者直接予以处理。

第九十八条　【社会监督】县级以上人民政府卫生健康主管部门、疾病预防控制部门和其他有关部门应当依法履行职责，自觉接受社会监督。

任何单位和个人对违反本法规定的行为，有权向县级以上人民政府及其卫生健康主管部门、疾病预防控制部门和有关机关举报。接到举报的机关应当及时调查、处理。对查证属实的举报，按照规定给予举报人奖励。县级以上人民政府及其卫生健康主管部门、疾病预防控制部门和有关机关应当对举报人的信息予以保密，保护举报人的合法权益。

第九十九条　【行刑衔接与执法协作】卫生健康、疾病预防控制等部门发现涉嫌传染病防治相关犯罪的，应当按照有关规定及时将案件移送公安机关。对移送的案件，公安机关应当及时审查处理。

对依法不需要追究刑事责任或者免予刑事处罚，但依法应当追究行政责任的，公安机关、人民检察院、人民法院应当及时将案件移送卫生健康、疾病预防控制等部门，有关部门应当依法处理。

公安机关、人民检察院、人民法院商请卫生健康、疾病预防控制等部门提供检验检测结论、认定意见以及对涉案物品进行无害化处置等协助的，有关部门应当及时予以协助。

第八章　法律责任

第一百条　【地方人民政府责任】违反本法规定，地方各级人民政府未依法履行报告职责，隐瞒、谎报、缓报、漏报传染病疫情，干预传染病疫情报告，或者在传染病暴发、流行时未依法组织救治、采取控制措施的，由上级人民政府责令改正，通报批评；情节严重的，对负有责任的领导人员和直接责任人员依法给予处分。

第一百零一条　【卫生健康主管部门和疾控部门的责任】违反本法规定，县级以上人民政府卫生健康主管部门、疾病预防控制部门有下列情形之一的，由本级人民政府或者上级人民政府卫生健康主管部门、疾病预防控制部门责令改正，通报批评；情节严重的，对负有责任的领导人员和直接责任人员依法给予处分：

（一）未依法履行传染病疫情通报、报告或者公布职责，隐瞒、谎报、缓报、漏报传染病疫情，或者干预传染病疫情报告；

（二）发生或者可能发生传染病传播时未依法采取预防、控制措施；

（三）未依法履行监督检查职责，或者发现违法行为不及时查处；

（四）未及时调查、处理对下级人民政府卫生健康主管部门、疾病预防控制部门不履行传染病防治职责的举报；

（五）违反本法规定的其他失职、渎职行为。

第一百零二条　【有关部门的责任】违反本法规定，县级以上人民政府有关部门未依法履行传染病防治、疫情通报和保障职责的，由本级人民政府或者上级人民政府有关部门责令改正，通报批评；情节严重的，对负有责任的领导人员和直接责任人员依法给予处分。

第一百零三条　【疾控机构的责任】 违反本法规定，疾病预防控制机构有下列情形之一的，由县级以上人民政府疾病预防控制部门责令改正，给予警告或者通报批评，对直接负责的主管人员和其他直接责任人员依法给予处分，并可以由原发证部门依法吊销有关责任人员的执业证书：

（一）未依法履行传染病监测、疫情风险评估职责；

（二）未依法履行传染病疫情报告职责，隐瞒、谎报、缓报、漏报传染病疫情，或者干预传染病疫情报告；

（三）未主动收集传染病疫情信息，或者对传染病疫情信息和疫情报告未及时进行分析、调查、核实；

（四）发现传染病疫情或者接到传染病疫情报告时，未依据职责及时采取本法规定的措施；

（五）未遵守国家有关规定，导致因使用血液制品引起经血液传播疾病的发生。

第一百零四条　【医疗机构责任】 违反本法规定，医疗机构有下列情形之一的，由县级以上人民政府疾病预防控制部门责令改正，给予警告或者通报批评，可以并处十万元以下罚款；情节严重的，可以由原发证部门或者原备案部门依法吊销医疗机构执业许可证或者责令停止执业活动，对直接负责的主管人员和其他直接责任人员依法给予处分，并可以由原发证部门责令有关责任人员暂停六个月以上一年以下执业活动直至依法吊销执业证书：

（一）未按照规定承担本机构的传染病预防、控制工作，医疗机构感染控制任务或者责任区域内的传染病预防工作；

（二）未按照规定报告传染病疫情，隐瞒、谎报、缓报、漏报传染病疫情，或者干预传染病疫情报告；

（三）未按照规定对本机构内被传染病病原体污染的场所、物品以及医疗废物、医疗污水实施消毒或者无害化处置。

违反本法规定，医疗机构有下列情形之一的，由县级以上人民政府卫生健康主管部门依照前款规定给予行政处罚，对直接负责的主管人员和其他直接责任人员依法给予处分：

（一）发现传染病疫情时，未按照规定对传染病患者、疑似患者提供医疗救护、现场救援、接诊治疗、转诊，或者拒绝接受转诊；

（二）未遵守国家有关规定，导致因输入血液、使用血液制品引起经血液传播疾病的发生。

医疗机构未按照规定对使用的医疗器械进行消毒或者灭菌，或者对按照规定一次性使用的医疗器械使用后未予以销毁、再次使用的，依照有关医疗器械管理的法律、行政法规规定追究法律责任。

第一百零五条 【采供血机构责任】违反本法规定，采供血机构未按照规定报告传染病疫情，隐瞒、谎报、缓报、漏报传染病疫情，或者干预传染病疫情报告的，由县级以上人民政府疾病预防控制部门责令改正，给予警告或者通报批评，可以并处十万元以下罚款；情节严重的，可以由原发证部门依法吊销采供血机构的执业许可证，对直接负责的主管人员和其他直接责任人员依法给予处分，并可以由原发证部门责令有关责任人员暂停六个月以上一年以下执业活动直至依法吊销执业证书。

采供血机构未执行国家有关规定，导致因输入血液引起经血液传播疾病发生的，由县级以上人民政府卫生健康主管部门依照前款规定给予行政处罚，对直接负责的主管人员和其他直接责任人员依法给予处分。

非法采集血液或者组织他人出卖血液的，由县级以上人民政府卫生健康主管部门责令停止违法行为，没收违法所得，并处五万元以上五十万元以下罚款。

第一百零六条 【交通运输、邮政、快递经营单位责任】违反本法规定，交通运输、邮政、快递经营单位未优先运送参与传染病疫情防控的人员以及传染病疫情防控所需的药品、医疗器械和其他应急物资的，由交通运输、铁路、民用航空、邮政管理部门依据职责责令改正，给予警告；造成严重后果的，并处一万元以上十万元以下罚款，对直接负责的主管人员和其他直接责任人员依法给予处分。

第一百零七条 【饮用水供水单位等责任】违反本法规定，有下列情形之一的，由县级以上人民政府疾病预防控制部门责令改正，给予警告，没收违法所得，可以并处二十万元以下罚款；情节严重的，可以由原发证部门依法吊销相关许可证，对直接负责的主管人员和其他直接责任人员可以禁止其五年内从事相应生产经营活动：

（一）饮用水供水单位未取得卫生许可擅自供水，或者供应的饮用水不符合国家卫生标准和卫生规范造成或者可能造成传染病传播、暴发、流行；

（二）生产、销售未取得卫生许可的涉及饮用水卫生安全的产品，或者生产、销售的涉及饮用水卫生安全的产品不符合国家卫生标准和卫生规范；

（三）未取得卫生许可生产用于传染病防治的消毒产品，或者生产、销售的用于传染病防治的消毒产品不符合国家卫生标准和卫生规范；

（四）生产、销售未取得卫生许可的利用新材料、新工艺技术和新杀菌原理生产的消毒剂和消毒器械；

（五）出售、运输本法第六十六条规定的受影响的相关区域中被传染病病原体污染或者可能被传染病病原体污染的物品，未进行消毒处理。

第一百零八条 【违反病原体管理秩序等责任】违反本法规定，有下列情形之一的，由县级以上人民政府卫生健康、疾病预防控制等部门依据职责责令改正，给予警告或者通报批评，没收违法所得，可以并处十万元以下罚款；情节严重的，可以由原发证部门依法吊销相关许可证，对直接负责的主管人员和其他直接责任人员依法给予处分，并可以由原发证部门责令有关责任人员暂停六个月以上一年以下执业活动直至依法吊销执业证书：

（一）疾病预防控制机构、医疗机构的实验室和从事病原微生物实验的单位，不符合国家规定的条件和技术标准，对传染病病原体和样本未按照规定的措施实行严格管理；

（二）违反国家有关规定，采集、保藏、提供、携带、运输、使用病原微生物菌（毒）种和传染病检测样本；

（三）医疗机构、疾病预防控制机构、检验检测机构未按照传染病检验检测技术规范和标准开展检验检测活动，或者出具虚假检验检测报告；

（四）生产、销售应当备案而未备案的消毒剂、消毒器械以及抗（抑）菌剂；

（五）公共场所、学校、托育机构的卫生条件和传染病预防、控制措施不符合国家卫生标准和卫生规范。

第一百零九条　**【违反自然疫源地建设项目卫生管理的责任】**违反本法规定，在国家确认的自然疫源地兴建水利、交通、旅游、能源等大型建设项目，未经卫生调查进行施工，或者未按照疾病预防控制机构的意见采取必要的传染病预防、控制措施的，由县级以上人民政府疾病预防控制部门责令限期改正，给予警告，并处十万元以上五十万元以下罚款；逾期不改正的，处五十万元以上一百万元以下罚款，提请有关人民政府依据职责权限责令停建、拆除，对直接负责的主管人员和其他直接责任人员依法给予处分。

第一百一十条　**【违反个人信息和隐私保护规定的责任】**违反本法规定，县级以上人民政府卫生健康主管部门、疾病预防控制部门或者其他有关部门未依法履行个人信息保护义务的，由本级人民政府或者上级人民政府有关部门责令改正，通报批评；情节严重的，对负有责任的领导人员和直接责任人员依法给予处分。

医疗机构、疾病预防控制机构泄露传染病患者、病原携带者、疑似患者或者上述人员的密切接触者的个人隐私或者个人信息的，由县级以上人民政府卫生健康主管部门、疾病预防控制部门依据职责责令改正，给予警告或者通报批评，可以并处五万元以下罚款，对直接负责的主管人员和其他直接责任人员依法给予处分，对有关责任人员依照有关医师、护士管理等法律、行政法规规定追究法律责任。

传染病防治中其他未依法履行个人信息保护义务的，依照有关个人信息保护的法律、行政法规规定追究法律责任。

第一百一十一条　**【不配合传染病防治的责任】**违反本法规定，有下列情形之一的，由县级以上人民政府疾病预防控制部门责令改正，给予警告，对违法的单位可以并处二万元以下罚款，对违法的个人可以并处一千元以下罚款；情节严重的，由原发证部门依法吊销相关许可证或者营业执照：

（一）拒不执行人民政府及其有关部门依法采取的传染病疫情防控措施；

（二）拒不接受和配合疾病预防控制机构依法采取的传染病疫情防控措施；

（三）拒不接受和配合疾病预防控制机构开展的流行病学调查，或者在流行病学调查中故意隐瞒传染病病情、传染病接触史或者传染病暴发、流行地区旅行史；

（四）甲类传染病患者、病原携带者、疑似患者或者上述人员的密切接触者拒绝接受和配合依法采取的隔离治疗、医学观察措施，或者隔离治疗、医学观察的期限未满擅自脱离；

（五）故意传播传染病；

（六）故意编造、散布虚假传染病疫情信息；

（七）其他妨害依法采取的传染病疫情防控措施的行为。

安排传染病患者、病原携带者、疑似患者从事法律、行政法规和国务院疾病预防控制部门规定禁止从事的易使该传染病扩散的工作的，由县级以上人民政府疾病预防控制部门责令改正，给予警告，可以并处二万元以下罚款；法律、行政法规另有规定的，依照其规定。

第一百一十二条　【法律责任衔接】违反本法规定，造成人身、财产损害的，依法承担民事责任；构成违反治安管理行为的，依法给予治安管理处罚；构成犯罪的，依法追究刑事责任。

第九章　附　　则

第一百一十三条　【术语解释】本法中下列用语的含义：

（一）重大传染病疫情，是指造成或者可能造成公众生命安全和身体健康严重损害的传染病疫情。

（二）传染病患者、疑似患者，是指根据国务院卫生健康主管部门、疾病预防控制部门发布的传染病诊断标准，符合传染病患者、疑似患者诊断标准的人。

（三）病原携带者，是指感染传染病病原体无临床症状但能排出病原体的人。

（四）流行病学调查，是指对人群中疾病或者健康状况的分布及其决定因素进行调查研究，提出疾病预防、控制措施及保健对策。

（五）人畜共患传染病，是指人与脊椎动物共同罹患的传染病，如鼠疫、狂犬病、血吸虫病、包虫病等。

（六）自然疫源地，是指某些可引起人类传染病的病原体在自然界的野生动物中长期存在和循环的地区。

（七）病媒生物，是指能够将传染病病原体从人或者其他动物传播给人的生物，如鼠、蚊、蝇、蚤类等。

（八）医疗机构感染，是指在医疗机构内获得的感染，包括在医疗机构内发生的感染和在医疗机构内获得、离开医疗机构后发生的感染，但不包括进入医疗机构前已开始或者已处于潜伏期的感染。医疗机构工作人员在医疗机构内获得的感染也属医疗机构感染。

（九）实验室感染，是指从事实验室工作时，因接触传染病病原体所致的感染。

（十）消毒，是指用化学、物理、生物的方法杀灭或者消除环境中的病原微生物。

（十一）疾病预防控制机构，是指从事疾病预防控制活动的疾病预防控制中心以及铁路疾病预防控制机构等与上述机构业务活动相同的单位。

（十二）医疗机构，是指依法取得医疗机构执业许可证或者进行备案，从事疾病诊断、治疗活动的机构。

（十三）暴发，是指在局部地区或者集体单位短时间内突然出现很多症状相同的患者。这些患者多有相同的传染源或者传播途径，大多数患者常同时出现在该病的最短和最长潜伏期之间。

（十四）流行，是指在某地区某病的发病率显著超过该病历年发病率水平。

第一百一十四条　【突发公共卫生事件应对的法律适用衔接】传染病防治中有关突发公共卫生事件的应对，本法未作规定的，适用有关突发公共卫生事件应对的法律、行政法规规定。

第一百一十五条　【施行日期】本法自 2025 年 9 月 1 日起施行。

中华人民共和国基本医疗卫生与健康促进法

（2019 年 12 月 28 日第十三届全国人民代表大会常务委员会第十五次会议通过　2019 年 12 月 28 日中华人民共和国主席令第 38 号公布　自 2020 年 6 月 1 日起施行）

目　录

第一章　总　　则
第二章　基本医疗卫生服务
第三章　医疗卫生机构
第四章　医疗卫生人员
第五章　药品供应保障
第六章　健康促进
第七章　资金保障
第八章　监督管理
第九章　法律责任
第十章　附　　则

第一章 总　　则

第一条　为了发展医疗卫生与健康事业，保障公民享有基本医疗卫生服务，提高公民健康水平，推进健康中国建设，根据宪法，制定本法。

第二条　从事医疗卫生、健康促进及其监督管理活动，适用本法。

第三条　医疗卫生与健康事业应当坚持以人民为中心，为人民健康服务。

医疗卫生事业应当坚持公益性原则。

第四条　国家和社会尊重、保护公民的健康权。

国家实施健康中国战略，普及健康生活，优化健康服务，完善健康保障，建设健康环境，发展健康产业，提升公民全生命周期健康水平。

国家建立健康教育制度，保障公民获得健康教育的权利，提高公民的健康素养。

第五条　公民依法享有从国家和社会获得基本医疗卫生服务的权利。

国家建立基本医疗卫生制度，建立健全医疗卫生服务体系，保护和实现公民获得基本医疗卫生服务的权利。

第六条　各级人民政府应当把人民健康放在优先发展的战略地位，将健康理念融入各项政策，坚持预防为主，完善健康促进工作体系，组织实施健康促进的规划和行动，推进全民健身，建立健康影响评估制度，将公民主要健康指标改善情况纳入政府目标责任考核。

全社会应当共同关心和支持医疗卫生与健康事业的发展。

第七条　国务院和地方各级人民政府领导医疗卫生与健康促进工作。

国务院卫生健康主管部门负责统筹协调全国医疗卫生与健康促进工作。国务院其他有关部门在各自职责范围内负责有关的医疗卫生与健康促进工作。

县级以上地方人民政府卫生健康主管部门负责统筹协调本行政区域医疗卫生与健康促进工作。县级以上地方人民政府其他有关部门在各自职责范围内负责有关的医疗卫生与健康促进工作。

第八条　国家加强医学基础科学研究，鼓励医学科学技术创新，支持临床医学发展，促进医学科技成果的转化和应用，推进医疗卫生与信息技术融合发展，推广医疗卫生适宜技术，提高医疗卫生服务质量。

国家发展医学教育，完善适应医疗卫生事业发展需要的医学教育体系，大力培养医疗卫生人才。

第九条　国家大力发展中医药事业，坚持中西医并重、传承与创新相结合，发挥中医药在医疗卫生与健康事业中的独特作用。

第十条　国家合理规划和配置医疗卫生资源，以基层为重点，采取多种措施优先支持县级以下医疗卫生机构发展，提高其医疗卫生服务能力。

第十一条 国家加大对医疗卫生与健康事业的财政投入，通过增加转移支付等方式重点扶持革命老区、民族地区、边疆地区和经济欠发达地区发展医疗卫生与健康事业。

第十二条 国家鼓励和支持公民、法人和其他组织通过依法举办机构和捐赠、资助等方式，参与医疗卫生与健康事业，满足公民多样化、差异化、个性化健康需求。

公民、法人和其他组织捐赠财产用于医疗卫生与健康事业的，依法享受税收优惠。

第十三条 对在医疗卫生与健康事业中做出突出贡献的组织和个人，按照国家规定给予表彰、奖励。

第十四条 国家鼓励和支持医疗卫生与健康促进领域的对外交流合作。

开展医疗卫生与健康促进对外交流合作活动，应当遵守法律、法规，维护国家主权、安全和社会公共利益。

第二章 基本医疗卫生服务

第十五条 基本医疗卫生服务，是指维护人体健康所必需、与经济社会发展水平相适应、公民可公平获得的，采用适宜药物、适宜技术、适宜设备提供的疾病预防、诊断、治疗、护理和康复等服务。

基本医疗卫生服务包括基本公共卫生服务和基本医疗服务。基本公共卫生服务由国家免费提供。

第十六条 国家采取措施，保障公民享有安全有效的基本公共卫生服务，控制影响健康的危险因素，提高疾病的预防控制水平。

国家基本公共卫生服务项目由国务院卫生健康主管部门会同国务院财政部门、中医药主管部门等共同确定。

省、自治区、直辖市人民政府可以在国家基本公共卫生服务项目基础上，补充确定本行政区域的基本公共卫生服务项目，并报国务院卫生健康主管部门备案。

第十七条 国务院和省、自治区、直辖市人民政府可以将针对重点地区、重点疾病和特定人群的服务内容纳入基本公共卫生服务项目并组织实施。

县级以上地方人民政府针对本行政区域重大疾病和主要健康危险因素，开展专项防控工作。

第十八条 县级以上人民政府通过举办专业公共卫生机构、基层医疗卫生机构和医院，或者从其他医疗卫生机构购买服务的方式提供基本公共卫生服务。

第十九条 国家建立健全突发事件卫生应急体系，制定和完善应急预案，组织开展突发事件的医疗救治、卫生学调查处置和心理援助等卫生应急工作，有效控制和消除危害。

第二十条 国家建立传染病防控制度，制定传染病防治规划并组织实施，加强传染病监测预警，坚持预防为主、防治结合，联防联控、群防群控、源头防控、综合治理，阻断传播途径，保护易感人群，降低传染病的危害。

任何组织和个人应当接受、配合医疗卫生机构为预防、控制、消除传染病危害依法采取的调查、检验、采集样本、隔离治疗、医学观察等措施。

第二十一条 国家实行预防接种制度，加强免疫规划工作。居民有依法接种免疫规划疫苗的权利和义务。政府向居民免费提供免疫规划疫苗。

第二十二条 国家建立慢性非传染性疾病防控与管理制度，对慢性非传染性疾病及其致病危险因素开展监测、调查和综合防控干预，及时发现高危人群，为患者和高危人群提供诊疗、早期干预、随访管理和健康教育等服务。

第二十三条 国家加强职业健康保护。县级以上人民政府应当制定职业病防治规划，建立健全职业健康工作机制，加强职业健康监督管理，提高职业病综合防治能力和水平。

用人单位应当控制职业病危害因素，采取工程技术、个体防护和健康管理等综合治理措施，改善工作环境和劳动条件。

第二十四条 国家发展妇幼保健事业，建立健全妇幼健康服务体系，为妇女、儿童提供保健及常见病防治服务，保障妇女、儿童健康。

国家采取措施，为公民提供婚前保健、孕产期保健等服务，促进生殖健康，预防出生缺陷。

第二十五条 国家发展老年人保健事业。国务院和省、自治区、直辖市人民政府应当将老年人健康管理和常见病预防等纳入基本公共卫生服务项目。

第二十六条 国家发展残疾预防和残疾人康复事业，完善残疾预防和残疾人康复及其保障体系，采取措施为残疾人提供基本康复服务。

县级以上人民政府应当优先开展残疾儿童康复工作，实行康复与教育相结合。

第二十七条 国家建立健全院前急救体系，为急危重症患者提供及时、规范、有效的急救服务。

卫生健康主管部门、红十字会等有关部门、组织应当积极开展急救培训，普及急救知识，鼓励医疗卫生人员、经过急救培训的人员积极参与公共场所急救服务。公共场所应当按照规定配备必要的急救设备、设施。

急救中心（站）不得以未付费为由拒绝或者拖延为急危重症患者提供急救服务。

第二十八条 国家发展精神卫生事业，建设完善精神卫生服务体系，维护和增进公民心理健康，预防、治疗精神障碍。

国家采取措施，加强心理健康服务体系和人才队伍建设，促进心理健康教育、心理评估、心理咨询与心理治疗服务的有效衔接，设立为公众提供公益服务的心理援助热线，加强未成年人、残疾人和老年人等重点人群心理健康服务。

第二十九条 基本医疗服务主要由政府举办的医疗卫生机构提供。鼓励社会力量举办的医疗卫生机构提供基本医疗服务。

第三十条 国家推进基本医疗服务实行分级诊疗制度，引导非急诊患者首先到基层医疗卫生机构就诊，实行首诊负责制和转诊审核责任制，逐步建立基层首诊、双向转诊、急慢分治、上下联动的机制，并与基本医疗保险制度相衔接。

县级以上地方人民政府根据本行政区域医疗卫生需求，整合区域内政府举办的医疗卫生资源，因地制宜建立医疗联合体等协同联动的医疗服务合作机制。鼓励社会力量举办的医疗卫生机构参与医疗服务合作机制。

第三十一条 国家推进基层医疗卫生机构实行家庭医生签约服务，建立家庭医生服务团队，与居民签订协议，根据居民健康状况和医疗需求提供基本医疗卫生服务。

第三十二条 公民接受医疗卫生服务，对病情、诊疗方案、医疗风险、医疗费用等事项依法享有知情同意的权利。

需要实施手术、特殊检查、特殊治疗的，医疗卫生人员应当及时向患者说明医疗风险、替代医疗方案等情况，并取得其同意；不能或者不宜向患者说明的，应当向患者的近亲属说明，并取得其同意。法律另有规定的，依照其规定。

开展药物、医疗器械临床试验和其他医学研究应当遵守医学伦理规范，依法通过伦理审查，取得知情同意。

第三十三条 公民接受医疗卫生服务，应当受到尊重。医疗卫生机构、医疗卫生人员应当关心爱护、平等对待患者，尊重患者人格尊严，保护患者隐私。

公民接受医疗卫生服务，应当遵守诊疗制度和医疗卫生服务秩序，尊重医疗卫生人员。

第三章 医疗卫生机构

第三十四条 国家建立健全由基层医疗卫生机构、医院、专业公共卫生机构等组成的城乡全覆盖、功能互补、连续协同的医疗卫生服务体系。

国家加强县级医院、乡镇卫生院、村卫生室、社区卫生服务中心（站）和专业公共卫生机构等的建设，建立健全农村医疗卫生服务网络和城市社区卫生服务网络。

第三十五条 基层医疗卫生机构主要提供预防、保健、健康教育、疾病管理，为居民建立健康档案，常见病、多发病的诊疗以及部分疾病的康复、护理，接收医院转诊患者，向医院转诊超出自身服务能力的患者等基本医疗卫生服务。

医院主要提供疾病诊治，特别是急危重症和疑难病症的诊疗，突发事件医疗处置和救援以及健康教育等医疗卫生服务，并开展医学教育、医疗卫生人员培训、医学科学研究和对基层医疗卫生机构的业务指导等工作。

专业公共卫生机构主要提供传染病、慢性非传染性疾病、职业病、地方病等疾病预防控制和健康教育、妇幼保健、精神卫生、院前急救、采供血、食品安全风险监测评估、出生缺陷防治等公共卫生服务。

第三十六条 各级各类医疗卫生机构应当分工合作，为公民提供预防、保健、治疗、护理、康复、安宁疗护等全方位全周期的医疗卫生服务。

各级人民政府采取措施支持医疗卫生机构与养老机构、儿童福利机构、社区组织建立协作机制，为老年人、孤残儿童提供安全、便捷的医疗和健康服务。

第三十七条 县级以上人民政府应当制定并落实医疗卫生服务体系规划，科学配置医疗卫生资源，举办医疗卫生机构，为公民获得基本医疗卫生服务提供保障。

政府举办医疗卫生机构，应当考虑本行政区域人口、经济社会发展状况、医疗卫生资源、健康危险因素、发病率、患病率以及紧急救治需求等情况。

第三十八条 举办医疗机构，应当具备下列条件，按照国家有关规定办理审批或者备案手续：

（一）有符合规定的名称、组织机构和场所；
（二）有与其开展的业务相适应的经费、设施、设备和医疗卫生人员；
（三）有相应的规章制度；
（四）能够独立承担民事责任；
（五）法律、行政法规规定的其他条件。

医疗机构依法取得执业许可证。禁止伪造、变造、买卖、出租、出借医疗机构执业许可证。

各级各类医疗卫生机构的具体条件和配置应当符合国务院卫生健康主管部门制定的医疗卫生机构标准。

第三十九条 国家对医疗卫生机构实行分类管理。

医疗卫生服务体系坚持以非营利性医疗卫生机构为主体、营利性医疗卫生机构为补充。政府举办非营利性医疗卫生机构，在基本医疗卫生事业中发挥主导作用，保障基本医疗卫生服务公平可及。

以政府资金、捐赠资产举办或者参与举办的医疗卫生机构不得设立为营利性医疗卫生机构。

医疗卫生机构不得对外出租、承包医疗科室。非营利性医疗卫生机构不得向出资人、举办者分配或者变相分配收益。

第四十条 政府举办的医疗卫生机构应当坚持公益性质，所有收支均纳入预算管理，按照医疗卫生服务体系规划合理设置并控制规模。

国家鼓励政府举办的医疗卫生机构与社会力量合作举办非营利性医疗卫生机构。

政府举办的医疗卫生机构不得与其他组织投资设立非独立法人资格的医疗卫生机构，不得与社会资本合作举办营利性医疗卫生机构。

第四十一条 国家采取多种措施，鼓励和引导社会力量依法举办医疗卫生机构，支持和规范社会力量举办的医疗卫生机构与政府举办的医疗卫生机构开展多种类型的医疗业务、学科建设、人才培养等合作。

社会力量举办的医疗卫生机构在基本医疗保险定点、重点专科建设、科研教学、等级评审、特定医疗技术准入、医疗卫生人员职称评定等方面享有与政府举办的医疗卫生机构同等的权利。

社会力量可以选择设立非营利性或者营利性医疗卫生机构。社会力量举办的非营利性医疗卫生机构按照规定享受与政府举办的医疗卫生机构同等的税收、财政补助、用地、用水、用电、用气、用热等政策，并依法接受监督管理。

第四十二条 国家以建成的医疗卫生机构为基础，合理规划与设置国家医学中心和国家、省级区域性医疗中心，诊治疑难重症，研究攻克重大医学难题，培养高层次医疗卫生人才。

第四十三条 医疗卫生机构应当遵守法律、法规、规章，建立健全内部质量管理和控制制度，对医疗卫生服务质量负责。

医疗卫生机构应当按照临床诊疗指南、临床技术操作规范和行业标准以及医学伦理规范等有关要求，合理进行检查、用药、诊疗，加强医疗卫生安全风险防范，优化服务流程，持续改进医疗卫生服务质量。

第四十四条 国家对医疗卫生技术的临床应用进行分类管理，对技术难度大、医疗风险高，服务能力、人员专业技术水平要求较高的医疗卫生技术实行严格管理。

医疗卫生机构开展医疗卫生技术临床应用，应当与其功能任务相适应，遵循科学、安全、规范、有效、经济的原则，并符合伦理。

第四十五条 国家建立权责清晰、管理科学、治理完善、运行高效、监督有力的现代医院管理制度。

医院应当制定章程，建立和完善法人治理结构，提高医疗卫生服务能力和运行效率。

第四十六条 医疗卫生机构执业场所是提供医疗卫生服务的公共场所，任何组织或者个人不得扰乱其秩序。

第四十七条 国家完善医疗风险分担机制，鼓励医疗机构参加医疗责任保险或者建立医疗风险基金，鼓励患者参加医疗意外保险。

第四十八条 国家鼓励医疗卫生机构不断改进预防、保健、诊断、治疗、护理和康复的技术、设备与服务，支持开发适合基层和边远地区应用的医疗卫生技术。

第四十九条 国家推进全民健康信息化，推动健康医疗大数据、人工智能等的应用发展，加快医疗卫生信息基础设施建设，制定健康医疗数据采集、存储、分析和应用的技术标准，运用信息技术促进优质医疗卫生资源的普及与共享。

县级以上人民政府及其有关部门应当采取措施，推进信息技术在医疗卫生领域和医学教育中的应用，支持探索发展医疗卫生服务新模式、新业态。

国家采取措施，推进医疗卫生机构建立健全医疗卫生信息交流和信息安全制度，应用信息技术开展远程医疗服务，构建线上线下一体化医疗服务模式。

第五十条 发生自然灾害、事故灾难、公共卫生事件和社会安全事件等严重威胁人民群众生命健康的突发事件时，医疗卫生机构、医疗卫生人员应当服从政府部门的调遣，参与卫生应急处置和医疗救治。对致病、致残、死亡的参与人员，按照规定给予工伤或者抚恤、烈士褒扬等相关待遇。

第四章　医疗卫生人员

第五十一条 医疗卫生人员应当弘扬敬佑生命、救死扶伤、甘于奉献、大爱无疆的崇高职业精神，遵守行业规范，恪守医德，努力提高专业水平和服务质量。

医疗卫生行业组织、医疗卫生机构、医学院校应当加强对医疗卫生人员的医德医风教育。

第五十二条 国家制定医疗卫生人员培养规划，建立适应行业特点和社会需求的医疗卫生人员培养机制和供需平衡机制，完善医学院校教育、毕业后教育和继续教育体系，建立健全住院医师、专科医师规范化培训制度，建立规模适宜、结构合理、分布均衡的医疗卫生队伍。

国家加强全科医生的培养和使用。全科医生主要提供常见病、多发病的诊疗和转诊、预防、保健、康复，以及慢性病管理、健康管理等服务。

第五十三条 国家对医师、护士等医疗卫生人员依法实行执业注册制度。医疗卫生人员应当依法取得相应的职业资格。

第五十四条 医疗卫生人员应当遵循医学科学规律，遵守有关临床诊疗技术规范和各项操作规范以及医学伦理规范，使用适宜技术和药物，合理诊疗，因病施治，不得对患者实施过度医疗。

医疗卫生人员不得利用职务之便索要、非法收受财物或者牟取其他不正当利益。

第五十五条 国家建立健全符合医疗卫生行业特点的人事、薪酬、奖励制度，体现医疗卫生人员职业特点和技术劳动价值。

对从事传染病防治、放射医学和精神卫生工作以及其他在特殊岗位工作的医疗卫生人员，应当按照国家规定给予适当的津贴。津贴标准应当定期调整。

第五十六条 国家建立医疗卫生人员定期到基层和艰苦边远地区从事医疗卫生工作制度。

国家采取定向免费培养、对口支援、退休返聘等措施,加强基层和艰苦边远地区医疗卫生队伍建设。

执业医师晋升为副高级技术职称的,应当有累计一年以上在县级以下或者对口支援的医疗卫生机构提供医疗卫生服务的经历。

对在基层和艰苦边远地区工作的医疗卫生人员,在薪酬津贴、职称评定、职业发展、教育培训和表彰奖励等方面实行优惠待遇。

国家加强乡村医疗卫生队伍建设,建立县乡村上下贯通的职业发展机制,完善对乡村医疗卫生人员的服务收入多渠道补助机制和养老政策。

第五十七条 全社会应当关心、尊重医疗卫生人员,维护良好安全的医疗卫生服务秩序,共同构建和谐医患关系。

医疗卫生人员的人身安全、人格尊严不受侵犯,其合法权益受法律保护。禁止任何组织或者个人威胁、危害医疗卫生人员人身安全,侵犯医疗卫生人员人格尊严。

国家采取措施,保障医疗卫生人员执业环境。

第五章 药品供应保障

第五十八条 国家完善药品供应保障制度,建立工作协调机制,保障药品的安全、有效、可及。

第五十九条 国家实施基本药物制度,遴选适当数量的基本药物品种,满足疾病防治基本用药需求。

国家公布基本药物目录,根据药品临床应用实践、药品标准变化、药品新上市情况等,对基本药物目录进行动态调整。

基本药物按照规定优先纳入基本医疗保险药品目录。

国家提高基本药物的供给能力,强化基本药物质量监管,确保基本药物公平可及、合理使用。

第六十条 国家建立健全以临床需求为导向的药品审评审批制度,支持临床急需药品、儿童用药品和防治罕见病、重大疾病等药品的研制、生产,满足疾病防治需求。

第六十一条 国家建立健全药品研制、生产、流通、使用全过程追溯制度,加强药品管理,保证药品质量。

第六十二条 国家建立健全药品价格监测体系,开展成本价格调查,加强药品价格监督检查,依法查处价格垄断、价格欺诈、不正当竞争等违法行为,维护药品价格秩序。

国家加强药品分类采购管理和指导。参加药品采购投标的投标人不得以低于成本的报价竞标，不得以欺诈、串通投标、滥用市场支配地位等方式竞标。

第六十三条 国家建立中央与地方两级医药储备，用于保障重大灾情、疫情及其他突发事件等应急需要。

第六十四条 国家建立健全药品供求监测体系，及时收集和汇总分析药品供求信息，定期公布药品生产、流通、使用等情况。

第六十五条 国家加强对医疗器械的管理，完善医疗器械的标准和规范，提高医疗器械的安全有效水平。

国务院卫生健康主管部门和省、自治区、直辖市人民政府卫生健康主管部门应当根据技术的先进性、适宜性和可及性，编制大型医用设备配置规划，促进区域内医用设备合理配置、充分共享。

第六十六条 国家加强中药的保护与发展，充分体现中药的特色和优势，发挥其在预防、保健、医疗、康复中的作用。

第六章 健康促进

第六十七条 各级人民政府应当加强健康教育工作及其专业人才培养，建立健康知识和技能核心信息发布制度，普及健康科学知识，向公众提供科学、准确的健康信息。

医疗卫生、教育、体育、宣传等机构、基层群众性自治组织和社会组织应当开展健康知识的宣传和普及。医疗卫生人员在提供医疗卫生服务时，应当对患者开展健康教育。新闻媒体应当开展健康知识的公益宣传。健康知识的宣传应当科学、准确。

第六十八条 国家将健康教育纳入国民教育体系。学校应当利用多种形式实施健康教育，普及健康知识、科学健身知识、急救知识和技能，提高学生主动防病的意识，培养学生良好的卫生习惯和健康的行为习惯，减少、改善学生近视、肥胖等不良健康状况。

学校应当按照规定开设体育与健康课程，组织学生开展广播体操、眼保健操、体能锻炼等活动。

学校按照规定配备校医，建立和完善卫生室、保健室等。

县级以上人民政府教育主管部门应当按照规定将学生体质健康水平纳入学校考核体系。

第六十九条 公民是自己健康的第一责任人，树立和践行对自己健康负责的健康管理理念，主动学习健康知识，提高健康素养，加强健康管理。倡导家庭成员相互关爱，形成符合自身和家庭特点的健康生活方式。

公民应当尊重他人的健康权利和利益，不得损害他人健康和社会公共利益。

第七十条　国家组织居民健康状况调查和统计，开展体质监测，对健康绩效进行评估，并根据评估结果制定、完善与健康相关的法律、法规、政策和规划。

第七十一条　国家建立疾病和健康危险因素监测、调查和风险评估制度。县级以上人民政府及其有关部门针对影响健康的主要问题，组织开展健康危险因素研究，制定综合防治措施。

国家加强影响健康的环境问题预防和治理，组织开展环境质量对健康影响的研究，采取措施预防和控制与环境问题有关的疾病。

第七十二条　国家大力开展爱国卫生运动，鼓励和支持开展爱国卫生月等群众性卫生与健康活动，依靠和动员群众控制和消除健康危险因素，改善环境卫生状况，建设健康城市、健康村镇、健康社区。

第七十三条　国家建立科学、严格的食品、饮用水安全监督管理制度，提高安全水平。

第七十四条　国家建立营养状况监测制度，实施经济欠发达地区、重点人群营养干预计划，开展未成年人和老年人营养改善行动，倡导健康饮食习惯，减少不健康饮食引起的疾病风险。

第七十五条　国家发展全民健身事业，完善覆盖城乡的全民健身公共服务体系，加强公共体育设施建设，组织开展和支持全民健身活动，加强全民健身指导服务，普及科学健身知识和方法。

国家鼓励单位的体育场地设施向公众开放。

第七十六条　国家制定并实施未成年人、妇女、老年人、残疾人等的健康工作计划，加强重点人群健康服务。

国家推动长期护理保障工作，鼓励发展长期护理保险。

第七十七条　国家完善公共场所卫生管理制度。县级以上人民政府卫生健康等主管部门应当加强对公共场所的卫生监督。公共场所卫生监督信息应当依法向社会公开。

公共场所经营单位应当建立健全并严格实施卫生管理制度，保证其经营活动持续符合国家对公共场所的卫生要求。

第七十八条　国家采取措施，减少吸烟对公民健康的危害。

公共场所控制吸烟，强化监督执法。

烟草制品包装应当印制带有说明吸烟危害的警示。

禁止向未成年人出售烟酒。

第七十九条　用人单位应当为职工创造有益于健康的环境和条件，严格执行劳动安全卫生等相关规定，积极组织职工开展健身活动，保护职工健康。

国家鼓励用人单位开展职工健康指导工作。

国家提倡用人单位为职工定期开展健康检查。法律、法规对健康检查有规定的，依照其规定。

第七章 资金保障

第八十条 各级人民政府应当切实履行发展医疗卫生与健康事业的职责，建立与经济社会发展、财政状况和健康指标相适应的医疗卫生与健康事业投入机制，将医疗卫生与健康促进经费纳入本级政府预算，按照规定主要用于保障基本医疗服务、公共卫生服务、基本医疗保障和政府举办的医疗卫生机构建设和运行发展。

第八十一条 县级以上人民政府通过预算、审计、监督执法、社会监督等方式，加强资金的监督管理。

第八十二条 基本医疗服务费用主要由基本医疗保险基金和个人支付。国家依法多渠道筹集基本医疗保险基金，逐步完善基本医疗保险可持续筹资和保障水平调整机制。

公民有依法参加基本医疗保险的权利和义务。用人单位和职工按照国家规定缴纳职工基本医疗保险费。城乡居民按照规定缴纳城乡居民基本医疗保险费。

第八十三条 国家建立以基本医疗保险为主体，商业健康保险、医疗救助、职工互助医疗和医疗慈善服务等为补充的、多层次的医疗保障体系。

国家鼓励发展商业健康保险，满足人民群众多样化健康保障需求。

国家完善医疗救助制度，保障符合条件的困难群众获得基本医疗服务。

第八十四条 国家建立健全基本医疗保险经办机构与协议定点医疗卫生机构之间的协商谈判机制，科学合理确定基本医疗保险基金支付标准和支付方式，引导医疗卫生机构合理诊疗，促进患者有序流动，提高基本医疗保险基金使用效益。

第八十五条 基本医疗保险基金支付范围由国务院医疗保障主管部门组织制定，并应当听取国务院卫生健康主管部门、中医药主管部门、药品监督管理部门、财政部门等的意见。

省、自治区、直辖市人民政府可以按照国家有关规定，补充确定本行政区域基本医疗保险基金支付的具体项目和标准，并报国务院医疗保障主管部门备案。

国务院医疗保障主管部门应当对纳入支付范围的基本医疗保险药品目录、诊疗项目、医疗服务设施标准等组织开展循证医学和经济性评价，并应当听取国务院卫生健康主管部门、中医药主管部门、药品监督管理部门、财政部门等有关方面的意见。评价结果应当作为调整基本医疗保险基金支付范围的依据。

第八章 监督管理

第八十六条 国家建立健全机构自治、行业自律、政府监管、社会监督相结合的医疗卫生综合监督管理体系。

县级以上人民政府卫生健康主管部门对医疗卫生行业实行属地化、全行业监督管理。

第八十七条　县级以上人民政府医疗保障主管部门应当提高医疗保障监管能力和水平,对纳入基本医疗保险基金支付范围的医疗服务行为和医疗费用加强监督管理,确保基本医疗保险基金合理使用、安全可控。

第八十八条　县级以上人民政府应当组织卫生健康、医疗保障、药品监督管理、发展改革、财政等部门建立沟通协商机制,加强制度衔接和工作配合,提高医疗卫生资源使用效率和保障水平。

第八十九条　县级以上人民政府应当定期向本级人民代表大会或者其常务委员会报告基本医疗卫生与健康促进工作,依法接受监督。

第九十条　县级以上人民政府有关部门未履行医疗卫生与健康促进工作相关职责的,本级人民政府或者上级人民政府有关部门应当对其主要负责人进行约谈。

地方人民政府未履行医疗卫生与健康促进工作相关职责的,上级人民政府应当对其主要负责人进行约谈。

被约谈的部门和地方人民政府应当立即采取措施,进行整改。

约谈情况和整改情况应当纳入有关部门和地方人民政府工作评议、考核记录。

第九十一条　县级以上地方人民政府卫生健康主管部门应当建立医疗卫生机构绩效评估制度,组织对医疗卫生机构的服务质量、医疗技术、药品和医用设备使用等情况进行评估。评估应当吸收行业组织和公众参与。评估结果应当以适当方式向社会公开,作为评价医疗卫生机构和卫生监管的重要依据。

第九十二条　国家保护公民个人健康信息,确保公民个人健康信息安全。任何组织或者个人不得非法收集、使用、加工、传输公民个人健康信息,不得非法买卖、提供或者公开公民个人健康信息。

第九十三条　县级以上人民政府卫生健康主管部门、医疗保障主管部门应当建立医疗卫生机构、人员等信用记录制度,纳入全国信用信息共享平台,按照国家规定实施联合惩戒。

第九十四条　县级以上地方人民政府卫生健康主管部门及其委托的卫生健康监督机构,依法开展本行政区域医疗卫生等行政执法工作。

第九十五条　县级以上人民政府卫生健康主管部门应当积极培育医疗卫生行业组织,发挥其在医疗卫生与健康促进工作中的作用,支持其参与行业管理规范、技术标准制定和医疗卫生评价、评估、评审等工作。

第九十六条　国家建立医疗纠纷预防和处理机制,妥善处理医疗纠纷,维护医疗秩序。

第九十七条　国家鼓励公民、法人和其他组织对医疗卫生与健康促进工作进行社会监督。

任何组织和个人对违反本法规定的行为，有权向县级以上人民政府卫生健康主管部门和其他有关部门投诉、举报。

第九章　法　律　责　任

第九十八条　违反本法规定，地方各级人民政府、县级以上人民政府卫生健康主管部门和其他有关部门，滥用职权、玩忽职守、徇私舞弊的，对直接负责的主管人员和其他直接责任人员依法给予处分。

第九十九条　违反本法规定，未取得医疗机构执业许可证擅自执业的，由县级以上人民政府卫生健康主管部门责令停止执业活动，没收违法所得和药品、医疗器械，并处违法所得五倍以上二十倍以下的罚款，违法所得不足一万元的，按一万元计算。

违反本法规定，伪造、变造、买卖、出租、出借医疗机构执业许可证的，由县级以上人民政府卫生健康主管部门责令改正，没收违法所得，并处违法所得五倍以上十五倍以下的罚款，违法所得不足一万元的，按一万元计算；情节严重的，吊销医疗机构执业许可证。

第一百条　违反本法规定，有下列行为之一的，由县级以上人民政府卫生健康主管部门责令改正，没收违法所得，并处违法所得二倍以上十倍以下的罚款，违法所得不足一万元的，按一万元计算；对直接负责的主管人员和其他直接责任人员依法给予处分：

（一）政府举办的医疗卫生机构与其他组织投资设立非独立法人资格的医疗卫生机构；

（二）医疗卫生机构对外出租、承包医疗科室；

（三）非营利性医疗卫生机构向出资人、举办者分配或者变相分配收益。

第一百零一条　违反本法规定，医疗卫生机构等的医疗信息安全制度、保障措施不健全，导致医疗信息泄露，或者医疗质量管理和医疗技术管理制度、安全措施不健全的，由县级以上人民政府卫生健康等主管部门责令改正，给予警告，并处一万元以上五万元以下的罚款；情节严重的，可以责令停止相应执业活动，对直接负责的主管人员和其他直接责任人员依法追究法律责任。

第一百零二条　违反本法规定，医疗卫生人员有下列行为之一的，由县级以上人民政府卫生健康主管部门依照有关执业医师、护士管理和医疗纠纷预防处理等法律、行政法规的规定给予行政处罚：

（一）利用职务之便索要、非法收受财物或者牟取其他不正当利益；

（二）泄露公民个人健康信息；

（三）在开展医学研究或提供医疗卫生服务过程中未按照规定履行告知义务或

者违反医学伦理规范。

前款规定的人员属于政府举办的医疗卫生机构中的人员的，依法给予处分。

第一百零三条 违反本法规定，参加药品采购投标的投标人以低于成本的报价竞标，或者以欺诈、串通投标、滥用市场支配地位等方式竞标的，由县级以上人民政府医疗保障主管部门责令改正，没收违法所得；中标的，中标无效，处中标项目金额千分之五以上千分之十以下的罚款，对法定代表人、主要负责人、直接负责的主管人员和其他责任人员处对单位罚款数额百分之五以上百分之十以下的罚款；情节严重的，取消其二年至五年内参加药品采购投标的资格并予以公告。

第一百零四条 违反本法规定，以欺诈、伪造证明材料或者其他手段骗取基本医疗保险待遇，或者基本医疗保险经办机构以及医疗机构、药品经营单位等以欺诈、伪造证明材料或者其他手段骗取基本医疗保险基金支出的，由县级以上人民政府医疗保障主管部门依照有关社会保险的法律、行政法规规定给予行政处罚。

第一百零五条 违反本法规定，扰乱医疗卫生机构执业场所秩序，威胁、危害医疗卫生人员人身安全，侵犯医疗卫生人员人格尊严，非法收集、使用、加工、传输公民个人健康信息，非法买卖、提供或者公开公民个人健康信息等，构成违反治安管理行为的，依法给予治安管理处罚。

第一百零六条 违反本法规定，构成犯罪的，依法追究刑事责任；造成人身、财产损害的，依法承担民事责任。

第十章 附 则

第一百零七条 本法中下列用语的含义：

（一）主要健康指标，是指人均预期寿命、孕产妇死亡率、婴儿死亡率、五岁以下儿童死亡率等。

（二）医疗卫生机构，是指基层医疗卫生机构、医院和专业公共卫生机构等。

（三）基层医疗卫生机构，是指乡镇卫生院、社区卫生服务中心（站）、村卫生室、医务室、门诊部和诊所等。

（四）专业公共卫生机构，是指疾病预防控制中心、专科疾病防治机构、健康教育机构、急救中心（站）和血站等。

（五）医疗卫生人员，是指执业医师、执业助理医师、注册护士、药师（士）、检验技师（士）、影像技师（士）和乡村医生等卫生专业人员。

（六）基本药物，是指满足疾病防治基本用药需求，适应现阶段基本国情和保障能力，剂型适宜，价格合理，能够保障供应，可公平获得的药品。

第一百零八条 省、自治区、直辖市和设区的市、自治州可以结合实际，制定本地方发展医疗卫生与健康事业的具体办法。

第一百零九条 中国人民解放军和中国人民武装警察部队的医疗卫生与健康促进工作,由国务院和中央军事委员会依照本法制定管理办法。

第一百一十条 本法自 2020 年 6 月 1 日起施行。

中华人民共和国国境卫生检疫法

(1986 年 12 月 2 日第六届全国人民代表大会常务委员会第十八次会议通过 根据 2007 年 12 月 29 日第十届全国人民代表大会常务委员会第三十一次会议《关于修改〈中华人民共和国国境卫生检疫法〉的决定》第一次修正 根据 2009 年 8 月 27 日第十一届全国人民代表大会常务委员会第十次会议《关于修改部分法律的决定》第二次修正 根据 2018 年 4 月 27 日第十三届全国人民代表大会常务委员会第二次会议《关于修改〈中华人民共和国国境卫生检疫法〉等六部法律的决定》第三次修正 2024 年 6 月 28 日第十四届全国人民代表大会常务委员会第十次会议修订 2024 年 6 月 28 日中华人民共和国主席令第 27 号公布 自 2025 年 1 月 1 日起施行)

目　　录

第一章　总　　则
第二章　检疫查验
第三章　传染病监测
第四章　卫生监督
第五章　应急处置
第六章　保障措施
第七章　法律责任
第八章　附　　则

第一章　总　　则

第一条 为了加强国境卫生检疫工作,防止传染病跨境传播,保障公众生命安全和身体健康,防范和化解公共卫生风险,根据宪法,制定本法。

第二条 国境卫生检疫及相关活动,适用本法。

在中华人民共和国对外开放的口岸(以下简称口岸),海关依照本法规定履行检疫查验、传染病监测、卫生监督和应急处置等国境卫生检疫职责。

第三条 本法所称传染病,包括检疫传染病、监测传染病和其他需要在口岸采取相应卫生检疫措施的新发传染病、突发原因不明的传染病。

检疫传染病目录，由国务院疾病预防控制部门会同海关总署编制、调整，报国务院批准后公布。监测传染病目录，由国务院疾病预防控制部门会同海关总署编制、调整并公布。

检疫传染病目录、监测传染病目录应当根据境内外传染病暴发、流行情况和危害程度及时调整。

第四条 国境卫生检疫工作坚持中国共产党的领导，坚持风险管理、科学施策、高效处置的原则，健全常态和应急相结合的口岸传染病防控体系。

第五条 海关总署统一管理全国国境卫生检疫工作。国务院卫生健康主管部门、国务院疾病预防控制部门和其他有关部门依据各自职责做好国境卫生检疫相关工作。

口岸所在地县级以上地方人民政府应当将国境卫生检疫工作纳入传染病防治规划，加大对国境卫生检疫工作的支持力度。

海关、卫生健康、疾病预防控制和其他有关部门在国境卫生检疫工作中应当密切配合，建立部门协调机制，强化信息共享和协同联动。

国家依法强化边境管控措施，严密防范非法入境行为导致的传染病输入风险。

第六条 海关依法履行国境卫生检疫职责，有关单位和个人应当予以配合，不得拒绝或者阻碍。

海关履行国境卫生检疫职责，应当依法保护商业秘密、个人隐私和个人信息，不得侵犯有关单位和个人的合法权益。

第七条 国家采取多种措施，加强口岸公共卫生能力建设，不断提升国境卫生检疫工作水平。

第八条 国家加强与其他国家或者地区以及有关国际组织在国境卫生检疫领域的交流合作。

第二章 检疫查验

第九条 进境出境的人员、交通运输工具，集装箱等运输设备、货物、行李、邮包等物品及外包装（以下统称货物、物品），应当依法接受检疫查验，经海关准许，方可进境出境。

享有外交、领事特权与豁免等相关待遇的人员，以及享有外交、领事特权与豁免等相关待遇的机构和人员的物品进境出境，在不影响其依法享有特权与豁免的前提下，应当依法接受检疫查验。

第十条 进境出境的人员、交通运输工具、货物、物品，应当分别在最先到达的口岸和最后离开的口岸接受检疫查验；货物、物品也可以在海关指定的其他地点接受检疫查验。

来自境外的交通运输工具因不可抗力或者其他紧急原因停靠、降落在境内口岸以外地区的，交通运输工具负责人应当立即向就近的海关报告，接到报告的海关应当立即派员到场处理，必要时可以请求当地人民政府疾病预防控制部门予以协助；除避险等紧急情况外，未经海关准许，该交通运输工具不得装卸货物、物品，不得上下引航员以外的人员。

第十一条　对进境出境人员，海关可以要求如实申报健康状况及相关信息，进行体温检测、医学巡查，必要时可以查阅旅行证件。

除前款规定的检疫查验措施外，海关还可以根据情况对有关进境出境人员实施下列检疫查验措施：

（一）要求提供疫苗接种证明或者其他预防措施证明并进行核查；

（二）进行流行病学调查、医学检查；

（三）法律、行政法规规定的其他检疫查验措施。

进境的外国人拒绝接受本条规定的检疫查验措施的，海关可以作出不准其进境的决定，并同时通知移民管理机构。

第十二条　海关依据检疫医师提供的检疫查验结果，对判定为检疫传染病染疫人、疑似染疫人的，应当立即采取有效的现场防控措施，并及时通知口岸所在地县级以上地方人民政府疾病预防控制部门。接到通知的疾病预防控制部门应当及时组织将检疫传染病染疫人、疑似染疫人接送至县级以上地方人民政府指定的医疗机构或者其他场所实施隔离治疗或者医学观察。有关医疗机构和场所应当及时接收。

对可能患有监测传染病的人员，海关应当发给就诊方便卡，并及时通知口岸所在地县级以上地方人民政府疾病预防控制部门。对持有就诊方便卡的人员，医疗机构应当优先诊治。

第十三条　进境出境交通运输工具负责人应当按照规定向海关如实申报与检疫查验有关的事项。

第十四条　海关可以登临交通运输工具进行检疫查验，对符合规定条件的，可以采取电讯方式进行检疫查验。

除避险等紧急情况外，进境的交通运输工具在检疫查验结束前、出境的交通运输工具在检疫查验结束后至出境前，未经海关准许，不得驶离指定的检疫查验地点，不得装卸货物、物品，不得上下引航员以外的人员。

第十五条　进境出境交通运输工具有下列情形之一的，应当实施卫生处理，并接受海关监督；必要时，海关可以会同有关部门对交通运输工具实施隔离：

（一）受到检疫传染病污染；

（二）发现与人类健康有关的病媒生物；

（三）存在传播检疫传染病风险的其他情形。

外国交通运输工具的负责人拒绝实施卫生处理的，除特殊情况外，海关应当责令该交通运输工具在其监督下立即离境。

第十六条　海关依据检疫医师提供的检疫查验结果，对没有传播检疫传染病风险或者已经实施有效卫生处理的交通运输工具，签发进境检疫证或者出境检疫证。

第十七条　已经实施检疫查验的交通运输工具在口岸停留期间，发现检疫传染病染疫人、疑似染疫人或者有人非因意外伤害死亡且死因不明的，交通运输工具负责人应当立即向海关报告，海关应当依照本法规定采取相应的措施。

第十八条　海关对过境的交通运输工具不实施检疫查验，但有证据表明该交通运输工具存在传播检疫传染病风险的除外。

过境的交通运输工具在中国境内不得装卸货物、物品或者上下人员；添加燃料、饮用水、食品和供应品的，应当停靠在指定地点，在海关监督下进行。

第十九条　进境出境货物、物品的收发货人、收寄件人、携运人（携带人）、承运人或者其代理人应当按照规定向海关如实申报与检疫查验有关的事项。

第二十条　对有本法第十五条第一款规定情形的货物、物品，应当实施卫生处理，并接受海关监督；卫生处理完成前，相关货物、物品应当单独存放，未经海关准许不得移运或者提离。

对有本法第十五条第一款规定情形但无法实施有效卫生处理的货物、物品，海关可以决定不准其进境或者出境，或者予以退运、销毁；对境内公共卫生安全可能造成重大危害的，海关可以暂停相关货物的进口。

第二十一条　托运尸体、骸骨进境出境的，托运人或者其代理人应当按照规定向海关如实申报，经检疫查验合格后，方可进境出境。

因患检疫传染病死亡的，尸体应当就近火化。

第二十二条　血液等人体组织、病原微生物、生物制品等关系公共卫生安全的货物、物品进境出境，除纳入药品、兽药、医疗器械管理的外，应当由海关事先实施卫生检疫审批，并经检疫查验合格后方可进境出境。

第二十三条　海关根据检疫查验需要，可以请求有关部门和单位协助查询进境出境的人员、交通运输工具、货物、物品等的相关信息，有关部门和单位应当予以协助。海关对查询所获得的信息，不得用于卫生检疫以外的用途。

第二十四条　海关总署应当根据境内外传染病监测和风险评估情况，不断优化检疫查验流程。

第三章　传染病监测

第二十五条　海关总署会同国务院疾病预防控制部门，建立跨境传播传染病监测制度，制定口岸传染病监测规划和方案。

海关总署在国际公共卫生合作框架下，完善传染病监测网络布局，加强对境外传染病疫情的监测。

第二十六条 各地海关应当按照口岸传染病监测规划和方案，结合对进境出境的人员、交通运输工具、货物、物品等实施检疫查验，系统持续地收集、核对和分析相关数据，对可能跨境传播的传染病的发生、流行及影响因素、发展趋势等进行评估。

海关开展传染病监测，应当充分利用现代信息技术，拓宽监测渠道，提升监测效能。

第二十七条 各地海关发现传染病，应当采取相应的控制措施，并及时向海关总署报告，同时向口岸所在地县级以上地方人民政府疾病预防控制部门以及移民管理机构通报。县级以上地方人民政府疾病预防控制部门发现传染病，应当及时向当地海关、移民管理机构通报。

任何单位和个人发现口岸或者进境出境的人员、交通运输工具、货物、物品等存在传播传染病风险的，应当及时向就近的海关或者口岸所在地疾病预防控制机构报告。

第二十八条 海关总署、国务院卫生健康主管部门、国务院疾病预防控制部门应当依据职责及时互相通报传染病相关信息。

国务院有关部门根据我国缔结或者参加的国境卫生检疫国际条约，依据职责与有关国家或者地区、国际组织互相通报传染病相关信息。

第二十九条 海关总署应当根据境外传染病监测情况，对境外传染病疫情风险进行评估，并及时发布相关风险提示信息。

第四章　卫　生　监　督

第三十条 海关依照本法以及有关法律、行政法规和国家规定的卫生标准，对口岸和停留在口岸的进境出境交通运输工具的卫生状况实施卫生监督，履行下列职责：

（一）开展病媒生物监测，监督和指导有关单位和人员对病媒生物的防除；

（二）监督食品生产经营、饮用水供应、公共场所的卫生状况以及从业人员健康状况；

（三）监督固体、液体废弃物和船舶压舱水的处理；

（四）法律、行政法规规定的其他卫生监督职责。

第三十一条 口岸运营单位应当建立健全并严格落实相关卫生制度，保证口岸卫生状况符合法律、行政法规和国家规定的卫生标准的要求。

进境出境交通运输工具负责人应当采取有效措施，保持交通运输工具清洁卫生，保持无污染状态。

第三十二条 在口岸内从事食品生产经营、饮用水供应服务、公共场所经营的，由海关依法实施卫生许可；食品生产经营者取得卫生许可的，无需另行取得食品生产经营许可。

第三十三条 海关实施卫生监督，发现口岸或者进境出境交通运输工具的卫生状况不符合法律、行政法规和国家规定的卫生标准要求的，有权要求有关单位和个人进行整改，必要时要求其实施卫生处理。

第五章 应急处置

第三十四条 发生重大传染病疫情，需要在口岸采取应急处置措施的，适用本章规定。

第三十五条 发生重大传染病疫情，需要在口岸采取应急处置措施的，海关总署、国务院卫生健康主管部门、国务院疾病预防控制部门应当提请国务院批准启动应急响应。海关总署、国务院卫生健康主管部门、国务院疾病预防控制部门和其他有关部门应当依据各自职责，密切配合开展相关的应急处置工作。

口岸所在地县级以上地方人民政府应当为应急处置提供场所、设施、设备、物资以及人力和技术等支持。

第三十六条 根据重大传染病疫情应急处置需要，经国务院决定，可以采取下列措施：

（一）对来自特定国家或者地区的人员实施采样检验；
（二）禁止特定货物、物品进境出境；
（三）指定进境出境口岸；
（四）暂时关闭有关口岸或者暂停有关口岸部分功能；
（五）暂时封锁有关国境；
（六）其他必要的应急处置措施。

采取前款规定的应急处置措施，应当事先公布。

第三十七条 采取本章规定的应急处置措施，应当根据重大传染病疫情防控的实际情况，及时调整或者解除，并予以公布。

第六章 保障措施

第三十八条 海关总署会同国务院有关部门制定并组织实施口岸公共卫生能力建设规划。

国务院有关部门、口岸所在地县级以上地方人民政府、口岸运营单位以及其他有关单位应当积极支持口岸公共卫生能力建设。

第三十九条 国家将国境卫生检疫工作纳入传染病防治体系。

国境卫生检疫工作所需经费纳入预算，口岸重大传染病疫情应急处置所需物资纳入国家公共卫生应急物资保障体系。

第四十条 国境卫生检疫基础设施建设应当统筹兼顾国境卫生检疫日常工作和重大传染病疫情应急处置的需要。

国境卫生检疫基础设施建设应当纳入口岸建设规划。新建、改建、扩建口岸应当统筹建设国境卫生检疫基础设施，有关建设方案应当经海关审核同意。

国境卫生检疫基础设施应当符合规定的建设标准，不符合建设标准的，不得投入使用。国境卫生检疫基础设施建设标准和管理办法由海关总署会同国务院有关部门制定。海关对国境卫生检疫基础设施建设标准的执行实施监督。

第四十一条 国家鼓励、支持国境卫生检疫领域的科学研究、技术创新和信息化建设，推动新技术、新设备、新产品和信息化成果的应用，提高国境卫生检疫工作的技术和信息化水平。

第四十二条 海关应当加强国境卫生检疫技术机构建设，为国境卫生检疫工作提供技术和服务支撑。

第四十三条 国境卫生检疫工作人员应当具备与履行职责相适应的专业知识和业务技能。

海关应当加强国境卫生检疫队伍建设，组织开展继续教育和职业培训，持续提升国境卫生检疫工作人员的专业知识和业务技能水平。

第七章 法律责任

第四十四条 违反本法规定，进境出境人员不如实申报健康状况、相关信息或者拒绝接受检疫查验的，由海关责令改正，可以给予警告或者处一万元以下的罚款；情节严重的，处一万元以上五万元以下的罚款。

第四十五条 违反本法规定，有下列情形之一的，对交通运输工具负责人，由海关责令改正，给予警告，可以并处五万元以下的罚款；情节严重的，并处五万元以上三十万元以下的罚款：

（一）未按照规定向海关申报与检疫查验有关的事项或者不如实申报有关事项；

（二）拒绝接受对交通运输工具的检疫查验或者拒绝实施卫生处理；

（三）未取得进境检疫证或者出境检疫证，交通运输工具擅自进境或者出境；

（四）未经海关准许，交通运输工具驶离指定的检疫查验地点，装卸货物、物品或者上下人员；

（五）已经实施检疫查验的交通运输工具在口岸停留期间，发现检疫传染病染疫人、疑似染疫人或者有人非因意外伤害死亡且死因不明的，未立即向海关报告；

（六）过境的交通运输工具在中国境内装卸货物、物品或者上下人员，或者添加燃料、饮用水、食品和供应品不接受海关监督。

有下列情形之一的，依照前款规定给予处罚：

（一）进境出境货物、物品的收发货人、收寄件人、携运人（携带人）、承运人或者其代理人未按照规定向海关申报与检疫查验有关的事项或者不如实申报有关事项，或者拒绝接受检疫查验、拒绝实施卫生处理，或者未经海关准许移运或者提离货物、物品；

（二）托运尸体、骸骨进境出境的托运人或者其代理人未按照规定向海关申报或者不如实申报，或者未经检疫查验合格擅自进境出境。

第四十六条 违反本法规定，血液等人体组织、病原微生物、生物制品等关系公共卫生安全的货物、物品进境出境未经检疫审批或者未经检疫查验合格擅自进境出境的，由海关责令改正，给予警告，没收违法所得，并处一万元以上五十万元以下的罚款；情节严重的，并处五十万元以上二百万元以下的罚款。

第四十七条 违反本法规定，未经许可在口岸从事食品生产经营、饮用水供应服务、公共场所经营的，由海关依照《中华人民共和国食品安全法》等有关法律、行政法规的规定给予处罚。

违反本法有关卫生监督的其他规定，或者拒绝接受卫生监督的，由海关责令改正，给予警告，可以并处十万元以下的罚款；情节严重的，并处十万元以上三十万元以下的罚款。

第四十八条 使用买卖、出借或者伪造、变造的国境卫生检疫单证的，由海关责令改正，处二万元以上十万元以下的罚款。

第四十九条 海关等有关部门、地方人民政府及其工作人员在国境卫生检疫工作中玩忽职守、滥用职权、徇私舞弊的，由上级机关或者所在单位责令改正，对负有责任的领导人员和直接责任人员依法给予处分。

第五十条 违反本法规定，构成违反治安管理行为的，由公安机关依法给予治安管理处罚；构成犯罪的，依法追究刑事责任。

第八章 附 则

第五十一条 本法中下列用语的含义：

（一）检疫查验，是指对进境出境的人员、交通运输工具、货物、物品、尸体、骸骨等采取检查措施、实施医学措施。

（二）医学巡查，是指检疫医师在口岸进境出境旅客通道，观察进境出境人员是否有传染病临床症状，并对有临床症状的人员进行询问的活动。

（三）医学检查，是指检疫医师对进境出境人员检查医学证明文件，实施必要的体格检查、采样检验的活动。

（四）卫生处理，是指消毒、杀虫、灭鼠、除污等措施。

第五十二条 中华人民共和国缔结或者参加的有关卫生检疫的国际条约同本法有不同规定的，适用该国际条约的规定，但中华人民共和国声明保留的条款除外。

第五十三条 从口岸以外经国务院或者国务院授权的部门批准的地点进境出境的人员、交通运输工具、货物、物品的卫生检疫，我国与有关国家或者地区有双边协议的，按照协议办理；没有协议的，按照国家有关规定办理。

第五十四条 经国务院批准，海关总署可以根据境内外传染病监测和风险评估情况，对有关口岸的卫生检疫措施作出便利化安排。

第五十五条 国境卫生检疫及相关活动，本法未作规定的，适用《中华人民共和国传染病防治法》等有关法律、行政法规的规定。

第五十六条 中国人民解放军、中国人民武装警察部队的人员、交通运输工具和装备物资进境出境的卫生检疫工作，依照本法和国务院、中央军事委员会的有关规定办理。

第五十七条 本法自 2025 年 1 月 1 日起施行。

中华人民共和国民法典（节录）

（2020 年 5 月 28 日第十三届全国人民代表大会第三次会议通过 2020 年 5 月 28 日中华人民共和国主席令第 45 号公布 自 2021 年 1 月 1 日起施行）

……

第三十四条 监护人的职责是代理被监护人实施民事法律行为，保护被监护人的人身权利、财产权利以及其他合法权益等。

监护人依法履行监护职责产生的权利，受法律保护。

监护人不履行监护职责或者侵害被监护人合法权益的，应当承担法律责任。

因发生突发事件等紧急情况，监护人暂时无法履行监护职责，被监护人的生活处于无人照料状态的，被监护人住所地的居民委员会、村民委员会或者民政部门应当为被监护人安排必要的临时生活照料措施。

……

第一百八十条 因不可抗力不能履行民事义务的，不承担民事责任。法律另有规定的，依照其规定。

不可抗力是不能预见、不能避免且不能克服的客观情况。

……

第二百四十五条 因抢险救灾、疫情防控等紧急需要，依照法律规定的权限和程序可以征用组织、个人的不动产或者动产。被征用的不动产或者动产使用后，应当返还被征用人。组织、个人的不动产或者动产被征用或者征用后毁损、灭失的，应当给予补偿。

……

第二百八十五条 物业服务企业或者其他管理人根据业主的委托，依照本法第三编有关物业服务合同的规定管理建筑区划内的建筑物及其附属设施，接受业主的监督，并及时答复业主对物业服务情况提出的询问。

物业服务企业或者其他管理人应当执行政府依法实施的应急处置措施和其他管理措施，积极配合开展相关工作。

第二百八十六条 业主应当遵守法律、法规以及管理规约，相关行为应当符合节约资源、保护生态环境的要求。对于物业服务企业或者其他管理人执行政府依法实施的应急处置措施和其他管理措施，业主应当依法予以配合。

业主大会或者业主委员会，对任意弃置垃圾、排放污染物或者噪声、违反规定饲养动物、违章搭建、侵占通道、拒付物业费等损害他人合法权益的行为，有权依照法律、法规以及管理规约，请求行为人停止侵害、排除妨碍、消除危险、恢复原状、赔偿损失。

业主或者其他行为人拒不履行相关义务的，有关当事人可以向有关行政主管部门报告或者投诉，有关行政主管部门应当依法处理。

……

第四百九十四条 国家根据抢险救灾、疫情防控或者其他需要下达国家订货任务、指令性任务的，有关民事主体之间应当依照有关法律、行政法规规定的权利和义务订立合同。

依照法律、行政法规的规定负有发出要约义务的当事人，应当及时发出合理的要约。

依照法律、行政法规的规定负有作出承诺义务的当事人，不得拒绝对方合理的订立合同要求。

……

中华人民共和国刑法（节录）

（1979年7月1日第五届全国人民代表大会第二次会议通过　1997年3月14日第八届全国人民代表大会第五次会议修订　根据1998年12月29日第九届全国人民代表大会常务委员会第六次会议通过的《全国人民代表大会常务委员会关于惩治骗购外汇、逃汇和非法买卖外汇犯罪的决定》、1999年12月25日第九届全国人民代表大会常务委员会第十三次会议通过的《中华人民共和国刑法修正案》、2001年8月31日第九届全国人民代表大会常务委员会第二十三次会议通过的《中华人民共和国刑法修正案（二）》、2001年12月29日第九届全国人民代表大会常务委员会第二十五次会议通过的《中华人民共和国刑法修正案（三）》、2002年12月28日第九届全国人民代表大会常务委员会第三十一次会议通过的《中华人民共和国刑法修正案（四）》、2005年2月28日第十届全国人民代表大会常务委员会第十四次会议通过的《中华人民共和国刑法修正案（五）》、2006年6月29日第十届全国人民代表大会常务委员会第二十二次会议通过的《中华人民共和国刑法修正案（六）》、2009年2月28日第十一届全国人民代表大会常务委员会第七次会议通过的《中华人民共和国刑法修正案（七）》、2009年8月27日第十一届全国人民代表大会常务委员会第十次会议通过的《全国人民代表大会常务委员会关于修改部分法律的决定》、2011年2月25日第十一届全国人民代表大会常务委员会第十九次会议通过的《中华人民共和国刑法修正案（八）》、2015年8月29日第十二届全国人民代表大会常务委员会第十六次会议通过的《中华人民共和国刑法修正案（九）》、2017年11月4日第十二届全国人民代表大会常务委员会第三十次会议通过的《中华人民共和国刑法修正案（十）》、2020年12月26日第十三届全国人民代表大会常务委员会第二十四次会议通过的《中华人民共和国刑法修正案（十一）》和2023年12月29日第十四届全国人民代表大会常务委员会第七次会议通过的《中华人民共和国刑法修正案（十二）》修正)①

……

第三条　法律明文规定为犯罪行为的，依照法律定罪处刑；法律没有明文规定为犯罪行为的，不得定罪处刑。

第四条　对任何人犯罪，在适用法律上一律平等。不允许任何人有超越法律的特权。

第五条　刑罚的轻重，应当与犯罪分子所犯罪行和承担的刑事责任相适应。

……

第六十一条　对于犯罪分子决定刑罚的时候，应当根据犯罪的事实、犯罪的

---

① 刑法、历次刑法修正案、涉及修改刑法的决定的施行日期，分别依据各法律所规定的施行日期确定。

性质、情节和对于社会的危害程度，依照本法的有关规定判处。

第六十二条 犯罪分子具有本法规定的从重处罚、从轻处罚情节的，应当在法定刑的限度以内判处刑罚。

……

第一百一十四条 放火、决水、爆炸以及投放毒害性、放射性、传染病病原体等物质或者以其他危险方法危害公共安全，尚未造成严重后果的，处三年以上十年以下有期徒刑。

第一百一十五条 放火、决水、爆炸以及投放毒害性、放射性、传染病病原体等物质或者以其他危险方法致人重伤、死亡或者使公私财产遭受重大损失的，处十年以上有期徒刑、无期徒刑或者死刑。

过失犯前款罪的，处三年以上七年以下有期徒刑；情节较轻的，处三年以下有期徒刑或者拘役。

……

第二百九十一条之一 投放虚假的爆炸性、毒害性、放射性、传染病病原体等物质，或者编造爆炸威胁、生化威胁、放射威胁等恐怖信息，或者明知是编造的恐怖信息而故意传播，严重扰乱社会秩序的，处五年以下有期徒刑、拘役或者管制；造成严重后果的，处五年以上有期徒刑。

编造虚假的险情、疫情、灾情、警情，在信息网络或者其他媒体上传播，或者明知是上述虚假信息，故意在信息网络或者其他媒体上传播，严重扰乱社会秩序的，处三年以下有期徒刑、拘役或者管制；造成严重后果的，处三年以上七年以下有期徒刑。

……

第三百三十条 违反传染病防治法的规定，有下列情形之一，引起甲类传染病以及依法确定采取甲类传染病预防、控制措施的传染病传播或者有传播严重危险的，处三年以下有期徒刑或者拘役；后果特别严重的，处三年以上七年以下有期徒刑：

（一）供水单位供应的饮用水不符合国家规定的卫生标准的；

（二）拒绝按照疾病预防控制机构提出的卫生要求，对传染病病原体污染的污水、污物、场所和物品进行消毒处理的；

（三）准许或者纵容传染病病人、病原携带者和疑似传染病病人从事国务院卫生行政部门规定禁止从事的易使该传染病扩散的工作的；

（四）出售、运输疫区中被传染病病原体污染或者可能被传染病病原体污染的物品，未进行消毒处理的；

（五）拒绝执行县级以上人民政府、疾病预防控制机构依照传染病防治法提出的预防、控制措施的。

单位犯前款罪的，对单位判处罚金，并对其直接负责的主管人员和其他直接责任人员，依照前款的规定处罚。

甲类传染病的范围，依照《中华人民共和国传染病防治法》和国务院有关规定确定。

第三百三十一条 从事实验、保藏、携带、运输传染病菌种、毒种的人员，违反国务院卫生行政部门的有关规定，造成传染病菌种、毒种扩散，后果严重的，处三年以下有期徒刑或者拘役；后果特别严重的，处三年以上七年以下有期徒刑。

第三百三十二条 违反国境卫生检疫规定，引起检疫传染病传播或者有传播严重危险的，处三年以下有期徒刑或者拘役，并处或者单处罚金。

单位犯前款罪的，对单位判处罚金，并对其直接负责的主管人员和其他直接责任人员，依照前款的规定处罚。

……

第四百零九条 从事传染病防治的政府卫生行政部门的工作人员严重不负责任，导致传染病传播或者流行，情节严重的，处三年以下有期徒刑或者拘役。

……

图书在版编目（CIP）数据

中华人民共和国传染病防治法新旧条文对照与适用精解 / 刘炫麟主编；杨淑娟，李星明，胡晓翔副主编. -- 北京：中国法治出版社，2025.7. -- ISBN 978-7-5216-5327-4

Ⅰ. D922.165

中国国家版本馆 CIP 数据核字第 2025R9P736 号

责任编辑：王熹　　　　　　　　　　　　　　　　　　封面设计：赵博

中华人民共和国传染病防治法新旧条文对照与适用精解
ZHONGHUA RENMIN GONGHEGUO CHUANRANBING FANGZHIFA XINJIU TIAOWEN DUIZHAO YU SHIYONG JINGJIE

主编/刘炫麟
副主编/杨淑娟，李星明，胡晓翔
经销/新华书店
印刷/三河市紫恒印装有限公司
开本/710毫米×1000毫米　16开　　　　　　印张/14.5　字数/216千
版次/2025年7月第1版　　　　　　　　　　　2025年7月第1次印刷

中国法治出版社出版

书号 ISBN 978-7-5216-5327-4　　　　　　　　　　　　定价：58.00元

北京市西城区西便门西里甲16号西便门办公区
邮政编码：100053　　　　　　　　　　　传真：010-63141600
网址：http://www.zgfzs.com　　　　　　编辑部电话：010-63141793
市场营销部电话：010-63141612　　　　　印务部电话：010-63141606

（如有印装质量问题，请与本社印务部联系。）